精神保健福祉学の構築

精神科ソーシャルワークに立脚する学際科学として

大西 次郎

中央法規

研究の遂行にはJSPS科研費24590645の助成を受けた。

目　次

第Ⅰ章
「精神保健福祉学」の構築に必要な諸概念の整理

はじめに ……………………………………………………………………… 1
1 本書の目的と「精神保健福祉学」の基本5原則 ………………………… 2
2 社会政策（法や資格制度など）に影響される精神科ソーシャルワークの歴史的特質 …………………………………………………………… 3
3 精神障害者とともに歩む介護福祉職と保健医療職のアプローチ ……… 8
4 精神障害者と向きあう論考における当事者ならびに地域の位置づけ … 13
引用文献 …………………………………………………………………… 27

第Ⅱ章
実践知の集積と共有による「精神保健福祉学」の構築

はじめに …………………………………………………………………… 31
1 ソーシャルワーク（ソーシャルワーカー）全体の視点から ………… 31
2 精神科ソーシャルワーク（精神科ソーシャルワーカー）の視点から … 35
引用文献 …………………………………………………………………… 40

i

第Ⅲ章
精神保健福祉を鍵概念とした研究の萌芽性

はじめに ……………………………………………………………………… 43
① 研究結果としての論文刊行における量的な実況から …………………… 43
② 精神保健福祉を研究領域とせしめる理論的な根拠から ………………… 47
引用文献 …………………………………………………………………… 59

第Ⅳ章
精神保健福祉以前のソーシャルワーク実践：
戦前～1960年代まで

はじめに ……………………………………………………………………… 63
① 戦前の社会事業の系譜と戦後の医療ソーシャルワーク・精神
  科ソーシャルワーク ……………………………………………………… 64
② 医療社会事業論争にみる精神科ソーシャルワーク分化の端緒 ………… 74
引用文献 …………………………………………………………………… 78

第Ⅴ章
精神保健福祉以前のソーシャルワーク実践：
1960年～1980年代

はじめに ……………………………………………………………………… 81
① 精神科ソーシャルワークをめぐる構造の定義 …………………………… 82
② 医療ソーシャルワーク領域における精神科ソーシャルワーク ………… 86
③ 精神科ソーシャルワークに根ざした地域移行支援の興隆 ……………… 92
④ 医療ソーシャルワーク領域に波及する医療の動き（医療化）………… 100

⑤ 医療化に対するソーシャルワーカーの挙動 ……………………… 103
引用文献 ……………………………………………………………… 108

第VI章
社会福祉士資格の成立にみる行政と関連組織の動き

はじめに ……………………………………………………………… 115
① 厚生省（当時）による主導と、ソーシャルワーク関連団体の対応 ……………………………………………………………… 116
② ソーシャルワーカーとケアワーカーの関係性 …………………… 120
③ 社会福祉士及び介護福祉士法の成立 …………………………… 124
④ 英米のソーシャルワーカー専門職制度と比べたわが国の特質 …… 127
引用文献 ……………………………………………………………… 131

第VII章
精神保健福祉以降のソーシャルワーク実践：1990年代～現在

はじめに ……………………………………………………………… 135
① 精神保健福祉士法の成立と精神科ソーシャルワークをめぐる構造の変化 ……………………………………………………… 136
② 社会福祉学におけるソーシャルワーク重点化 …………………… 145
③ 精神科ソーシャルワーク周辺領域の学際化 …………………… 149
④ 精神保健福祉士養成教育との関連 ……………………………… 152
⑤ 日本学術会議による提言からの現在 …………………………… 154
引用文献 ……………………………………………………………… 159

第Ⅷ章
社会福祉学の現在と照応した「精神保健福祉学」

はじめに ……………………………………………………………… 163
① ここまでの「精神保健福祉学」……………………………… 164
② ソーシャルワークと精神科ソーシャルワーク双方の共通性 … 168
③ ソーシャルワークと精神科ソーシャルワーク各々の特異性 … 184
④ 社会福祉学の現在と「精神保健福祉学」における演繹的視座 … 191
⑤ 具体課題からみた「精神保健福祉学」の学際性 …………… 203
⑥ 教育学と社会福祉学・「精神保健福祉学」の類似 ………… 211
引用文献 …………………………………………………………… 216

第Ⅸ章
さらなる論点とこれからの社会福祉学・「精神保健福祉学」

おわりに …………………………………………………………… 223
① さらなる論点 ……………………………………………… 223
② これからの社会福祉学・「精神保健福祉学」……………… 225
引用文献 …………………………………………………………… 229

あとがき …………………………………………………………… 231
索引 ………………………………………………………………… 233

第Ⅰ章 「精神保健福祉学」の構築に必要な諸概念の整理

はじめに　第Ⅰ章では、「精神保健福祉学」の構築に先立ち、基本的な論考の枠組みを整理する。

　本書の目的は当事者を中心として、精神科ソーシャルワーカーをはじめ多職種が協働する実践場面での、精神障害者支援の科学的根拠となる「精神保健福祉学」の構築を図ることである。

　その背景には精神保健福祉士として法に組み込まれ、知識・技術の修得を重んじる実践が恒常化しつつある近況への懸念がある。歴史的に精神科ソーシャルワーカーは現状を批判的に捉え、他職種と協働して精神障害者を取り巻く環境に変革を加えてきたはずである。

　そこで、「精神保健福祉学」が満たすべき基本5原則を示す。「1．『精神保健福祉学』は、当事者の地域生活を支援する。2．『精神保健福祉学』は、当事者が置かれた社会状況をあらためる。3．『精神保健福祉学』は、当事者、実践者、研究者に開かれる。4．『精神保健福祉学』は、当事者にかかわる多職種が参画する。5．『精神保健福祉学』は、多職種協働における現実問題に対応する。」[1]

　精神障害者支援のためには多様な法体系への目配りが必要であって、制度上の役割の受動的な付与・欠失のみに、実践が左右されてはならない。「精神保健福祉学」の視角は日々の個別援助のなかだけにとどまらず、医療ソーシャルワークを含むソーシャルワーク面と、精神保健福祉士を介した法・制度から広がるソーシャルポリシー面の双方より構成される。[2]

　「精神保健福祉学」は実践を基盤とする。しかも疾病と障害をあわせもつ精神障害者と向きあう特性から、保健医療職と介護福祉職双方による当事者とのかかわりを、協働面より認識せねばならない。介護福祉職が精神障害者の疾患面の特性を熟知し、その理解を自らの専門性に即して実践場面に反映させることで、当事者の地域生活が豊かになる。[3]

論考を進めるにあたり、あらかじめ「当事者」や「地域」といった基幹概念を吟味しておく。本書における「当事者」の語義は、権利、資格あるいは宿命などの個人的な含意というよりは、「同じ〈場所〉にいること」と広く捉える立場をとる。また、「地域」という言葉を精神科医療の文脈内で用いる際は、財政面での国による自治体のコントロール、ならびに医学的管理の否定という射程に留意すべきである。

1　本書の目的と「精神保健福祉学」の基本5原則

　本書の目的は、精神科ソーシャルワーカーをはじめとする多職種の協働場面において、当事者支援の科学的根拠となる「精神保健福祉学」の存立を確認し、その内容を明らかにすることである。精神科ソーシャルワーカーや医療ソーシャルワーカーが学問的基盤とする社会福祉学との異同を論じることが考案の中心となる。

　そのため、はじめに精神科入院医療のなかで展開され、徐々に地域へ向けて活動の幅を広げてきた精神科ソーシャルワーク実践が内包する、社会政策（ソーシャルポリシー）より規定された演繹的な特質に着目する。

　かかる論考の背景には、精神保健福祉士として法に組み込まれ、精神障害者が直面する状況を肯定的に捉えた既存制度の活用や、知識・技術の修得を重んじる実践の恒常化に対する懸念がある。歴史的に精神科ソーシャルワーカーは、他職種と協働のうえ当事者の人権擁護と地域生活支援を担い、現状を批判的に捉えることで彼（女）らの社会的立場を変革してきた。そのような史実の延長線上に、独自の国家資格化が果たされたはずである。

　精神保健福祉士の養成という責務が新たに生まれたにせよ、なぜ精神科ソーシャルワークの場で、ソーシャルポリシーから距離を置くソーシャルワーク重点化があらわれたのか、それは社会福祉士ないし医療ソーシャルワーカーにみられる同様の傾向と軌を一にするのか、が筆者の問題意識である。そして、考案を経て精神科ソーシャルワーカーは上記の歴史的な態度を堅持していると導いた。

　ならばこそ政策や資格制度の変遷を超えて、精神科ソーシャルワークに通底した多職種協働における実践理論を構築することは、当事者の地域生活支

援に資するとともに、彼（女）らと歩みをともにする精神科ソーシャルワーカーの価値と役割の再認識へ結実するだろう。

用いる手法は文献に基づく理論・歴史研究である。原著や原論文に忠実であるよう努め、相克的な見解は両論の等しい取り扱いに留意した。また、日本社会福祉学会研究倫理指針に準拠した。

本書により得られる成果は、「精神保健福祉学」を資格制度で区切られた一専門職による行為の体系に限定せず、当事者をはじめ精神科ソーシャルワーカーを含む多職種が、実践者と研究者の別なく参加する学際領域における、協働場面の現実的な問題解決へ向けた理論として構築することである。

そこで最初に、「精神保健福祉学」が満たすべき基本5原則を示す（表1）。これらに則り、精神障害者や家族と、精神科ソーシャルワーカーをはじめとする多職種が実践場面で蓄積してきた、領域横断的な相互作用を科学化する「精神保健福祉学」の構築を論じる。

② 社会政策（法や資格制度など）に影響される精神科ソーシャルワークの歴史的特質

さて、わが国で精神科ソーシャルワーカーには、1948年に国立国府台病院へ「社会事業婦」という名称で2名、その配置をみたときから数えても70年近くの歴史と、実践の積み重ねがある。精神保健福祉士法の制定（1997年）を経て、精神保健福祉士が精神障害者に対しソーシャルワーク実践を展開する援助専門職として国家資格化され、社会への認知やその活躍へ向けた期待はさらに高まった。

表1　「精神保健福祉学」の基本5原則

「精神保健福祉学」の基本5原則
1.「精神保健福祉学」は、当事者の地域生活を支援する。
2.「精神保健福祉学」は、当事者が置かれた社会状況をあらためる。
3.「精神保健福祉学」は、当事者、実践者、研究者に開かれる。
4.「精神保健福祉学」は、当事者にかかわる多職種が参画する。
5.「精神保健福祉学」は、多職種協働における現実問題に対応する。

ただ、昨今の精神保健福祉士は、自身の役割をさまざまな法律の制定・改正ごとに少なからず外的に規定されている。たとえば2003年に成立、2005年に施行された、心神喪失等の状態で重大な他害行為を行った者の医療及び観察等に関する法律（以下、医療観察法）においては、日本精神保健福祉士協会等の反対にもかかわらず同法の成立をみたうえに、社会復帰の促進が謳われてはいるものの、社会防衛色の濃い同法へ精神保健参与員や社会復帰調整官として精神保健福祉士が組み込まれることとなった。つまり、地域精神保健福祉活動と再発予防のための行動観察という矛盾する役割を担わねばならなくなった[1]のである。

　その一方で、2005年に成立、2006年に施行された障害者自立支援法（2013年より、障害者の日常生活及び社会生活を総合的に支援するための法律：障害者総合支援法）においては、精神保健及び精神障害者福祉に関する法律（以下、精神保健福祉法）に規定されていた社会復帰施設への精神保健福祉士の配置規定が、障害者自立支援法への移行時に外されてしまった。

　かたや、2013年の精神保健福祉法の改正においては、医療保護入院患者の退院後の生活環境に関する相談および指導を行う者として「精神保健福祉士その他」が具体的にあげられている（同法第33条の4）。精神医療審査会の構成員としても、やはり従来の「その他学識経験を有する者」に代えて「精神障害者の保健又は福祉に関し学識経験を有する者」が新たに定められ、これに精神保健福祉士が例示される（2014年3月20日：社会・援護局 障害保健福祉部精神・障害保健課 事務連絡）ことで、非自発的入院医療に対する精神保健福祉士の関与がいっそう強まった。

　上記の背景の一つには2011年7月、社会保障審議会医療部会で精神疾患を医療計画に記載すべき疾患へ追加することが決められ、いわゆる5疾病・5事業として、2013年度から精神疾患の医療計画が各都道府県により策定・実施へ移されたことがあげられる[注1]。

　医療計画に記載すべき疾病の考え方[2]は「患者数が多く、死亡率が高い」うえに、「症状の経過に基づくきめ細かな対応が求められ、医療機関の機能に応じた対応」や「病院と病院、病院と診療所、在宅への連携」が必要な病態である。精神疾患がそこに加わった理由[3]としては、患者数が増加を続け

て2008年には外来と入院をあわせ、医療機関に受診する者が推計323.3万人（1999年は204.1万人であった）に達していること（2011年は宮城県の一部と福島県を除き320.1万人）、近年のうつ病や認知症、あるいは自殺の増加などから精神疾患が重要な国民的課題となり、その対応が喫緊に求められてきたことがあげられる。

　精神疾患の5疾病への追加は、単にその医療計画が都道府県で策定される以上の意味があり、わが国の精神科医療が新たなステージに入った[3]との肯定的な見方が可能であるが、そこに至る過程では前述のように、精神保健福祉士という国家資格を担保された精神科ソーシャルワーカーが、法・制度の枠内での役割の付与・欠失に受動的な立場を余儀なくされている。

　このような状況を評して荒田[4]は、「医療観察法にみられるような社会防衛的な法や入院制度と、利用者の個別の生活ニーズに対するサービスとは対照的な包括的地域支援サービス制度のなかで、当事者の地域生活の医療的な管理が進んでいる現状に過剰に『適応する』ことで、精神科ソーシャルワーカーとしての専門性が揺らいでいる…当事者をそのようなサービス展開に『適応させている』のではないか」と懸念をあらわしている。

　つまり、本来は精神保健福祉士としての業務は精神科ソーシャルワーカーの役割の一部であったはずが、精神保健福祉士法制定後は"国家資格者の"養成教育（以下、養成教育）や資格試験対策に手がとられたことも影響して、ソーシャルワークの価値や理念といった基本教育が手薄になったのである。そして、結果として法・制度の枠組みのなかでの組織運営や、日々の当事者への処遇に汲々とする現実を招いたことで、専門性の向上や質の担保を希求してたどり着いた身分法により、逆に精神科ソーシャルワーカーが自ら業務を開拓しようとする姿勢から遠ざかっていると荒田は指摘するのだ。

注1）これは社会保障審議会医療部会の決定を受け、厚生労働大臣により策定される「医療提供体制の確保に関する基本方針」（医療法第30条の3第1項を根拠とする）が2012年3月に改正され、医療計画で目標設定や医療連携体制の構築が求められる範囲が従来の「4疾病・5事業」より「5疾病・5事業および在宅医療」へあらためられた経緯を指す。なお、5疾病とはがん、脳卒中、急性心筋梗塞、糖尿病、精神疾患であり、5事業とは救急医療、災害時における医療、へき地の医療、周産期医療、小児医療である。

同様に柏木[5]は、「精神保健福祉士法ができて、ソーシャルワーカーがいなくなった」とし、「割りあてられた仕事、あるいは役割をこなすことで自分はソーシャルワーカーとしてやっていると思っている…違和感を覚えていない、そういう状況にあるのは困る」とより強く戒めている。

　　　身分法とは家族法と同義であって、かつ財産法との対比で用いられる、民法上の生活関係である「親族」と「相続」を規定した法律用語である。このため、「ある職種の社会的身分を保障する法律という意味に用いるのは間違い」との指摘[6]があり、またそれは理にかなっている。ただし、身分法という文言は参照する関連文献等ですでに広く用いられているため、本書ではそのままこの語にならうこととする。

　加えて、同じ国家資格である社会福祉士養成の側では2006年4月、社会福祉士養成にかかわる指定実習機関として、医療法で定められる病院および診療所が新たに認められた。このことで、保健医療と社会福祉にまたがる専門性をもつ精神科ソーシャルワーカーの、教育上の位置づけがややあいまいになっていく可能性がある。
　つまり1948年以来、70年近くの歴史と実践を経たにもかかわらず、いまだ（精神保健福祉士としてではなく）精神科ソーシャルワーカーとしての対人援助職の価値が十分に理解されていない状況[1]にあり、さらには社会福祉学とソーシャルワーク理論を基盤とし、「精神障害者の社会的復権と福祉のための専門的・社会的活動」の展開を期待されている精神保健福祉士が、国家資格化後において自らの役割を再認識せねばならない局面を迎えている[7]のである。
　このようななか2012年6月、日本精神保健福祉学会の第1回学術集会が催された。テーマは「精神保健福祉学が目指す基本課題は何か」である。さかのぼること1年前（2011年6月）には設立総会があり、「精神保健福祉学の構築に向けて」と題するシンポジウムがもたれた[8]。すなわち、日本精神保健福祉学会は「精神保健福祉学」の存立を自認し、基本課題を示しつつその構築[注2]を図ることで、精神科ソーシャルワーク実践の現代的な役割を明示

しようとしている。

ただし、精神科ソーシャルワークの歴史に対し、精神保健福祉という概念の起源はごく新しい。よって、この名を冠した「学」の構築にあたっては、〜国家資格名称との類似もあって〜 一専門職の存在意義の担保のみを志向しているといった解釈に直結しないよう、当事者を中心とする基本5原則にならう必要がある。

そこで、まず「精神保健福祉学」の構築を「精神科ソーシャルワーカーの実践から当事者を通して得られた事例的な暗黙知を、『学』としての理論的な形式知へ発展させる」ことから着手すると読み解いてみる（☞p.31）。それでも、精神科ソーシャルワークが属すと一般的に位置づけられる医療ソーシャルワーク、次いでソーシャルワーク全体、ひいてはソーシャルワークとソーシャルポリシーからなる社会福祉学（☞p.83）のなかでの「精神保健福祉学」の位置づけを、すなわちいずれに対しても説明可能な科学的な成り立ちを解明せねばならないことは自ずと悟られよう。

まぎれもなく、精神科ソーシャルワーカーの価値は精神障害者への具体的支援にあらわれる。役割の再認識を求められる時節であるからこそ、精神科ソーシャルワークを現場の当事者の視点から振り返りつつ、精神障害者の社会的復権と地域生活支援に資する「精神保健福祉学」としての実学の体系を問わなくてはならない。

さらに、その体系の固有性や存在意義は日々の個別援助実践のなかだけで完結するにとどまらず、医療ソーシャルワークを含むソーシャルワーク面と、精神保健福祉士を介した法・制度から広がるソーシャルポリシー面の双方より構成される、社会福祉学との関係性において確認されるべきである。

すなわち、本書では「精神保健福祉学」の存立を、当事者の視点から、社

注2）日本精神医学ソーシャル・ワーカー協会は1999年7月、日本精神保健福祉士協会へと名称をあらため、2002年7月に協会内学会の形で第1回日本精神保健福祉学会を開催した。これと、2011年6月に設立総会を開催した日本精神保健福祉学会との関係は後述する（☞p.35）が、経緯を知る日本精神保健福祉士協会の関係者は、2002年当時の設立の流れを「類似の呼称が無関係の組織で用いられることを懸念し、『早く名前を確保しておこう』との動機であった」と筆者に語っている。

会福祉学との関係性において、ソーシャルワークとソーシャルポリシーの両面より検証しようとするのだ。

③ 精神障害者とともに歩む介護福祉職と保健医療職のアプローチ

　精神障害者が疾病と障害をあわせもつ以上、当事者を中心に援助実践理論を構築しようとするとき、彼（女）らの有する両特性への目配りが求められる。もちろん、いずれの仔細にも長じなければならないというよりは、援助実践に臨むとき専門職自身が"どちらか一方"に属すこと　～研究者であっても、いずれの特性から問題の把握をはじめるか～　を意識すると同時に、他をも包括する俯瞰的な視座を備えることが望ましいということである。

　本節では、専門職としての立場をソーシャルワーカーとケアワーカーを想定した介護福祉職、ならびに医師や看護師を代表とした保健医療職に大別し、双方の精神障害者に対するアプローチの異同を概観しておく。なぜなら、介護福祉職と保健医療職は相互に固有の援助理論・実践体系をもつ専門職であり、この介護福祉職と保健医療職、ならびに当事者の協働を経て、初めて地域におけるつなぎ目のない支援が可能になるからである。

　"どちらか一方"においては介護福祉職の視点をもとに、保健医療職とのアプローチの違いを振り返る形で論考を進めていく。すなわち、介護福祉職が精神障害者の疾患面の特性を熟知し、その理解を自らの専門性に則って実践現場に反映させていくことで、精神障害者の日々の暮らしを豊かにするという道筋である。

　精神障害者ホームヘルプサービスを例にあげて考えてみる。かつてホームヘルプサービスの内容は家事が中心であった。しかし、在宅療養者が増加するにつれて、家事を含む身体介護・介助へとケアの内容が変化してきている[9]。精神障害者の地域生活を最先端で支えるホームヘルプサービスの提供者は、精神障害者ホームヘルプ研修を受講したホームヘルパー、そして介護福祉士である[10]。

　かつての保健医療職に偏った精神障害者とのかかわりには、地域社会から閉ざされた、負のイメージがあった[11]。他方、現代において精神障害者の退

院が促進され、彼（女）らの療養の場が多様化するなかで、ホームヘルプやデイサービスなどの普及から、介護福祉職はしばしば精神障害者とかかわっている。当事者と地域社会を日常のなかで結びつける介護福祉職が果たす役割は大きい。

しかし、たとえば精神障害者にホームヘルパーを派遣する事業所を想定したとき、障害の態様に特化した機関であることは稀である[12]。また、ホームヘルパーの側も、これまでに精神疾患特有の症状や行動に遭遇した経験をもつ者は少ない[10]。ケアを行う者の精神障害者観がケアの質を左右することは言うまでもない[13]のに、である。

かように精神障害者の在宅ケアの一部は、まぎれもなく非精神科領域専門の介護福祉職により担われている。だからこそ、高齢者へのホームヘルプサービスを行っている事業所にも精神障害者の特性を理解してもらい、抵抗なく支援に入れるための配慮が必要であって、そのような地道な作業の積み重ねのうえに当事者の豊かな地域生活が導かれるのである。

さて、「精神障害者は他の障害者に比べ、対人関係を築きにくい側面をもち、信頼関係を形成することからケアが開始される」[13]という。精神障害は他者から理解されにくく、しばしば誤解さえ受けており、当事者と彼（女）らにかかわる人々とのあいだで互いの納得という共通基盤をまず築かねばならないのだ。

もちろん身体障害や知的障害、いわんや児童・高齢者あるいは貧困の理解であっても、すべてにおいて皆が納得ずくではなかろう。しかるに、なぜ精神障害者にはかような指摘がしばしば強調されるのだろうか。その理由として、身体障害には車椅子やギプス、杖や装具、人工肛門や透析などが視覚に訴えることがあげられる。手足が動かない、目がみえない、耳が聞こえない状態は誰にとっても一部なりとも体感できる。

また、生得的な知的障害にはまだ相応に年若い養育者の存在が大きな拠りどころであろうし、老化は誰にとっても自身を含む父母・祖父母の昨今に違いない。経済的な困窮も、程度の差こそあれ人生の一時期だろう。

これらに対し、精神障害は目にみえず、追体験しにくく、積極的な代弁者にも乏しい。つまり、多くの人々にとって精神障害は人生の一部として認識

しにくい、という意味で合点に至らないのである。

　家族でさえ、ときに「怠けているだけではないのか」といった疑念にとられる。本人にとっても「精神障害は身体疾患のように痛みが感じられにくいことも加わって精神障害に気づくのが遅れるし、しかも、どこがどう病気なのか定めにくく、医療を主体的に活用することも遅れる。精神障害をもちながら主体的に生きていく決意もつきにくい」[14] のである。このように病気の実態が表にあらわれにくく、かつ具体的でないことが、周囲にも本人にもさまざまな困難や迷いを生じさせるのだ。

　また別の観点として、「精神障害者も一人の人間で、病者というより生活者として捉えねばならない」としばしば指摘される。実際に、経験の浅い介護福祉職の不安が、精神障害者と接するなかで徐々に解消されていくこと[15] は往々に耳にする。

　結果として彼（女）らを独特な人とみなし、区別していた自分を恥じることもあるだろう。そこから、精神障害者とひとくくりにした形での特性理解に疑問がわくことも考えられる。これは、地域でともに、分け隔てなく生活する隣人としての共通性が、精神障害者と身構える硬さをほぐしたのである。したがって、ときには「知識を身につける」という行為そのものが、彼我を仕切る壁なのかもしれない。

　しかし一方で、あくまで専門職として彼（女）らの精神症状や問題状況を把握するために、観察方法と対応方法[10] を学ぶ必要性が指摘される。「介護福祉士は精神障害者を正しく理解しなければならない」のであって、たとえば当事者は「長い闘病生活のなかで、それまで築いてきた人間関係の保持が困難になるとともに、新しい人間関係の構築はさらに難しい…健常者以上に慣れるまでの時間を要する」[16] のである。

　介護福祉職の立場からも直感的に、あるいは経験的に、特性の理解や対処の工夫が必要なことはすぐに分かる。なぜなら、精神疾患や障害に由来する諸状態に直面すると、彼（女）らとのあいだに溝を感じ、その正体を見極めようと介護福祉職はしばしば緊張するからである。これら疾患や障害面の特異性と、前述の生活面の共通性との狭間で、介護福祉職は"揺れ動いている"のだ[17]。

そこで、保健医療職の動きを引きあいに出すことで、介護福祉職としての"揺れ"を認識のうえ相対化し、結果としてその"揺れ"の沈静化を目指してみよう（表２）[注3]。

まず左上❶で、幻聴や妄想をもつ患者の存在を示す。保健医療職は非・病者にはみられないこれらの特異的な症状（陽性症状）へ着目し、そこから精神疾患を診断して治療へ移る。ただし、この着目はもっぱら診断のためであって、患者が実際に苦しむのは疲れやすさ、頭が回らない感じ、熟眠困難やふらつきといった、誰でも部分的には経験がある感覚であることが少なくない。治療はもちろん、これらを含めて行われる。

陽性症状そのものが消退するに越したことはないが、しっかりした休息や栄養状態の改善などに加えて、本人や家族が疾患への対処法を身につけることで心身の余裕を導き、幻覚や妄想が残ってもそれらに左右されなくするのも重要な治療である（右上❷）。

介護福祉職は診断や治療というよりは、精神疾患由来の症状によって「外出をおそれる」とか、「買い物に行けなくなった」などの現実問題へ、本人とともにまず対処していく（右下❸）。これらの生活行為は病気であろうとなかろうと広く営まれるものであるため、介護福祉職は精神障害者を患者というより当事者、利用者、（仲間内で）クライエントなどと呼ぶことが多い。

ここでは幻聴や妄想よりも外出や買い物を重視し、精神障害者の参加を得て安全や成功といった実体験を積み重ね、自信をつけさせることを旨とする。それでも本人は陽性症状から導かれる不安をしばしば表明するであろうが、これを頭ごなしに否定せず、また迎合・同調するのでもなく、彼（女）らの生きづらさを汲み取るのである（左下❹）。

介護福祉職が、精神障害者にしばしばみられる思考・行動として頭に思い浮かべるのは、保健医療職が診断をつけたり経過をみたりするために注意を払う、疾患へ特異的な症状（陽性症状）ではない。統合失調症者を例にあげれば、以下のようないわゆる"非特異的生活特徴"なのである。

①名目や世間体、周囲の評価に拘泥し、過敏に反応する、②切り換えがで

注３）ここでは保健医療職の述語に基づき、被援助者を「患者」と表記する。

きず変化にもろい、③枝葉のこと、目先のことにとらわれ、中心的事柄を見落とす（注意配分のまずさ）、④段階的にことが運べず短絡的に行動する、⑤ほどほどに、という手加減ができずall or nothing（全か無か）的行動をとりやすい、⑥選択を要する課題に直面すると自己決定ができず、選択を放棄するか行動の統制を失い混乱する。これらの心理・生活上の弱点こそが、

表2　保健医療職と介護福祉職それぞれによる精神障害者へのアプローチ

		精神障害者	
		疾患面	生活面
援助者	保健医療職	❶診断治療担当（主領域）　→ ・「殺す」「バカ」と言われる（幻聴） ・留守にすると泥棒が入る（妄想） 　精神疾患の特異的な症状（陽性症状）に着目し、病気を診断する（非・病者と区分する）治療者の立場から、薬物、心理療法あるいは特定の療養環境などを選択的に適応して原因の除去や洞察を図る。	❷疾患の延長線上に生活をみる 　幻聴や妄想が残っても、本人へ心身の余裕をもたらすことで、それらに振り回されず距離をとることを体感させる。結果として、平静を保つことができ、外出や買い物へ行けるようにする[※1]。 「このあいだ、あなたを困らせていた例の件、最近はどうですか」[※2]
	介護福祉職	❹生活面から疾患に接する　← 　言動を病者の陽性症状と捉えて本人に向きあうのではなく、ともに地域で暮らす共通の立場より利用者の気持ちを理解し、訴えに共感する。 「ひどいこと言いますね。そんなことを言われたらつらいですね」[※3] 「私はそう思っていません」 「私はあなたの味方です。盗られないよう一緒に工夫していきましょう」	❸現実問題担当（主領域） 　まずは一緒に買い物へつき添い、外出が安全であることを、繰り返し事実として認識させる。お金や貴重品の管理を本人とともに励行し、盗難がないことを確かめていく[※1]。 　病者と非・病者を区分しない、隣人としての普遍的な生活者の視点から、本人が困っている現実問題へ対応する。

保健医療職のなかでも看護師は❶から❷に加えて、❹への視点の拡大をよく行っている。介護福祉職が精神障害の疾患面に気を配るのは❸から❹に加えて、❷への拡大を意図してのものだが、そのためには今一度、ぶれない❹の視点を踏まえておきたい。

※1　余裕を育み、経験を積むことは陰性症状（精神や身体活動の低下であって、これも直接には病者と非・病者を区分しない）へのアプローチ法でもある。
※2　疾患からの回復過程において、病的な体験の内容を詳しく聞く意味は少ない。他方、幻聴や妄想といった言葉で、体験を決めつけてしまうことは避けたい。
※3　本人の実感なので、「あり得ない」と否定しても益はない。他方、感想を尋ねられたら、「不思議ですね…」「私には経験ないです」と自分の実感を述べる。

彼（女）らの生活のしづらさを構成する重要な要因であって、対応にあたりとくに留意すべきなのである[18]。

現実には、精神障害者はそれぞれ個人によって、また同一人物でも時期によって、疾患面と生活面双方の差し障りの割合が異なってくるだろうし、さらにはそれらに対する支援の量的な必要度も、増えたり減ったりするのだ。

図1は、精神障害者に保健医療職と介護福祉職のアプローチが、時期によってそれぞれの割合は異なるものの、ともに必要であることを支援の全体像を示す円筒への左右からのアプローチで示している。図2は、割合は少なくても支援の絶対量が多い場合があり、またその逆も存在することを円筒の幅の太さ↔細さであらわしている。

精神疾患や精神障害の知識を身につけた結果、彼（女）らを過剰に意識することも、その反動のように互いの変わらなさを強調して、理解を遠ざけることも極端なあり方に違いない。前者であれば、現実の生活問題へ取り組む介護福祉職の立場を意識することで、後者なら、疾患面と生活面から精神障害を深く理解することで、どちらもより彼（女）らの気持ちやニーズに沿った支援が可能となることを思い出せばよい。

きっと、「生活者としての共通感覚で、病者と非・病者の枠を超え精神障害者と向きあえる」、「精神疾患を理解することで、彼（女）らの生きづらさを今まで以上に汲み取れる」、これら双方を満たす介護福祉職の醍醐味に立ち返ることができるだろう。

4 精神障害者と向きあう論考における当事者ならびに地域の位置づけ

本節では論考にあたって、「当事者」ならびに「地域」という概念についてあらかじめ吟味し、そのうえで本書の主題を概観しておく。さて、精神障害者本人を指す呼称について、いまだ統一された用語はない[19]。もとより患者、クライエント、コンシューマー、利用者といった名称は、医師－患者関係が基盤となる時代から、地域ケアへの比重の移行や多職種協働の現出に伴って代替を求められていた[20]。

そのうえで「精神障害者本人を、さまざまなサービスを主体的に利用する

図1　保健医療職と介護福祉職それぞれによる精神障害者へのアプローチ (1)

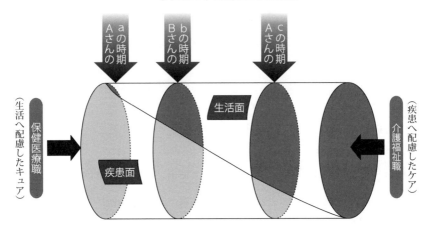

図2　保健医療職と介護福祉職それぞれによる精神障害者へのアプローチ (2)

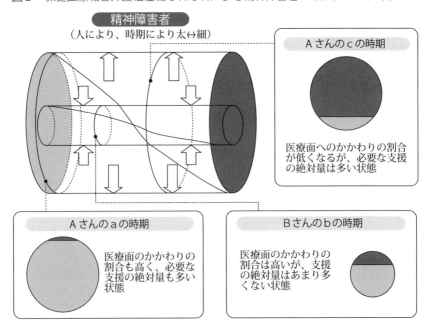

存在として明確に位置づけるとともに、サービス提供者が精神障害者本人の主体性を侵害しないための自戒としても『利用者』は有効な呼称である」[19]とは一つの発想だろう。

また、医療ソーシャルワークの領域では「医療で患者と認められた人（IP: Identified Patient）とは区別して、当人が意識しているか否かにかかわらず、解決すべき課題ニーズをもっている人をあらためて…クライエントと認定する」という、「ソーシャルワーカーが自覚的に選び取っていく」クライエントという理解もある[21]。

あるいは当事者の語を用いることによって、かえって当事者ないし非当事者という切り分けを派生させ、それに伴う緊張関係がもたらされる可能性も考えられる。すなわち、これらを勘案のうえ、あえて特定の語を用いない立場さえあり得るのだ。

しかし本書では、今尾[22]が指摘するように「『当事者』という言葉を使って論ずることには重要な意味がある」との立場をとる。「ソーシャルワーク援助を受けるという一方向的関係性を包意する、対象者でもクライエントでもなく、それを消費するコンシューマーでもなく、援助という媒介を介してのみ存在するのではない、精神障害を負ったという事実」[23]を、当事者なる語により示すのである。

加えて本書では、この当事者なる語を野口[24]のいう「実体としての存在ではなく、研究上で設定される戦略的な概念であり、いわば方法論の範疇にある」と捉える。「介助者も親も当事者ではない。当事者とは本人だけである」といった発想で、当事者概念を狭義の実体に捉えることの逆効果は、杉野[25]や豊田[26]が強く指摘するところである[注4]。

しかも当事者をひとくくりに固定することで、内的な葛藤が無視される。「群としての当事者見解を考えるとき、個としてのそれがしばしば置き去りにされてしまう」[26]のである。まず、いわゆる"内なる偏見"がこれに該当するだろうことは思いつく[注5]。

本人が精神障害に対する偏見を事前にもっていた場合、精神障害者は自己価値を低め、自らを受けとめられず困惑し、疎外感をもち、孤立する。「精神障害ではない」と否定し、あるいは「もう治った」と思い込む。かように

揺れ動く、精神障害者特有の葛藤が看過されかねないのである。

　葛藤はさらに、研究者自身が障害の当事者である場合にもおよぶ。次のような態様である。「私は自身が当事者であることを…利点と考えたことはない…自身の当事者性をラポール形成のための『道具』としては使いたくない…なぜなら当事者同士の関係においては、当事者同士であるがゆえに違いをみつけようとする「差異化」も起こり得る…からだ」[22]。

　もちろん、当事者を特定の存在として限定しなくては、「当事者を相対化させ拡散・解体させすぎると、それらの抱える問題の深刻さまでを解体し、無化してしまう。この結果…告発や抵抗をするために準拠するべき拠点が奪われてしまう」[24]という懸念もまた自然である。

　かたや、「当事者をめぐる問題の所在は当事者に存在しているのではなく、社会の方に存在している場合が多い」ため、限定により誰しも当事者になる問題の普遍性が特殊化されてしまうこと[24]、社会全体の問題であるはずの障害者問題が、障害者だけの問題へと解体してしまうこと[26]は避けねばならない[注6]。本書は後者の視点を方法論的に注視するのである。

　では、方法論の範疇において本書の当事者像はどのように設定されるだろうか。ここでは当事者を、阪本[29]による「同じ〈場所〉にいること」として捉える立場をとる。

　「『当事者』という言葉を、個人的に与えられる権利や資格あるいは宿命のようなものに結びつけることを離れ、当該の問題（問い）をただならぬ、お

注4）ここでは豊田の言葉をあげておく。「圧倒的多数の人々にとって狭義の当事者が置かれている立場を共有することはきわめて困難である…個別の事情をより具体的かつ詳細に突き詰めて考えるなら、最後的には『本人』という全く個別具体的な当事者概念に突きあたらざるを得ない…さらに本人自身がはたして本人のことをどれだけ知り得るかといった哲学的命題を考慮するとき、当事者でさえも自身の置かれている立場を理解することは困難である。狭義の当事者が自身の問題に関して唯一絶対の精通者であるというのは幻想である。ましてや彼のみがその問題に関する回答を用意し得るなどと錯覚することは、彼自身の傲慢であり、周囲の無関心のなせるわざである」[26]

注5）なお、偏見は"精神障害者を危険視する"という、当事者と接した経験が乏しい人にみられるものと、むしろ当事者と接したうえで生じる、"なまけ者"扱い"という性質の異なるものがある[27]ことは知っておいてよい。

注6）もちろん、これは決して「ものの見方」を変えるだけで満足してよい、ということではなく「実践モデル」をもつ[28]必要もまた然りである。

のれの問題として抱えざるを得ない〈場所〉に存在していることとして捉えることで、より多くの人が立ち寄り対話できる問題へと開かれるのではないだろうか」という阪本[29]の主張は、彼が「まちの当事者」を思弁していたこととあわせ、開かれた社会を望む精神障害者の立場に相通ずる概念であろう。

　ならば、精神障害者が存在する〈場所〉とはどこか。もちろん、「日々生活を営む場所であり、さまざまな人々とのさまざまなかかわりが生まれる場所」[19]とされる地域であろう。しかも、その地域におけるかかわりは、「利用者が主体的に紡いでいくことが大前提であり、支援者が恣意的に与えたり、断ち切ったりできるものではない」[19]。つまり当事者とは、地域という場で、精神障害者本人を中心に彼（女）らが主体的に構築する、援助者とは独立した人間関係を指すのである。

　いわば、同心円をイメージした「中心に座るのが当事者です…その向こう側に専門職、そして行政、最も外側に社会が存在するのです」[30]という発想である。大略は、本人を中心に血縁者、友人、他の患者・家族、同僚などインフォーマルな人間関係のうちで本人が信を寄せる人々、と当事者を規定することが可能であろう。

　ここで想定する人間関係をより具体的に描出する言葉としては、以下の今村[31]の説明がふさわしい。「だれしも疲れたとき、家に帰り、母の声を聞くと安心する…またそれが父であり、兄弟であってもよいわけだ…誰でもよい。病者が一番話せる人がよいのである。治療者集団は、器械、薬、××療法といった文明の力を用いてはいるが、最終的には、家族集団的な役割機能がとれる必要があると思う」。

　もちろん地域は〜精神科医療とともに地域社会という概念が一般に用いられはじめたのは1963年頃とされる[32]が〜歴史上、当事者に常に好意的な場所ではなかった。精神障害者へとられた隔離収容政策の責任は、政府、精神科医療とともに「地域住民の精神障害者への偏見と誤解」にあると谷中[33]は述べている。社会復帰施設などを建設する際の住民による反対運動は、常に現実のものであった。

　たとえば和辻[34]は、地域を理論的にも実態的にも再構築せねばならない

として、以下のように述べている。「私は病者にとっての地域は排除構造であると同時に、長期に強制入院させられた人々にとっては、地域はすでに奪われ解体されたものになっていると思う。『地域で病者を支える』という言葉があるが、支えるべき地域は崩壊、解体しているのではないだろうか。したがって、病者とともにもう一度、地域を取り戻す活動が必要であり、病者を排除する地域の論理の変革と、病者にとって解体されている地域を取り戻す二重の活動が地域医療活動である」。よって本書では、当事者概念を設定する鍵として地域を用いているものの、その地域もまた当事者に対し多大な正負の影響をもたらす主体であることは肝に銘じておかねばならない。

このように、地域という言葉の示す内容が人それぞれに異なること[35]は、早くから指摘されていた。精神障害者の地域を考えるとき、その概念の存立を否定のうえ「自治体という概念を使用すべき」と説いて自治体の財政的基盤の拡充を重視し、それに干渉する国家主義の弊害を指摘する歴史学者からの社会科学的な提言（1966年）[32]もあったが、その後1969年には、すでに地域は寺嶋[36]により「実践活動（筆者注：医学的な治療実践の意味）、予防、後治療、早期調整、資源活用等」の場と、多様な臨床的概念へ捉えられていた。

中沢[35]も、地域で展開される精神障害者へのケアを「狭義医療から訪問、家庭看護、関係機関に対するコンサルテーションからスタッフの教育にまでおよんでいる」と同義に位置づけている。

上記の社会科学と医療（寺嶋も中沢も医師である）のあいだの認識差には、医師から地域を捉えた場合、その財政的基盤へ配慮する視点が相対的に乏しいことが要因としてあげられる。なぜなら、医療の多くは私的な行為として医師と患者の契約により成立するが、これに対して社会福祉の主な事業は行政により営まれる場合が多いという違いがあるからである。

すなわち、「福祉行政によって実施される社会福祉活動は、それらがいかに専門的な活動であっても、他の行政と同じように多くの制約を受けることになる。具体的には、法令に基づいて、予算の範囲内で、業務命令のもとで事業を実施しなければならない…医療においては一般的な診療行為の内容を、行政として制約することはない」[37]のである。

第Ⅰ章 「精神保健福祉学」の構築に必要な諸概念の整理

加えて、寺嶋[36]は以下のように続ける。「ところがわが国のそれ（筆者注：地域という言葉）は甚だしく反入院医療的色彩をおびており、従来欠落しがちであった入院前、退院後の充実に力点がある」。たとえば、作業所の職員である宮地[38]は、施設を利用する退院した精神障害者へ向けて「医療機関からの紹介コメントをあえて求めないことが決められた。『あたりまえの生活』のためには、まず医療に対して、はっきりとしたけじめをつけなければならない」とし、「行きすぎた精神医学にけじめをつけるための、大きな柱としての共同作業所運動」と結ぶのである。

　　これには、最初の精神障害者を対象とした作業所が1970年に誕生し（☞p.94）、その後拡大していった1970年代こそ、医療への告発がさまざまな形で行われた時期であることも関与するだろう。たとえば、アルコール依存症をよそおい精神科病院へ入院した12日間の体験を通し、「ここは『病院』の名を語る『人間の捨て場』である」と断じた「ルポ精神病棟」（大熊一夫記者）が1970年3月5日から7回にわたって朝日新聞に掲載され、後日同名の書籍として出版され大きな反響を呼んでいる。
　　ただしこれらの告発は、そもそも低医療費政策が生み出した現象であるにもかかわらず、医師の倫理といった個人的責任に帰せられる[39]という特質があり、しかも、社会一般の受けとめ方はむしろ（現況の変革より）精神科病院全般に対して嫌悪感を抱かせる[40]ものであった。
　　当時の全国精神障害者家族会連合会はこれを評して「良心的な病院の診療・社会復帰活動などプラス面も報道して、精神医療に対する理解の促進を要望していたにもかかわらず、マスコミ各社は競って精神病院の不祥事のみを取り上げた…新聞のキャンペーンは患者の家族を不安に陥れ、また、患者の受診意欲を鈍らせたことも著しかった」と記している。

つまり、地域という言葉を精神科医療を下敷きとした文脈で斟酌する際には、1）自治体による精神障害者施策の遂行に、国家からの財政面を介したコントロールが存在する（事実への認識が二次的である）こと、2）地域に対峙する概念として、精神科病院が（場所という意味で）位置づけられるのみならず、ときに医学的管理そのもの（の否定）が射程に入る場合もあるこ

と、の2点が意識されねばならないといえよう。

 たとえば、地域社会のなかで精神障害者の生活を支えていこうとする、先駆的な試みとされる作業所（☞ p.92）を取り上げて、1）ならびに2）の視座を反映させると以下のようになる。

 1）その普及が自治体による助成により促進されたとしても、本格的な設置の推進は国の政策動向により左右されてきたことを看過してはならない〜社会科学的な視座のソーシャルワーク実践面における、とりわけ国家資格制度発足以降の相対的非・重点化は本書での重要なテーマである〜 。

 2）医療職から、（場合によっては本人を疎外しかねない）家族などにより提起された運動と受け取られた意味を、精神障害者支援の観点から振り返らねばならない。

 とくに2）に関しては、生村[41]による以下の言が状況をよくあらわしている。「数年前から共同作業所をやらないかとちょくちょく話をもちかけられている。決まって家族や行政に身を置く人たちからで、『病』者自身からは一度も要請を受けた憶えがない…共同作業所は本当のところ、『病』者にとって、かなりやっかいな存在ではないかと不安になってしまう。その存在は、『病』者にとって誇りや希望であるよりも屈辱であり、いかなる善意、理念、計略に支えられていても、そこへの参加は一つの屈服を意味する」。

 同じく医療職として中井[42]は、「入院治療についての最近（筆者注：1982年の著作である）の改善は重点がリハビリテーションとケースワークにあるようにみられるが、これらは狭義の医療を代替するものでない…（筆者注：狭義の医療）の進歩があって、初めてリハビリテーションもケースワークもたやすく確実に結実するようになるはずである。そうでなければ、それは不安定な患者を何とかうまく社会のなかにはめ込む器用仕事になりかねない」と指摘する。

 以上の論説は病院と地域、保健医療と社会福祉の相克をそれぞれ表現するというより、いわゆる「医療の傘」[注7]論のもとで肥大を続けたわが国の精神

注7）精神障害者は生涯にわたって医療的な管理のもとに置かれるべき、という考え方。医療的要素の少ない社会福祉施設の構想に対し、それは精神障害者から医療を奪うものであって、いわば終末施設になりかねないと批判する文脈でしばしば用いられた。

科入院医療を、精神障害者へ向けた「リハビリテーションのシステムの確立を阻むもの」[43]として批判したことは的を外していなくとも、そのうえで精神障害者の地域移行支援を当事者中心に展開する際に、政策的な観点の不在（すなわち1））と医療利用の抑制に対する懸念（すなわち2））が残るとまとめられよう。

　　精神科医療を批判したとして、それが社会福祉の立ち位置を単純に押し上げるわけではない。あくまで（医療者ではなく）当事者から、社会福祉そのものへの批判的な視点があることにも留意しておかねばならないのだ。
　たとえば櫻田[44]は、「『福祉は佳きものである』ということが半ば『自明の前提』と化し、それに多くの人々が呪縛されることによって、かえって、障害のある人々に対して本当に行なわれなければならないことが、妨げられている」とする。同じく佐藤[45]は「『障害者』＝『弱者』＝福祉＝善という思考パターンが、そこから超えようとする人間にとってはときに桎梏となる、足枷となってしまう」と述べている。
　もちろん、これらは社会福祉の存在そのものを否定しているのではなく、福祉という名のもとに考えられたり行われたりする、（多くの場合善意や熱意に基づいた、それゆえ省みられることの乏しい）発想や行為に再考を迫っているのだ。いわば社会福祉の"社会"性を看過し、個別の関係に特化した"福祉"の対人援助の姿勢がa.当事者を 〜加えてb.援助者（とくに非・専門職たる）を〜 社会的に疎外していくという過程への警鐘であろう。
　したがって、本節は精神障害者に対する医療と福祉の相克や協働について論じているものの、"社会"性を欠いた"福祉"に対し、まさに診断・治療という個別の支援に長けた精神科医療が大きな役割を果たせるとは思えない。そこに医療や社会福祉といった枠にとらわれない「非・専門職たる援助者」からの（精神）障害者や高齢者へ向けた当事者支援 〜多くの場合ケアという言葉が使われる〜 を論じなければならない必然性がある。このことを補っておきたい。
　わが国において「ケアという言葉の氾濫が、医療や福祉の整備に直接つながるものではないし、反対に…きちんと議論すべきことがらが覆い隠されてしまう危険性」[46]はつとに指摘されている。

とりわけ「近年の看護、医療、ソーシャルワーク、社会政策など職業的専門化の拡大は、ケアの方法を感情に焦点化したものから専門的技術を要するものへとシフトさせてきた」[47]のであって、ここから結果的に「非・専門職たる援助者」に感情労働としてのケアが集約されている、という過程が前記のb.援助者（とくに非・専門職たる）に対する社会的な疎外なのである。

その困難さは、認知症者へ向きあう立場から斎藤[48]が述べる「ケアの受け手が自分の感情をコントロールができない場合、介護者は相手との『感情的互酬性』を期待することができず、きわめて高度で複雑な両者の感情マネジメントを一手に引き受けなければならないために、身体的負荷だけでなく、あるいはそれ以上に、きわめて高度な感情マネジメントを強いられる」の言説に余すことなく表現されており、この内容は精神障害者と向きあう「非・専門職たる援助者」全般に適応できる。

他方、この課題は三井[49]がケア技法論（筆者注：技術的な専門職ケアにおおむね相当）は「他者である患者に対して」十分注目しておらず、ケア倫理論（筆者注：愛や人間性といった非・専門職ケアにおおむね相当）は「他者としての患者を重視するあまり、それ自体独自の主体でもある医療専門職を軽視してしまった」とまとめるように、専門職（資質向上と職業アイデンティティ）と非・専門職（他者受容と患者主体）は、それぞれの立場から一定の論拠を含みつつも、当事者の両腕をあたかも互いに左右から引きあっているようだ。そして、その引きあうという状態が、当事者の利益へ結びつくには今一歩の進展が必要なように思われる。これが前記のa.当事者に対する社会的な疎外なのである。

もちろん、精神障害者に対する医療と福祉は「医療の傘」論を超え、当事者の利益を目指して少しずつ歩みを進めていく。つまるところ、専門職としての立場を露にした「医療」か「福祉」かという発想そのものが未成熟であった、というのが実態であろう。

「医療の傘」論は、1995年の精神保健福祉法の制定を転換点として過去のものとなり、現在は「医療を内包した福祉」へのパラダイムシフトが起こって、もはや「医療」か「福祉」かという議論そのものが影を潜めてしまった[50]。したがって地域を、切れ目ない（医療を含む）支援という観点で捉え

第Ⅰ章 「精神保健福祉学」の構築に必要な諸概念の整理

直すことで、一見してこの相克は止揚されよう。

そういう意味で、地域精神衛生活動（当時）をして「患者をめぐって（自らの立場を主張するのではなく）協力の妙をみせてケアの連続性を保障し、患者を自立させようとする」行為と評した中沢[35]の視点は貴重である。かかる職種間協働、連続性、自立という現代に通じる特性を、援助者側がそれぞれの専門性によらず見失ってはならないという趣旨に（簡潔ではあるが）、少なくとも一つ、既述の 2) の論点はまとめられる。

では 1) である。福祉職が地域社会を広く対人援助実践の場と捉え、精神科医療に対する両価的な見方を克服のうえ「医療を内包した福祉」としてケアの連続性を果たそうとしたとき、一方で国家による財政面の（歴史的に消極的であった）コントロールを緩和すべき主体として振舞うことができてきたのかは疑問が残る。

本来、社会福祉を成立させ、その内容に規定的な影響を与えるのは「社会問題」、「政策主体」、「社会運動」である（真田[51]による社会福祉の三元構造）。政策主体は、社会問題に対する対応・配慮を「社会運動との対立関係のなかで」決定していく。その過程が社会福祉の内容や水準になるのである。

精神障害者の地域移行という社会問題に関し、政策主体である国や自治体の対抗軸となって歴史上「社会運動」を一次的に展開したのは ～側面的支援は別として～ 精神障害者本人や親の会といった非・専門職であっただろう。当事者による社会運動は、専門職によるサービスとは相容れない要素をもつからである。

当事者が集まり、相互交流することで自身の問題が仲間を助ける資源に転じ、その力が集まることで、専門職のサービスや周りの社会を改革する運動につながっていく経緯は専門職に真似できない。ただし、そのような当事者と専門職のあいだに、活動の結節点（☞p.26）は見い出せるはずである。

当事者が担った社会運動の例として、差別的な障害者像に対する告発型の運動がある。1957年に結成された脳性マヒ者の「青い芝の会」、あるいは東京都肢体不自由児父母の会連合会が中心となった、1961年発足の全国肢体不自由児父母の会連合会などはその初期の具体像である。ただし、「精神障害領域においては発病の時期が10代以降になるため親の高齢化、スティグマに

よる障害受容・自責の念からの解放、カミングアウトの困難さがあいまって活発な運動に展開するのは難しい」[23]状況もまた存在した。

そのようななか1965年9月に発足した、精神障害者の家族会の全国組織である全国精神障害者家族会連合会（以下、全家連）は、精神科医療の改善、医療費等の経済的負担の軽減、社会復帰施設の増設と充実、精神医学の研究促進、精神障害者福祉施策の法制化などを訴えて積極的なソーシャルアクションを展開した。

1986年から2002年までは全家連主催による「精神障害者の社会復帰と社会参加を推進する全国会議（リハビリテーション推進会議）」を毎年開催し、地域リハビリテーションの推進や関連団体の組織化を進めていった。1994年には前年の精神保健法改正により新たに規定された「精神障害者社会復帰促進センター」に全家連が指定され、精神障害者の社会復帰促進に必要な研究・研修・啓発・普及の中核センターになるなど精神障害者の施策の推進に大きな役割を果たした。

2007年に全家連は解散するが、最後の全国大会（2006年11月：長野）の基調講演で「差別や偏見、誤解といったネガティブな様相が渦巻いている…（筆者注：行政よりも）最も手ごわい社会…に影響しないようでは運動もまた本物には成り得ない」、「障害分野において、運動はかけがえのないものです。運動を失った団体は、もはや障害者団体の体をなさない」[30]と述べられているのは、同会の社会運動に対する姿勢を端的にあらわすものである。

精神障害者本人による全国組織づくりも、「『精神衛生法』が『精神保健法』に改正されるとき、『精神障害者自身の声を聞いてほしい』と国に働きかけたところ、『精神障害者本人の全国組織がない』と断られた体験を多くの本人の会がもっていた」との動機によって、1993年4月に全国精神障害者団体連合会（以下、全精連）が都道府県の5つの連合会を中心にして発足した。結成大会の大会宣言では「自分を尊重しよう。次に自分の周囲を変えていこう。そして私たちに必要な制度や条件を整備していくよう、みんなで立ち上がろう。自立とは私たちが人間らしく生きていける条件を自分でつくっていくことだ」と呼びかけている[52]。

なお、さかのぼって1974年5月に全国「精神病」者集団が結成されており、精神科医療や国の施策に対する批判を展開してきた。同集団は、「精神病」者主体の運営を志向し、専門職とのかかわりを積極的には望まないため、「社会事業史の通説を形成してきた研究者の立場と全国『精神病』者集団のような患者会の立場が異な」ることから、精神障害者団体の全国組織の歴史は全精連を中心に語られがちだ、と桐原ら[53]は指摘する。

　双方の特徴について、藤井[54]が全国「精神病」者集団はサバイバーとしての徹底的な批判を展開し、全精連はユーザーとしての改善策の提案をしているように思われる、と推量している。これらを勘案するに「ソーシャルワーカーの介入を背景」としない、政策主体に対する「（比較的）ラディカルな『精神障害者』解放運動」[53]への一定の距離感が、ソーシャルワーカー側に潜在した可能性は考慮されるべきであろう。

　これら当事者、とくに精神障害者本人による地域移行（から地域定着）を目指すという、社会問題へ向けた自律的な運動の経緯を振り返るとき、対して精神科ソーシャルワーカーは職種固有の専門性の向上、さらに資格制度化運動[注8]、ならびに病院から地域における医療職との円滑な協働といった、ときに相反するテーマを実践のなかで発展的に止揚することへ労力を費やしてきたであろう。このことが、当事者の直面する社会政策への関与というニーズをすくいとる仕事を 〜常に意識していたにせよ、それでも〜 後手に回したのではないか。

　かような発想は、精神科医療における「残された問題」として少なくとも

注8）たとえば医療職の代表ともいうべき医師は、1948年10月に施行された医師法においてその任務が規定され、さらに専門的・技術的職業従事者として位置づけられたのは1950年の国勢調査の際に用いられた職業分類においてであった。一方、福祉職の中核ともいうべき社会福祉士・介護福祉士は、1987年5月に施行された社会福祉士及び介護福祉士法においてその任務が規定され、社会福祉士と介護福祉士が専門的・技術的職業従事者として位置づけられたのは1987年の日本標準職業分類においてであった。

　したがって、福祉職の専門的職業従事者としての位置づけは医療職に遅れること37年となる。このように、医療職に対する福祉職の法制ならびに専門職としての社会的認知の遅滞は、医療と福祉の連携ならびに統合にあたって、どうしても医療職（なかでも医師）の主導に傾きがちなことは否めない。これが医師以外の医療職や多くの福祉職の側から、医療サービスと福祉サービスの有機的な連携は困難であるという主張の理由の一つにもなっている[37]。

1973年には以下のように明確化されている。「福祉の実践としてできることは、たかだか、体制に向けての、体制のなかでの位置づけを改良する」に過ぎないが、それゆえ「福祉的課題と当事者運動の結節点（傍点筆者☞ p.23）があり、一般社会への啓蒙活動とは別の視点 ～行政への効果を意図した活動～ が、福祉として明確に位置づけられるべき根拠がある」[55]。

　　資格制度化運動に対しては、「専門職としての立場」から派生する権威への疑念（反専門職主義）という視点がもちろんある。加えて、「当事者としての立場」から捉えた資格の位置づけへの認識も忘れてはならない。かねて身体障害の領域において、「資格制度は障害者の自立生活継続に意義があるのか」[56]という批判があった。
　　身体障害者の介助に臨む場面に一定の研修の必要性を認めながらも、「研修が必要ということと、それを資格化していくのは、ちょっと意味が違う。資格をいうのであれば、誰に対してその資格が必要なのかをはっきりさせていく必要があると思う」[57]といった発想がその一つの例である。
　　もちろん、精神保健福祉士の法制化に際して「精神科ソーシャルワーカーが日常出会っている当事者や家族から精神科ソーシャルワーカーの国家資格化を求める運動がなされた」[58]との記録がある。あくまで力点の置きどころ、という意趣で捉えられたい。

　もとより社会福祉学は、社会の統合発展を目指すソーシャルポリシーと、自立生活への支援を図るソーシャルワークの両領域にまたがっている（☞ p.83）。したがって、ソーシャルワーク（精神科ソーシャルワークに限らず）が政策主体への影響力を実効的に維持できなくとも、個々のソーシャルワーカーの実践レベルにおいて、ソーシャルポリシーへの目配りを必ずしも要請されるわけではないとも考えられる。社会運動はソーシャルポリシーの要素としての、そして先の専門性の向上や職種間協働は、どちらもソーシャルワークの機能としての発露と理解できるからだ。
　よって、精神科ソーシャルワークの学問的基盤は社会福祉学であることを鑑みると、一次的な社会運動の原動力としての責務から、精神科ソーシャルワーカーは解き放たれてもよいはずである。しかし、おそらく多くがそのよ

うに考えず、むしろ後手に回したという問題意識すら筆者が掲げるのは、精神科ソーシャルワークにおけるソーシャルポリシーとの不可分性を示す一つの証左といえよう。ここから精神科ソーシャルワークを、ソーシャルポリシーに根ざした社会福祉学の分野論にとどめる立場も生じ得る。

　ただし、精神障害者は疾病と障害をあわせもち、精神科ソーシャルワーカーは精神科医療に対する両価的な見方を克服し、「医療を内包した福祉」として精神障害者の地域移行（から地域定着）を支援している。複数領域の職種が協働のうえ精神障害者に目的を同じくしてかかわるとき、実践は個々の専門職と当事者の間柄だけに帰結せず、他の専門職との相互作用のもとで成立する。もちろん精神障害者だけに限らない事情ではあろうが、逆に疾病と障害の併存という特性から、とりわけ精神障害者へのこの面は強調されてよい。

　すると、「精神障害者」と「地域」が鍵になる支援について、あくまで当事者を中心に考えると、これがようやく実体化してきた現代において職種横断的な実践体系が現出していると分かる。この体系はまさに今後の精神障害者の生活支援の基礎になるであろうし、その理論化の過程は精神科医療との架け橋を実現した精神科ソーシャルワーカーにより主導されることが望ましかろう。

　他方、理論化の終結が、精神科ソーシャルワーカーたる一職種に限った実践体系にとどまるのなら惜しい。精神科ソーシャルワーカーの立場から展開されつつも、職種によらず開かれた、当事者を中心とする領域を超えた学たる「精神保健福祉学」、その学際に至る構築をこれから論じよう。

引用文献
1）大谷京子：精神科ソーシャルワークの歴史的背景と現状．ソーシャルワーク研究，33(2)；95-101，2007
2）社会保障審議会医療部会：医療計画に記載すべき疾病の概要（第19回資料）．p.123，URL：http://www.mhlw.go.jp/stf/shingi/2r9852000001hx9n-att/2r9852000001hxcp.pdf，2011年7月6日
3）岩成秀夫：5疾病としての精神疾患—公的精神科病院の立場から—．日本精神科病院協会雑誌，31(6)；591-595，2012
4）荒田寛：専門職としての価値と実践内容の統合．精神保健福祉，44(3)；160-167，2013

5) 柏木昭, 大野和男, 柏木一惠：鼎談精神保健福祉士の50年―何が出来、何が出来なかったのか ―. 精神保健福祉, 45(3)；158-163, 2014
6) 秋山智久：社会福祉専門職の概念と条件. 社会福祉実践論―方法原理・専門職・価値観―, ミネルヴァ書房, 京都, pp.223-245, 2000
7) 中村和彦：精神保健福祉士法の改正動向と精神保健ソーシャルワーク実践の今後. 北星社会福祉研究, 24；35-42, 2009
8) 大西次郎：「見える」「分かる」日本精神保健福祉学会―新たな精神保健福祉学の構築―. 精神科治療学, 27(2)；261-265, 2012
9) 中尾真裕子, 諏訪さゆり：高齢者のヘルパー活用. 臨床精神医学, 37(5)；695-702, 2008
10) 土川洋子, 西方規恵：介護福祉士養成校における精神障害者介護の教育のあり方に関する研究―精神障害者ホームヘルプの実践から―. 病院・地域精神医学, 51(2)；135-136, 2009
11) 末永カツ子, 瀬川香子, 平野かよ子：精神障害者ホームヘルプサービス事業におけるヘルパー―利用者間の関係性に関する分析―ホームヘルパーと利用者へのフォーカスグループインタビューを実施して―. 東北大学医学部保健学科紀要, 14(1)；21-32, 2005
12) 遠藤紫乃：精神障害者とホームヘルプサービス―地域でサービスを提供する立場から―. 病院・地域精神医学, 53(3)；261-266, 2011
13) 谷口敏代, 藤井敬美, 冨山由紀子：「精神障害者の介護」の教育方法―介護福祉学生の精神障害者イメージの視点から―. 介護福祉学, 12(1)；94-104, 2005
14) 岩田泰夫：精神科領域におけるソーシャルワークの役割と課題―精神障害者問題とPSW―. 医療福祉の理論と展開, 多田羅浩三, 小田兼二・編, 中央法規出版, 東京, pp.170-188, 1995
15) 川崎順子：地域の不安を取り除き、精神障害のある一人暮らし男性を支える―ふれあい訪問介護センター物語45―. ふれあいケア, 18(1)；60-63, 2012
16) 谷口敏代, 原野かおり, 青柳暁子, 坪井一伸, 迫明仁：「精神障害者への介護」における当事者参加の学習効果. 岡山県立大学短期大学部研究紀要, 14；1-7, 2007
17) 大西次郎：介護職として自信をもって精神障害者にかかわる. おはよう21, 25(11)；44-45, 2014
18) 菱山珠夫：リハビリテーション実践上の原則と課題―医療サイドからみた現状の問題点と今後への期待. 精神障害リハビリテーション―21世紀における課題と展望―, 村田信男, 川関和俊, 伊勢田堯・編, 医学書院, 東京, pp.13-24, 2000
19) 円谷俊夫：保健所精神保健福祉活動を通して地域支援を考える―作業所支援を振り返って―. 病院・地域精神医学, 51(3)；245-246, 2009
20) Damodran, S.S.：What's in a name? Australian & New Zealand Journal of Psychiatry, 34(4)；698-699, 2000
21) 田中千枝子：保健医療福祉にとって「患者・家族」とは何か. 保健医療ソーシャルワーク論, 勁草書房, 東京, pp.31-39, 2008
22) 今尾真弓：当事者「である」こと／当事者「とみなされる」こと. あなたは当事者ではない―〈当事者〉をめぐる質的心理学研究―, 宮内洋, 今尾真弓・編著, 北大路書房, 京都, pp.80-91, 2007
23) 大谷京子：ソーシャルワークと精神医療. ソーシャルワークの固有性を問う―その日本的展開をめざして―. 西尾祐吾, 橘高通泰, 熊谷忠和・編著, 晃洋書房, 京都, pp.83-99, 2005
24) 野口憲一：「当事者」とは誰か―「当事者」の絶対化と相対化の相克をめぐって―. 現代民俗学研究, 4；83-93, 2012

25) 杉野昭博：障害学を担うのは誰か？ 障害学―理論形成と射程―，東京大学出版会，東京，pp.15-45，2007
26) 豊田正弘：当時者幻想論―あるいはマイノリティの運動における共同幻想の論理―．現代思想，26(2)；100-113，1998
27) 丹羽薫：偏見についての当事者の考察―活動報告に代えて―．病院・地域精神医学，51(3)；248-249，2009
28) 杉野昭博：障害学の理論視覚．障害学―理論形成と射程―，東京大学出版会，東京，pp.1-13，2007
29) 阪本英二：同じ〈場所〉にいること―「当事者」の場所論的解釈―．あなたは当事者ではない―〈当事者〉をめぐる質的心理学研究―，宮内洋，今尾真弓・編著，北大路書房，京都，pp.146-156，2007
30) 藤井克徳：最後の全国大会となった第39回全家連長野大会．心と社会，38(2)；138-143，2007
31) 今村イヨエ：地域から病院をみる．精神医療，16(3)；61-65，1987
32) 羽仁五郎：日本におけるコミュニティの概念について．精神医学，8(10)；823-837，1966
33) 谷中輝雄：精神障害者福祉の現状と課題―歴史を踏まえて―．社会福祉研究，84；21-27，2002
34) 和辻秀治：病むことと暮らすことと医療．精神医療，16(2)；38-41，1987
35) 中沢正夫：我が国における地域精神衛生活動―大学精神科の立場から―．臨床精神医学，3(2)；179-185，1974
36) 寺嶋正吾：コミュニティ精神医学の理念と現実．地域精神医学，3；7-15，1969
37) 米林喜男：医療職と福祉職の現状と課題―医師及び社会福祉士・介護福祉士を中心に―．保健・医療・福祉の研究・教育・実践，山手茂，園田恭一，米林喜男・編，東信堂，東京，pp.301-314，2007
38) 宮地節子：共同作業所運動の行方．精神医療，16(2)；13-15，1987
39) 児島美都子：医療社会事業の問題点―今日の医療をめぐる状況の中で―．社会福祉学，13；50-65，1972
40) 全国精神障害者家族会連合会：医療費の負担軽減と精神医療の改善．みんなで歩けば道になる―全家連30年のあゆみ―，全家連30年史編集委員会・編，全国精神障害者家族会連合会，東京，pp.50-71，1997
41) 生村吾郎：頼むからあっちにいって．精神医療，16(2)；41-44，1987
42) 中井久夫：外来の工夫・入院の工夫．精神科治療の覚書，日本評論社，東京，pp.313-327，1982
43) 柏木昭：「精神保健法」施行とソーシャル・ワーカーの役割．社会福祉研究，42；13-18，1988
44) 櫻田淳：「福祉」と「自由な社会」の間．「福祉」の呪縛―自助努力支援型政策の構想―，日本経済新聞社，東京，pp.72-75，1997
45) 佐藤幹夫：「ハンディキャップ」を開くために．ハンディキャップ論，洋泉社，東京，pp.33-73，2003
46) 川本隆史：介護・世話・配慮―《ケア》を問題化するために―．現代倫理学の冒険―社会理論のネットワーキングへ―，創文社，東京，pp.196-208，1995
47) 矢原隆之：ケアのコード．―ケア・ワーク研究のための社会学的基礎視角―．西日本社会学会年報，8；71-84，2010
48) 斎藤真緒：介護者支援の論理とダイナミズム―ケアとジェンダーの新たな射程―．立命館産業

社会論集,46;155-171,2010
49) 三井さよ:キュアからケアへ.ケアの社会学―臨床現場との対話―,勁草書房,東京,pp.45-93,2004
50) 浅野引毅:精神医療から精神福祉へ―戦後の論争をふり返って―.精神神経学雑誌,108(8);832-837,2006
51) 真田是:社会福祉と社会体制.真田是著作集 第3巻 社会福祉論,総合社会福祉研究所・編,福祉のひろば,大阪,pp.27-39,2012
52) 加藤真規子,全国精神障害者団体連合会:Yes。セルフヘルプを生きる―ぜんせいれんの歩みを振り返って―.自立生活運動と障害文化―当事者からの福祉論―.全国自立生活センター協議会・編,現代書館,東京,pp.123-132,2001
53) 桐原尚之,長谷川唯:全国「精神病」者集団の結成前後―大阪・名古屋・京都・東京の患者会の歴史―.立命館人間科学研究,28;27-40,2013
54) 藤井達也:精神障害者と保健医療福祉.保健医療福祉の社会学,星野貞一郎・編,中央法規出版,東京,pp.259-277,1998
55) 岡上和雄,嶋崎倫子:残された問題への視点.福祉の医学,社会福祉と諸科学7,川上武,岡上和雄・編著,一粒社,東京,pp.182-192,1973
56) 山下幸子:資格は何を担保するのか―障害当事者運動から介護資格を考える―.社会問題研究,61(140);79-90,2012
57) 野口俊彦,酒井弘道,木村俊彦:介助の社会化を考える.季刊福祉労働,104;12-33,2004
58) 大野和男:精神保健福祉士の役割―精神保健福祉士法の意味するもの―.公衆衛生研究,47(2);89-95,1998

第Ⅱ章　実践知の集積と共有による「精神保健福祉学」の構築

はじめに　第Ⅱ章では、精神科ソーシャルワーク領域はもとより、ソーシャルワーク全体において核たる援助行為が十分成文化されておらず、現場でのソーシャルワークの基礎となる理論が求められている状況を振り返るとともに、「精神保健福祉学」の構築をソーシャルワーク（精神科ソーシャルワーク）実践の科学化の立場から論じる。

「精神保健福祉学」理論の存在の有用性は、当事者の側にこそ認められねばならない。そして、理論の創成には実践と研究の結びつきが大切である。すなわち「精神保健福祉学」の体系は、当事者、実践者、研究者の三者がともに参画し、それぞれに受け入れられる形で構想されねばならない。そして、学の目的はあくまで当事者の地域生活支援ならびに社会的な状況の変革にある。

精神保健福祉士制度は資格者の継続的な養成に結びつき、教育のすそ野と実践の広がりをもたらした。一方、精神科ソーシャルワーカーが端緒を開いた「精神保健福祉学」の構築は、当事者を中心として多職種が協働する幾多の事例の洗練からなる。そこで、精神医学を対照に学会活動の目的を卒後教育・市民啓発と、学術理論の追求とに分け、それぞれへの特化の前提となる実践と研究の循環を示したうえ、「精神保健福祉学」では双方の統合的な発展が望ましいことを示す。

ソーシャルワーク（ソーシャルワーカー）全体の視点から

精神科ソーシャルワークにとどまらず、ソーシャルワーク全体において援助行為の科学化が十分に進んでおらず、現場のソーシャルワーク実践の指針が求められており、また、他職種との連携や社会的な承認を得るためにも専

門性を明確にする理論が必要[1]との着想はかねてからある。かようにソーシャルワーカーが実践行為を可視化し、他者に伝達できるレベルの科学として自成していくことの重要さ[2]は公言されて久しい。では、そのような理論化は、どのような立場から誰が行うのだろうか。

　一つは専門職の立場からである。大塚[3]は「自分の仕事をある専門的分野に集中していくこと」を「専門化」の定義として、それには二つの方向、すなわち「文化諸領域のそれぞれに成立する独自な法則を純粋に理論的につかまえて、その独自な法則をそれぞれについて一般的な形に定式化していこうとする営み」である「理論的専門化」と、「生活の現実のなかに見い出される具体的な問題…をいかに解決するかという課題を設定し、そういう角度から専門的に特定の対象に迫っていく実際的なレヴェルでの専門化」である「実践的専門化」があるとする。

　すなわち「仕事」をする、という立場で「専門化」の道を歩む専門職化の過程で、「理論的専門化」と「実践的専門化」があらわれる。本書では、前者を歩む者を「研究者」、後者を歩む者を「実践者」と呼ぶことにする。

　さて、しばしば「ソーシャルワーク領域で研究者が学術的文脈で理論的知識を創造あるいは翻訳し、実践者がその知識を反復利用あるいは応用するという分業が、ソーシャルワークにおける研究と実践の乖離を持続させてきた」[4]という指摘があり、専門職として実践者と研究者をひとくくりにするには、あらかじめ双方の特質をわきまえておかねばならない。

　これへ即座に、実践者は自らの行為を探究し社会へ発信せよ、また研究者はもっと現場の認識を深めるべきだと主張するなら、両者の有機的な結びつきを喚起しようとする意趣は理解できるものの、「こうした努力が実践者ないし研究者各自に任されてきたことに、社会福祉研究上の問題があった」[5]という箴言に頷くほかない。つまり、「成文化された理論的知識や成文化されていない技能的知識を、具体的状況でどのように使うかという」[4]実践者と研究者双方の歩み寄りが大切なのだ。

　さらに、援助行為の理論化は援助を提供する専門職の立場だけにとどまらず、援助を受ける当事者の立場からも論じられねばならない。つまり、体系的な実践科学を構想する意義は、当事者にとってこそ認められるべきだ、と

いうことである。

　専門化にまつわる固有性や独自性は「実際に生活に困った当人には関係ないことであり、実践者や研究者の存在意義を担保しようとするうえで必要」[6]なもの、との指摘は度々だからである。同じく当事者の立場からの、「全体をみられたり、全体的に相手にされたりするのはときにうっとうしい…私たちは、いつも誰からも私の全体に触れてほしいと思っているわけではない」、「専門性をことさらに主張する必要があるのか。実際には多くの部分は利用者の言う通りにやってくれればそれですむ」[7]との疑義もある。

　ひるがえって専門職の立場からも「利用者中心と言いながら、提供者側の意向が強くなってしまう」[8]、「精神科ソーシャルワーカーが実際に当事者の力を信じているのか、ソーシャルワークにとって重要とされる信頼関係や、パートナーシップが本当に形成されているのか」[9]との述懐がある。つまり、実践の科学化は、当事者、実践者、研究者がともに参画し、それぞれが受け入れられる形で構築されねばならないのだ。

　古くから指摘されるように、専門性が「ただ福祉法規を語り、要求者のとり静めに陥る」とともに、「機関利害、行政支配、管理、利益勘定に対して実践や理論が役立つ」[10]のみのものであってはならない。

　加えて、専門職規範としてその地位をクライエントへ損害を与える機会として利用することは非難に値する[11]にもかかわらず、かつてアメリカで生じたように「専門職側のニードが、クライエントより表明されるクライエント自身のニードに優先」[12]してしまう危険性を意識しておく必要がある。

　もちろん、懸念だけが蔓延しているわけではない。たとえば国家資格である精神保健福祉士の誕生に際し、当事者側より「精神科ソーシャルワーカーはこの資格をとったことで、これまで以上にプライドをもって医師や他の職種の人と対等な関係で仕事をしてほしい。もちろんユーザーに対しても対等な関係で仕事をしてほしい」[13]との期待も寄せられている。

　このような当事者の声へ応えるためにも、本書で論じる精神科ソーシャルワーク実践の「精神保健福祉学」としての体系化は、当事者、実践者、研究者の三者に開かれるとともに、理論化の目的はあくまで当事者の地域生活支援や社会的な状況の変革にあることを確認しておく。その三者に、精神保健

福祉ボランティアといった「精神科臨床サービスを提供する現場に参入してきた市民性をもつ人たち」[14]を加えることも、理にかなうであろう。

　ここで取り上げたボランティアは、対人援助にかかわる専門職ではない。当事者とのかかわりという経験を積むことで自ら成長し、それを後からくる人々に役立たせる、いわば援助者と被援助者が入れ替わり得る対称的な関係を結んでいく先導者、あるいは場数を積んだがゆえに、周囲から緩く認められた相対的援助者といった位置づけである。村岡[15]は、前者（先導者）を大衆セクター、後者（相対的援助者）を民族セクターと称し、実践者あるいは研究者といった当事者とは非対称的、かつ固定的な専門職セクターと区分する必要性を提起している。

　また、このボランティアの成長を青木[16]は「収入と職業が人に対する一般的な価値基準になっている現代社会において、息苦しさを感じているのは当事者のみならず、多くの市民も同様の思いといえる…そのようななか、自分自身の答えを見い出せないまでも、何かのきっかけを掴むためにボランティア活動に取り組んだりするのであろう。そして、しんどさを抱えながらも前向きに生きている当事者の姿を通して人間の魅力、生きることの大切さを実感できる…これまで幾多の体験がある当事者であるからこそ…周囲に伝える大きな力をもっている」と表現している。卓見であろう。

　すなわち、「ソーシャルワーカーの実践は歴史的・社会的状況において、特定の当事者との具体的関係において行われるのであり、理論的知識は当事者との協働作業で選択され個別化され、解釈され連合のうえ使用される。研究者は、理論的知識が実践でいかに活用されるかを現場でよくみて、その生産的な使い方を実践者から学ぶ」[4]という、対人援助の過程における双方向的な実践者および研究者と、当事者や市民ボランティアとの対等なかかわりによって、サービスを受ける人がサービスを統制しつつケアの向上や生活問題の改善につなげていく[17]体制が整うのである。

　精神科ソーシャルワーク領域における、かかる理論創造の実例として、藤井[4]は谷中輝雄氏による「やどかりの里」の生活支援論をあげている。彼はそのなかで、「成文化された理論的知識（形式知）と暗黙的な事例的知識（暗黙知）のあいだに、一部成文化可能な教訓的知識（実践知）を置ける」とし

て、「知識創造の場に根ざしているのが実践知であるので、場の特徴が似ている場合は実践において活用しやすい…現場で創られる実践理論は、当事者との協働作業で創られる場合、実践者に活用されやすいだけでなく、当事者にも取り入れられて、当事者の生活の知恵になる」と述べている。

以上のように、本書で「学」の基盤として意識するソーシャルワーク実践は、障害者本人や家族の個人的な生活問題を改善し、また社会的な状況を変革する行為であり、そこには当事者、実践者、研究者それぞれの参画と、当事者によるサービスの統制という前提があるのだ。

2 精神科ソーシャルワーク（精神科ソーシャルワーカー）の視点から

第Ⅰ章2（☞p.6）で、日本精神保健福祉学会の設立に触れた。本節ではこの経緯を振り返る[18]ことで、「精神保健福祉学」の構築を論じるための欠かせない要素が「実践と研究の相互作用」ならびに「社会福祉学との異同」であることを、精神科ソーシャルワークの視点から検証する。その目的のため、精神科医療における日本精神神経学会などの精神医学系学会のあり方を参照する。

日本精神保健福祉学会は、もともと日本精神保健福祉士協会の協会内学会であった。日本精神保健福祉士協会は第35回全国大会（1999年7月：札幌）において、それまでの日本精神医学ソーシャル・ワーカー協会[注1]から名称をあらため発足した。

その日本精神保健福祉士協会の第38回全国大会（2002年7月：高知）と同時に、第1回日本精神保健福祉学会が併催されている。その後、第46回全国大会（2010年6月：沖縄）まで9度の併催を重ねたが、「精神保健福祉分野の研究者から、同じ名称を用いた学術研究学会を立ち上げたいので名称を譲渡してほしい旨の申し入れ」を受けて、日本精神保健福祉学会を日本精神保健福祉士学会（下線筆者）へ名称変更することが日本精神保健福祉士協会内

注1）本書では「ソーシャルワーク（ワーカー）」の字句を原則的に用いているが、歴史的な記述において原典に「ソーシャル・ワーク（ワーカー）」とある場合は、その表記にならった。

で決定された[19)]。

　名称変更の経緯は日本精神保健福祉士協会の代議員会（2010年3月）報告[19)]で「学術的な学会というものが、対外的に、精神保健福祉に関する学問的な基盤を高めていくために必要であろう…本協会内学会については実践者が多い成り立ちであるため、学術的というと、どうしても研究を中心になさっている方たちがつくる学会が必要である」と説明されている。実際に第47回全国大会（2011年6月：和歌山）では、第10回日本精神保健福祉士学会が併催された。

　他方、2010年5月10日づけで日本精神保健福祉士養成校協会が会員校宛に送達した、2010年度通常総会の総会次第・議案書内に、同日づけの「新たな学会にかかわる設立準備集会のご案内」が封入された。

　そこには日本精神保健福祉学会・設立発起人名で、同年6月の総会・全国研修会（岡山）終了後にこれを開催し、賛同を得られた暁には2011年6月の総会・全国研修会（神戸）にあわせ、新しい日本精神保健福祉学会の設立集会を予定する旨が記されていた。さらに、その後1年を経て2012年6月、日本精神保健福祉学会の第1回学術集会（札幌）が開かれたのである。

　このような経緯へ至るには、新たな日本精神保健福祉学会の発足によって達成しようとする目標があるはずである。ならば、新たな日本精神保健福祉学会と、日本精神保健福祉士協会による日本精神保健福祉士学会は、各々の方向性を違えるであろう。日本精神保健福祉学会は研究に焦点をあてて科学性・実証性を深める、具体的には経験の報告や交流の蓄積を「学」として理論化する[20)]という方向性と推察する。

　表裏一体に、厳しい日常だからこそ実践を共有し、力づけあいたいという心情を汲むことも大切である。学問上の緻密さを追求することと、若手を励ましつつ卒後教育、ピア・カウンセリングの場で支えあうこと[21)]は、どちらも必要な営為である。つまり、2010年までの日本精神保健福祉学会が扱う、プログラムや実践・研究発表のすそ野が広くなってきたのであろう。

　かかる状況下において、精神保健福祉士の養成教育へ携わりつつ、しかも、その「養成教育の枠」にとどまらない学術的な発展を志す人々が、「精神保健福祉学」の構築に向けて働きかけたものと筆者は理解している。

では、内部研修や啓発活動、加えて実践報告といった活動を日本精神保健福祉士学会は志向するのか。実際、先の代議員会報告[19]では精神科ソーシャルワーカーを「実践者が多い成り立ち」、あるいは「研究を中心にする人」という言葉で各々くくっているし、2011年6月の日本精神保健福祉士学会のプログラム[22]をみると、プレ企画（初任者対象や当事者参加）の実施や分科会Ⅰ・Ⅱのテーマ設題などから、それらの志向に沿っている。

ならばなおのこと、精神科ソーシャルワーカーという職能集団を母体とした、発展的な双方向性（実践 vs. 研究）別離の望ましさについて熟慮する必要がある。もちろん、頭から実践と研究が乖離してよいと断ずる人は少なかろう。ゆえに、発展的にみえた別離が、精神科ソーシャルワーカーという専門職集団の力を削ぎはしないか検討すべきなのだ。

これを、わが国の精神科医の構図になぞらえてみる。精神科医を最大数まとめている団体である日本精神神経学会が毎年催す学術総会は、若手の卒後教育やスーパービジョン、中堅者以上に対する生涯教育、市民に訴える公開講座などを扱う場になっているといえよう。

学術理論的な研究活動は、年代別に日本老年精神医学会や日本児童青年精神医学会、活動場所別に日本病院・地域精神医学会や日本外来精神医療学会、あるいは病態別に日本認知症学会や日本統合失調症学会といった学会があり、それらの場でサブスペシャリティへ特化して展開されることが多い。つまり、精神医学においては卒後教育・市民啓発と、学術理論の追求へそれぞれ分化して学会が機能しているのだ。

ただし、学術の拠点としての精神医学講座が属する大学医学部（医科大学）を考えてみると、医師資格を有するほとんどの教育・研究職員は、診療科としての精神科が置かれた附属病院で診療活動を兼務している。それにより、臨床医学において実践と研究は極端には乖離しにくい。

大学医学部（医科大学）と市中病院（診療所を含む）とのあいだの職業的な実践者－研究者往来もしばしばみられる。ほぼ研究者として過ごし、大学で実践（診療）に携わらない医師は、臨床医学の分野では稀である。

精神科医の学会所属においても、日本精神神経学会の会員となるのに加えて、それぞれの医師の学術的志向性によりサブスペシャリティの学会に追加

して属すという共通性をみることが多い(とくに精神科専門医制度の実施以降、精神科医による日本精神神経学会への加入が普遍化した)。つまり、精神科医による学会活動を、卒後教育・市民啓発と、学術理論の追求に分けた特化の面で捉えるとき、それが成立する前提として実践と研究に共通した基盤構造が認められるのである。

これに対し、精神科ソーシャルワーカーには「現場派は現場派、学術派は学術派になってしまい、とくに現場派が学会とかアカデミカルなものに対してアレルギーがある」[20]といった状況がある。加えて、他の実践分野のソーシャルワーカーを含む社会福祉領域全体においても、実践者と研究者の交流が 〜少なくとも職業的往来において〜 もとより乏しいといえよう。学術理論の追求を掲げることによって、実践と研究における別離の傾向が強まることを筆者は懸念するのだ。

すなわち、先に触れた「養成教育の枠」を超える行為からは学問的な進歩への決意が読みとれるものの、精神科ソーシャルワーカーの現況を鑑みると、日本精神保健福祉学会は実践者と研究者を分けるというより、両者の統合的な発展を目標にすべきである。なぜなら、同会が目指す「精神保健福祉学」の構築には、今まで述べたように実践者と研究者の双方が当事者とともに参画するからである。

さらに、わが国の精神科ソーシャルワーカーには、同じ医療に携わるソーシャルワーカーのなかでも、精神科領域のみ国家資格化されたという特質がある。すなわち、精神保健福祉士である。その職能団体(☞ p.226)である日本精神保健福祉士協会の歴史は、1964年11月に開催された日本精神医学ソーシャル・ワーカー協会の設立総会へさかのぼる。

往時の設立趣意書には、精神科ソーシャルワーカーは「学問の体系を社会福祉学に置き、医療チームの一員として精神障害者に対する医学的診断と治療に協力…する専門職」であると明記され、精神障害に対する予防と社会復帰過程に寄与するとされている[23,24]。

なお、ここでいう「医療チーム」の一員とは、精神科ソーシャルワーカーが医療職ということではない。「精神障害者の生活支援を、早くから意識してきたのはソーシャルワーカーである。精神科ソーシャルワーカーとして医

療と密接な関係をもちながら、あるいは医療チームの一員として働きながら、そのアイデンティティを生活支援に求めてきた」[25]との意趣であって、「精神科ソーシャルワーカーが働きはじめたのは、まず精神病院であった」という史実に基づく、「医療チームの一員」なのである。

　他方、1987年5月に制定された社会福祉士及び介護福祉士法では、社会福祉士の活動を福祉の分野に限定し、保健医療領域のソーシャルワーカーの独自資格化を見送った。当時の日本精神医学ソーシャル・ワーカー協会は、残された保健医療領域における身分法の整備を日本医療社会事業協会との共同作業によって図るも不調に終わり、精神科ソーシャルワーカーに限った単独立法を目指した[23]。

　その過程で保健師助産師看護師法における医師の指示、医行為の問題あるいは社会福祉士との整合性などの議論が長期にわたった[26]ものの、1997年12月に制定された精神保健福祉士法においては「主治医…の指導」という表現により、指導内容の採否を判断できる前例のない資格が姿をあらわした。

　同時に、社会福祉士がソーシャルワーカーの基礎資格とならなかったため、精神保健福祉士の養成教育はソーシャルワーカー養成の基礎部分と精神保健福祉領域の専門部分の両方を含める[27]形になった。

　このように養成された精神保健福祉士が、精神科ソーシャルワーカーとして実践を重ねている現状がある。そこから「精神保健福祉士という資格は社会福祉の研究者から発想された資格でなく、わが国の精神保健福祉現場のソーシャルワークの実践的な活動経験の検証のうえにつくられた資格」[28]という自負がもたらされる一方で、社会福祉学におけるソーシャルワークとの関係性を常に問われるという宿命もまた導かれる。

　さらに、日本精神保健福祉学会の設立は、日本精神保健福祉士養成校協会による発議と、それに理解を示す日本精神保健福祉士協会という大枠で成り立ち、日本社会福祉学会からの分立の形をとっていない。

　したがって「精神保健福祉学」と、日本社会福祉学会が標榜する社会福祉学との関係性は、日本精神医学ソーシャル・ワーカー協会の設立趣意書における「学問の体系を社会福祉学に置く」との整合性とともに、詳細に吟味されなくてはならない。このことは本書全体に通底するテーマである。

引用文献

1) 岩田泰夫：ソーシャルワーク実践論—精神障害者の生活の障害の検討を中心として—．ソーシャルワーク研究，17(4)；251-258，1992
2) 平塚良子：ソーシャルワーカーの実践観—ソーシャルワークらしさの原世界—．ソーシャルワーク研究，36(4)；316-323，2011
3) 大塚久雄：現代における社会科学の展望—とくに「専門化」の問題について—．大塚久雄著作集 第9巻 社会科学の方法，岩波書店，東京，pp.175-198，1969
4) 藤井達也：ソーシャルワーク実践と知識創造．社会問題研究，52(2)；101-122，2003
5) 齋藤征人：精神保健福祉実践者の「実践知」形成過程に関する実証的研究．帯広大谷短期大学紀要，45；1-10，2008
6) 米本秀仁：社会福祉とソーシャルワークの関係原論．社会福祉学，52(4)；107-110，2012
7) 立岩真也：資格職と専門性．医療社会学を学ぶ人のために，進藤雄三，黒田浩一郎・編，世界思想社，東京，pp.139-156，1999
8) 平野方紹：障害者をめぐる法的課題(2)福祉関連専門職の資格制度と人材育成．総合リハビリテーション，28(8)；739-746，2000
9) 大谷京子：日本の精神保健福祉領域におけるソーシャルワーカーと精神障害当事者との関係性．医療社会福祉研究，20；27-31，2012
10) 田代国次郎：社会福祉"専門性"への素朴な提言．社会福祉学，12；79-84，1972
11) Webb, S. & Webb, B.：Special supplement on professional associations. New Statesman, 9 (212)；25-48，1917
12) Mandiberg, J.M.，岡田藤太郎：アメリカ社会福祉政策の失敗から学ぶ教訓．ソーシャルワーク研究，17(3)；206-213，1991
13) 広田和子：PSWの今後に注目したい．こころの科学，88；70-74，1999
14) 石川到覚：ソーシャルワーカーの歩みから．精神科臨床サービス，9(1)；14-19，2009
15) 村岡潔：多元的医療体系再考．医学哲学医学倫理，21；126-139，2003
16) 青木聖久：地域で暮らす精神障害者の自立について—社会との関係性を中心に—．福祉臨床学科紀要（神戸親和女子大学），2；1-13，2005
17) 松澤和正：「研究的臨床実践」の実現に向けて．医療社会福祉研究，20；23-25，2012
18) 大西次郎：「見える」「分かる」日本精神保健福祉学会—新たな精神保健福祉学の構築—．精神科治療学，27(2)；261-265，2012
19) 日本精神保健福祉士協会事務局：第2号議案［質疑3］［回答］．第6回代議員会報告—2010年度及び2011年度役員の選任など5議案を議決—．URL：http://www.japsw.or.jp/kaiin/oshirase/2009/0319.html（会員ページ），2010年3月19日
20) 安西信雄，池淵恵美，上野容子，萩原喜茂，野中猛，松為信雄，田中英樹：精神障害者リハビリテーションの未来—実践と研究の共同羅針盤づくりを目指して—．精神障害とリハビリテーション，1(1)；6-18，1997
21) 井上牧子：初任者精神保健福祉士の実践課題と卒後教育のニーズを探る．目白大学総合科学研究，6；95-106，2010
22) プログラム：第47回日本精神保健福祉士協会全国大会，第10回日本精神保健福祉学会学術集会．URL：http://www.japsw.or.jp/taikai/2011/pro.html，2011年6月9-11日
23) 荒田寛：国家資格「精神保健福祉士」の成立の経過．医療ソーシャルワーカー新時代—地域医療と国家資格—，京極髙宣，村上須賀子・編著，勁草書房，東京，pp.171-182，2005

24) 大野和男：わが国における PSW の歴史．精神保健福祉士国家資格化の経緯．改訂 これからの精神保健福祉，日本精神医学ソーシャル・ワーカー協会・編，へるす出版，東京，pp.34-52，1998
25) 遠塚谷冨美子：はじめに．精神障害者福祉の実践―当事者主体の視点から―，MINERVA 福祉ライブラリー69，石神文子，遠塚谷冨美子，眞野元四郎・編著，ミネルヴァ書房，京都，pp.ⅰ-ⅲ，2005
26) 谷野亮爾：精神保健福祉士誕生から10年．日本精神科病院協会雑誌，28(9)；704-706，2009
27) 藤井達也：精神保健福祉士養成教育の現状と課題．精神保健福祉，40(1)；36-39，2009
28) 荒田寛：専門職としての価値と実践内容の統合．精神保健福祉，44(3)；160-167，2013

第Ⅲ章 精神保健福祉を鍵概念とした研究の萌芽性

はじめに 第Ⅲ章では、「精神保健福祉学」の構築に関連した先行研究を整理する。精神保健福祉は多義性のある連語である一方、国家資格化後は一職種の独占名称として用いられている。この言葉を鍵概念とする学問領域の存立可能性について、既存研究の量的側面と、学術体系の生成過程に照らす理論的な根拠の双方から検証する。

1990年代以降も、精神保健福祉の概念や理論を確立しようとする報告の数は、社会福祉における同様の試みにおよばない。理由として、精神保健福祉が「士」を付した限定的な資格名である一方、保健医療と社会福祉の領域を横断する分野名でもあるという二面性があげられ、ここから体系的な成果の蓄積の難しさという課題が導かれる。「精神保健福祉学」の構築へは、精神科ソーシャルワーカー内における実践と研究の統合を目指すにとどまらず、職種の壁を越えた知見の結集を図らねばならない。[1]

次いで、「精神保健福祉学」が科学史研究のうえで固有の学問領域を指す「ディシプリン」に相当するか論じる。「精神保健福祉学」は中心となるパラダイムが明らかでないため、クーンにしたがえば、まだ通常科学としては萌芽状態にある。ただし、社会学の応用科学として社会福祉学を捉えることが、もはや現実に即さない状況からうかがえるように、相互に重なりあった複数のパラダイムにより形成される学際科学として存在の担保をみている。[2]

1 研究結果としての論文刊行における量的な実況から

精神保健福祉は1990年代前半までほとんど用いられなかった言葉であり、意味と語法について6つの類型に分けられる[1]など、その概念に多義性がある。他方、現在は「士」を付すことで名称独占である精神保健福祉士に用い

られ、限定的な資格呼称として周知なことも事実である。そこで、この比較的歴史の浅い用語である精神保健福祉を、70年近くにおよぶ精神科ソーシャルワーク実践の体系化に与する鍵概念と位置づけるうえでの問題点につき、学術論文データベースから検討を試みた[2]。

わが国の領域横断的な文献情報を幅広く網羅しているという理由から、国立情報学研究所論文情報ナビゲータ（以下、CiNii）を用い、まずキーワードを「精神保健福祉」として、これに類似の表象をまとめ分類する"概念"ないし、表面上の相違を超え統合する"理論"をそれぞれ加えて、「（精神保健福祉 and 概念）or（精神保健福祉 and 理論）」の検索式へあてはめた。

これに基づき、単年ごとに1987年から2010年までの24年間で収集された文献の実数を記録した。なお、キーワードが雑誌名に対してのみ適応され、そのうえで収集された文献は検索件数から除外した。

あらかじめ「精神保健福祉」に代えて「社会福祉」で同様の操作を行い、一定数が継続して得られることを確認したうえで、両者を比較した。また、各年ごとの総検索対象数の移り変わりを推し量る目的で、「研究」とだけ検索語指定して得られた件数をあわせて記録した。以上の作業は2012年5月25日に行った。

「（精神保健福祉 and 概念）or（精神保健福祉 and 理論）」ならびに「（社会福祉 and 概念）or（社会福祉 and 理論）」の検索語により得られた検索数（A）は、そのまま各年の値を比べることができない。なぜなら、各年の総検索対象数そのものに差異があると考えられるからである。また、CiNiiは何らかの検索語を指定して初めて処理を開始するため、総検索対象数を直接知ることはできない。

そこで、A値の経年変化を比較しやすくするため、学術文献全体を代表する普遍的な用語の一つである「研究」の検索語により得られた検索数（B）で除し、その比（A／B）の24年間の推移を1年ごとに折れ線グラフで表示した（精神保健福祉：図3、社会福祉：図4）。

図3と図4を比較すると、「（精神保健福祉 and 概念）or（精神保健福祉 and 理論）」は、精神保健福祉士法が制定された1997年以降に実数があらわれるものの、「（社会福祉 and 概念）or（社会福祉 and 理論）」に対し、縦軸

第Ⅲ章　精神保健福祉を鍵概念とした研究の萌芽性

図3　「(精神保健福祉 and 概念) or (精神保健福祉 and 理論)」と「研究」検索数の経年変化

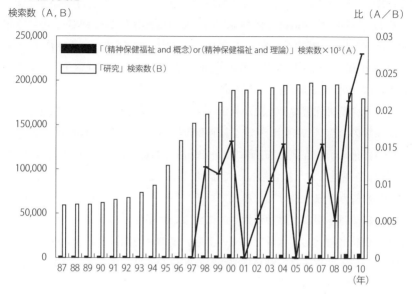

図4　「(社会福祉 and 概念) or (社会福祉 and 理論)」と「研究」検索数の経年変化

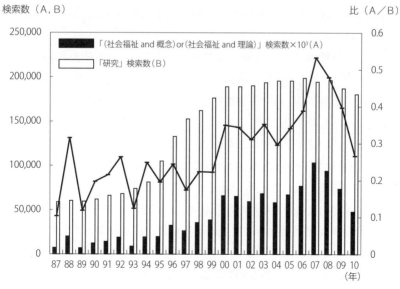

の比の値で示されるように検索数は20分の1程度、ないしそれ未満で推移していた。

なお、「（精神保健福祉 and 概念）or（精神保健福祉 and 理論）」という検索語の、「精神保健福祉」を「精神障害者福祉」へ置き換え、「（精神障害者福祉 and 概念）or（精神障害者福祉 and 理論）」として再検索を行っても、検索数は「精神保健福祉」の場合と同等ないしそれ以下であった。

つまり、精神保健福祉士法が制定（1997年）され、第1回精神保健福祉士国家試験の実施（1999年）を経て精神保健福祉という語への認知が一般化していった後も、比（A／B）の値において増減はあるものの2010年に至るまで、「精神保健福祉」対「社会福祉」で1対20に設定した比（縦軸）の範囲に双方の折れ線が納まり続けているのである。

この結果は、単に文献数が相対的に少ない／多いというより、精神保健福祉士が資格名称としては成立していても、精神保健福祉という語のもとに精神科ソーシャルワーク実践から導かれた知見を蓄積しようとする勢いが弱いものと解釈できよう。

すなわち、精神・保健・福祉という羅列がそのまま示すように、社会福祉をはじめ精神科医療、看護、作業療法、職業リハビリテーションなど多様な分野へとすそ野が広がる学際の場で、研究成果を集約する難しさ[2]が示されているのだ。

そのことは検索語で、「精神保健福祉」に代えて「精神障害者福祉」として再操作を行っても検索数は増えないことより、単に援助関係や対象分野を指す表現の新旧から、精神保健福祉の検索数が少なくなっているとは考えにくい状況からも頷ける。

以上から、精神保健福祉の語がもつ二面性が浮かび上がる。精神保健福祉士は、「精神保健・医療と社会福祉をつなぐ…保健・医療・福祉等の諸サービスを実践場面で統合させる先鞭役」[3]であることに異存はない。これは、もともと並列的な橋わたしや仲介を意味し、人を指す使途には用いられてこなかった精神保健福祉という連語が、社会福祉学を基盤とする精神科ソーシャルワーカーという専門職の、国家資格を背景にした呼称へ採用されたという"ずれ"が生む二面性なのである。

かかる二面性より、精神科ソーシャルワーカーにとっては歴史的に架橋をあらわす中立表現であった流れを汲むという点で、そうでない者にとっては国家資格化のあと一職種の独占名称になったという点で、学際の場から導かれた知見を精神保健福祉の旗のもとへ集結させることに、どちらも躊躇を覚えるという特質が生まれた可能性がある。つまり、精神科ソーシャルワーク実践の領域に属する研究は、その成果が協働する各職種の専門領域へ分散し、系統的な蓄積が妨げられているといえよう。

したがって、「精神保健福祉学」の構築のためには統合的な発展が必要だとする第Ⅱ章2（☞ p.38）の指摘は、精神科ソーシャルワーカー内での実践と研究の統合を指すにとどまらず、職種の壁を越えた、系統的な知見の結集を図らねばならない、という広がりをもつのである。

2 精神保健福祉を研究領域とせしめる理論的な根拠から

前節（1）で、精神保健福祉の概念・理論研究における学術論文数の相対的希少さを示したが、もともと精神保健福祉は「精神保健・医療と社会福祉をつなぐ」歴史的な架橋表現であるため、論者の認識によって「精神障害者についての福祉（社会福祉の立場）」として、あるいは「精神保健医療における福祉（精神保健医療の立場）」として[1]、語義に一定の幅を伴う語なのである。

先の"ずれ"はここから生じたわけだが、かかる特性を含む精神保健福祉である以上、この言葉が学問的な専門分野の形成に相当する概念として、科学史研究上の理論を満たすか検討しておく必要がある。

もともと、一つの独立した固有の学問領域を指すディシプリン（discipline）の語源は学校の用語たる「訓練、教育、しつけ」[4]である。そして、ディシプリンとは特定の一群の問題とその解決法に関する研究成果を整理し、とりまとめることにより、問題の発見・提示とその解決法の開発にかかわらなかった人々、あるいは、その学問の創成にかかわらなかった人々を教育・訓練するのに効率的な体系を意味している[5]。

他方、かような「学校の用語」としてのディシプリンの意味にとどまらず、これを"規格化"の体系、すなわち「規律・訓練に反する者…をむりやりに

規格化する実務が一面今度は、技術上の磨き上げと合理的な反省に基づいて『規格化される』。規律・訓練をめざす技術が一つの『規律・訓練[＝学問]（ディシプリーヌ）』にな…る」[6]として、学校の秩序にとどまらない「個人に道徳的な主体を形成させ、その主体性によって身体を拘束する」近代の規律権力と規定したのはフーコー（Michel Foucault）である。

フーコーやその後の時代のハウ（David Howe）は、ソーシャルワーカーもその一翼を担う規律権力の態様を「大学教授から医師、教育者、社会福祉施設職員まで、皆が『裁定を行う者』たらんとして身ぶり、行動、姿勢などすべてを『規格に合致したもの』にあわせようと努める近代社会の監禁のネットワーク」[7]と表現している。

本書ではディシプリンの語源を「学校の用語」の範疇に求めるものの、フーコーの"規格化"や次に示す"装置"の概念を振り返ることで、スティグマの払拭あるいは統合失調症者の地域移行の難しさに一定の論拠を与えることができるため、簡単にその概念に触れておく。

フーコーはマルクス主義的な権力論を一挙に覆し[8]、いわゆるポストモダニズムにおける、ソーシャルワーク概念の見直しに影響をおよぼした[9]。フーコーは権力を階級対立すなわち外部からの強制や抑圧としてではなく、主体の内部から機能する力、あるいは複数の人間のあいだに成立する力の場として分析した。そして、権力を社会の内部で普遍的に働くものと把握することによって、権力の行使に関する微細な分析を可能とした[8]。

そこにおいてソーシャルワーカーは、ソーシャルワークという近代的な知の体系に準拠する、「社会の意図に沿って自発的に行動してくれる人間を形成するための手段」、すなわち社会統制のための"装置"と位置づけられる[9]。

ソーシャルワークの立場からのフーコーへの言及は1991年のハートマン（Ann Hartman）[10]にさかのぼり、「抑圧を再生産したりあるいは固定化するのが…言葉ないしは日常的言語実践にある」[11]というハートマンの指摘は、伝統的なソーシャルワークの営為にない新たな視点として、相応の議論を巻き起こした。

つまり、「言語のもつ権力性」[11]に依拠した"装置"たる発想は、いわゆる「抵抗の学」としての社会福祉、すなわち「現代社会に…必要なことは批

判の学、抵抗の学としての社会福祉論の構築である。国民のいのちと生活を守る立場から社会福祉論を再構築しなければならないと思う。これは当然、政策側の社会福祉の考え方と対峙する」[12]という考え方を逆なでする。

この相克は、真田[13]の言う社会福祉の、いわゆる社会問題に対する一定の効果という意味の正機能と、社会問題に苦しむ人たちに対して結果的に社会体制を維持・存続させることによる逆機能として、つまり正機能としての「抵抗の学」、ならびに逆機能としての「"装置"の学」になぞらえ得る可能性がある。

しかし、真田が資本主義体制に基づく富と支配の偏在による、支配－被支配の力関係にその論拠を求めていたことを考えると、今一歩深めた論考が必要となる。さて、真田は「社会福祉の正機能を追及し発展させていくと、社会福祉は社会体制の変革・移行を要求せざるを得なくなる」[13]と説く。このような「経済社会構成体」の捉え方では、「資本主義社会のもとで支配階級と働く人々とのあいだの力関係に変化があらわれる」[13]のだ。

しかし、疾病や障害は（富や権力のようには）移転しない。加えて、精神障害者に対する政策主体からの不利益な作為・不作為は、支配階級といった少数者の意向ではなく、「差別や偏見、誤解といったネガティブな様相が渦巻いている」、「最も手ごわい」[14]社会そのものの意向の反映であって、これはもとより多数者より構成されているのである（☞p.166）。

したがって、精神障害者のスティグマに精神科ソーシャルワーカーが社会福祉の正機能を適応しても、この移転しない／多数者という少なくとも二つの理由から、社会の変革・移行には現実面はもちろん、理論的にも結びつかないのである。したがって「"装置"の学」は逆機能なのではなく、精神科ソーシャルワークがもつ正機能の限界を示しているのだ。

また、フーコーの"規格化"になじまないのが、統合失調症者である。中井[15]は「われわれの社会は強迫的なものを大気のごとく呼吸しており、家庭と学校とを問わず教育なるものは、とりわけ強迫性の緊縛衣をうまく着せようとするアプローチに満ちている」と述べ、これを「農耕社会の強迫症親和性」と位置づけて、「狩猟採集民においては自らを顕在化する場所のなかったヒトの強迫性に、むしろ今こそ出番が回ってきた」と対比する。

そして、鋭敏に「変化の傾向を予測的に把握」[15]する「分裂病親和者」の、現実に先立つ「狩猟採集民」への親和性をあげ、彼（女）らの疲れやすさ、経験を生かす能力の乏しさなどを示しつつ「社会の強迫性」への馴化が難しいことを説明している[注1]。

すなわち、フーコーが言及するように（司法ではなく）「医学、心理学、教育、救済援護、《社会事業》が取り締まりと制裁を旨とする権力の役割をいっそう大胆に果たす」[6]なかで、そのような統合失調症者を長期入院より社会に"規格化"させる"装置"の役割を、社会事業家として精神科ソーシャルワーカーがもし積極的に担うなら、現代社会における強迫性を身にまとわせる道程はなんといばらに満ちたものかが実感されよう。

さて、フーコーを離れて「学校の用語」たるディシプリンへ戻る。かようなディシプリンには、クーン（Thomas S. Kuhn）によれば「パラダイム」を含むことが必要とされる。そして、このパラダイムとは「1．他の対立競争する研究活動を棄ててそれを支持しようとする熱心なグループを形成させ、2．その研究グループに解決すべき種類の問題を提示する知識の集まりである」[16]と説明されている。

なお、クーンの議論はもともと「科学における正当な問題や方法」について、社会科学者が多様な議論を交わすのに対し、自然科学者がそのような観点へ注意を払わないという疑念から出発している。このため、パラダイムは自然科学の分野だけに適応限界をもつわけではないものの、社会科学領域への言及には慎重さが求められる[17]。

とくに、1962年にクーンが The Structure of Scientific Revolutions（邦訳：科学革命の構造）を発表した後、パラダイムの語義の曖昧さに批判が集まり、最終的に1969年、クーンは同概念を維持しつつも混乱を避けるための措置として、パラダイムの語を撤回して disciplinary matrix（邦訳：専門母型）と呼ぶ言葉の導入を図った[18]経緯を看過したままにはできない。

注1）さらに中井は、うつ病者との対比において「うつ病者はあまりにも容易に社会に復帰し、そして再発を繰り返すのに対して、分裂病者の社会"復帰"（はたして復帰であろうか加入であろうか）は多くの壁を乗り越えねばならず、その最大の壁が『強迫的なものを身につけること』の成否にあり、これはまこと彼らにとってヘラクレスの業である」[15]と述べている。

第Ⅲ章　精神保健福祉を鍵概念とした研究の萌芽性

　本書ではかかる史実を踏まえつつも、実際には専門母型という言葉は流布せず継続してパラダイムの語が広く用いられたこと、ならびにクーンのパラダイムには科学哲学、科学方法論のうえでの使い方と研究者集団の社会科学のうえでの使い方が混在しており、前者の方が激しい攻撃にさらされて撤回のやむなきに至ったとはいえ、科学者間で求められていた概念を巧みに表現している[17]ことを鑑みて、批判された科学の合理性・客観性に対する相対論と捉えられた論考以外の、後者の学問の形成過程にかかわる骨子を抽出することで引用にあてていると確認しておく。

　さて、本節で検討するパラダイムは、クーン以降にパラダイムを大きな学域別に分けたマスターマン（Margaret Masterman）による「社会科学的パラダイム」に相当する。すなわち、「専門家の共同体に対し、一定の期間、モデルとなる問題や解法を与える一般に認められた科学業績」[18]であって、このパラダイムを中心に固有の学問領域（科学）が形成される[19]のだ。

　そして、社会福祉学を含む諸科学は、いずれもその存在に公的な承認を得ようとして他の諸科学と闘争したのであって、このような闘争に一定の勝利を得た科学（の立場）を通常科学[20]と称している。

　つまり、通常科学という「集団を形成、成立、存在せしめている（人種、国籍、言語、信仰、教育等ではなく、学者、研究者という集団にユニークな）きずながパラダイム」[17]であって、精神保健福祉はその語義に幅や多様性があることから、クーンに依拠する伝統的な学問の形成論からは、集団の核たる概念にならないといえよう。

　同様の問題は、社会福祉学にも照応される。すなわち他のディシプリンと比べて、通常科学たり得るパラダイムを理論、政策、実践という各領域にはもちろん、社会福祉学全体に対してすら欠く可能性を米本[20]が指摘しているのだ。彼はクーンを引用しつつ、これを社会福祉学の将来の探究課題であると指摘したものの、その後類似の検討がなされた跡はない。

　仲村[21]は「戦後社会福祉の総括と21世紀への展望」と題した論文において、「諸ディシプリンを超えた独自の体系をもつ社会福祉学という、独立のディシプリンを形成することが、21世紀に向けての日本社会福祉学会の共通の追求課題だ」と述べており、「精神保健福祉学」のみならず、社会福祉学にお

いてもディシプリンというテーマは今なお懸案なのである。

　これらのディシプリンに関する論考において、近年は（クーンによる）パラダイムを核とした学問領域の伝統的な形成プロセスに配慮しつつも、科学史の展開からみる限り、すべての専門分野の発展が同じモデルで説明できるわけではないとの指摘がある。つまり、研究集団の内的な関心というよりは、外的な社会の側の必要性によって専門分野の形成が促されるという、いわばニーズ志向型学問のケースが存在する[22]のである。

　そこで、「環境問題は何学の担当なのか」[23]を考えてみる。環境問題は物質の化学変化から生じ、気象や地質、生態系に影響をおよぼし、生物の身体機能に至るまでさまざまな側面をもつ。その対処は個々の科学だけでは手に余る。多くの科学を複合的に適用することでしか解決はみえない。近年、環境問題に限らず、このような多分野の協働を必要とする領域が増えている。

　たとえば、生命に関する倫理的問題を扱う生命倫理学においては、生物学、医学、政治学、社会学、文化人類学、法学、哲学、経済学、心理学、宗教学などさまざまな学問分野の協働がみられる。こうした、領域横断的な問題へ対処する新たな学術のあり方として、わが国において20世紀後半から「学際／学際的」（interdiscipline／interdisciplinary）という言葉が使われるようになった[23]。

　この「一つのテーマについてそれぞれ異なった学問分野から論ずるという」[24]学際なる言葉が最初に用いられたのは、1940年代後半のアメリカである。日本の場合は明治期における大学制度の出発にあたってドイツの影響が強く、そのため理科系、文科系の別が強く存在し、自然科学と人文・社会科学のあいだはもちろんのこと、人文・社会科学の内部においてもなかなか他分野との協力が行われなかった。

　しかしアメリカの影響で、1970年代には「学際」の訳語が登場し、隣接諸学間の協力は強くなっていった[24]。すなわち、単一のパラダイムを中心とするのではなく、相互に重なりあった複数のパラダイムによって形成される[19]学問領域が、わが国で現実のものとなっているのだ。

　すでに1969年、大塚[25]は学際という語こそ用いていないが、以下のようにわが国における学際的研究分野の勃興を明確に指摘している。「以前には、

学問の発達は、古い研究部門のなかから新しい部門が次々に分化してあらわれてくるという形で、専門分野がますます細分化されていくというような仕方で行われてきた…が、だんだんそういう形ではなくなってきている…以前とは逆に、二つあるいはそれ以上の専門分野が結びついて研究の新しい分野を形づくる。いわゆる境界領域に新しい独自な学問分野が生まれてくる。いや実は…境界領域などというような生易しい語では表現できないほど、たくさんの専門領域が互いに協力しあい、そこに新しい一つの研究分野が生まれてくるような傾向がみられる」、「理論のレヴェルではむしろある程度まで非専門化することによって、具体的な課題の解決に専門化していく。そういう形がある（傍点大塚）」。

しかも、かかる学問領域を創生した史実は、クーンによるパラダイムの提起と、その後の議論から数年しか経ていない1972年、すでにわが国の日本教育法学会において認められる。以下はその学会誌創刊号の学会長による巻頭言である。

「教育法学が起こるべくして起こった理由の一は、教育法が既存の諸科学と直接間接に関連をもちつつ、そのいずれかのみによって律することができず、それらの総合のうえに新たな学問領域を形成していく、ということであった…本来の専門を異にする研究者、教育現場の研究者等、多くの人々が、それぞれ異なる視角と関心と経験をもちながら、熱心な報告・討論を通じて、教育法学に凝縮していく…新興の学問分野である教育法学」（日本教育法学会、1972年3月）[26]。つまり学際という学問領域のあり方は、わが国において一定の実績を残しているのである。

近年では、1995年に設立された日本精神障害者リハビリテーション学会（前身の研究会は1993年発足）における、「精神障害者リハビリテーションの領域は広大であり、多彩である。本学会の最大の特徴は、この広い領域、多彩な場面でさまざまな活動に携わる多くの職種の方々によってつくられた学際的学会という点にある」[27]といった発足のメッセージや、1996年創設の日本公共政策学会における、「分野横断的政策知の開発・蓄積に従事してきた公共政策研究は今や単なる学際領域ではない。政治学とも経済学とも異なる独自の研究領域としての（トランスディシプリナリーなディシプリンとしての）

実を獲得しつつある」[28]とする論説などに学際の意趣が明瞭にうかがえる。

　また、社会福祉学の立場[29]に引きつけても、「科学研究の最先端は、ときとして人文科学と自然科学という伝統的な分類枠すら乗り越えようとする果敢な試みによって担われている。科学研究の最先端は既成のディシプリンに伝統的な分類と記述というレベルを超え、新たに問題を発見し、多様なディシプリンを動員してその解決の道を探る俯瞰的な設計科学（傍点筆者）として展開されている…社会福祉学の研究はそのような科学研究における新しい潮流の一部分として展開されなければならない」との言及がある[注2]。

　この「設計科学」という語の定義は、日本学術会議（第18期）に詳しい。2003年、日本学術会議・新しい学術体系委員会は「現代社会は価値観の変換とともに…学術にパラダイムの転換を要請している」[31]と述べ、加えて「『Science for Science（知の営みとしての科学）』とならんで『Science for Society（社会のための科学）』を認識評価するという学術研究者の意識改革が必要である…そのためには大きく転換しつつある学術を新しい体系のもとに整理する必要がある」[32]と指摘したうえ、「実学から設計科学へ」と題して以下の試論を発表した[注3]。重要な概念であるため、やや長いが引用する。

　すなわち、「19世紀に制度化された…"科学"は、現象の記述・説明・予測、つまり"現象の認識"を目的にすると理解されている…かりに"現象の認識"を目的とする理論的・経験的な知識活動を限定的に『認識科学』と再規定し、

注2）これを唱えた古川は、著作においてパラダイムの語を幾度か用いている（「社会福祉供給システムのパラダイム転換」誠信書房 1992、「社会福祉21世紀のパラダイム」誠信書房 1998など）。ただしそれらの用法は、たとえば「社会福祉供給システムのパラダイム転換－供給者サイドの社会福祉から利用者サイドの社会福祉へ－」といった表題や、「社会福祉の伝統的なパラダイムの構造を、現実の養成と将来高齢化社会に適合し得るものに早急に転換する必要がある」といった表現[30]からうかがえるように、クーンを語源とするパラダイムそのものの社会福祉学における存否を論じた米本[20]とは異なっている。

注3）同じ報告書[34]内には以下の記述がみられ、「設計科学」は必ずしも全面的なコンセンサスを得た概念ではないことも浮き彫りにされている。「第7章（筆者注：『設計科学』を定義した章）では、主にアブダクションに依拠し、また理論性と一般性と抽象性に傾斜した『新しい学術体系』の仮説的試論が報告されている。この報告に対して、何人かのレビュー担当者からは厳しい異論が提出された。『新しい学術体系』委員会の委員においても異論がないわけではない。しかし、これを一つの試論として広く読まれることを期待する委員もあり、委員会はこれを本報告に組み入れることに賛同した」。

"現象創出や改善"を目的とする理論的・経験的な知識活動を新たに『設計科学』と名づけて学術体系に導入したとすれば、これまで実学化されていない学術領域や生活領域を含めて、人間と社会のあらゆるタイプの実践的・個別的・具体的課題が設計科学の自覚的対象になり得るだろう」、「各領域に経験知や暗黙知として分散したまま蓄積されてきた設計ノウハウの一定部分が…理論化・一般化・体系化されるだろうし、また理論化・一般化・体系化されなければならない。科学者コミュニティにおける設計科学の承認は、この設計ノウハウの理論化・一般化・体系化へ向けての強い動機づけを制度的に確立することになる。こうした一連の効用こそが、『認識科学と設計科学』という学術の"体系"を構築することの一つの意義であり、すでに存在するものに名前を与える、あるいは名前を変えるというだけのことではない」として、実学的活動の場で"現象創出や改善"を目的に、分散した知恵を体系化する設計科学の概念を提起する[33]）のである。

さらに続けて、前記の環境問題（☞ p.52）を扱う地球環境科学を例にあげ、「はっきりしたパラダイムのもとに、一気呵成に進歩発展するものではない。それだけ問題に不確定要素が多く、解きにくいもの、それだけ解決への道筋が長く、したがって、21世紀を通じて長持ちするパラダイムといえる」[35]と述べ、いわば"はっきりとしない"パラダイムから成り立つ科学の存在をも示唆している点は、多義性を有する精神保健福祉の語を冠した「精神保健福祉学」への後押しになる。

大橋[36]はこれらの日本学術会議の見解を踏まえ、科学研究費補助金において社会福祉学が2003年度以降、社会学から独立した細目となったことに触れて、同年に「複合的、かつ俯瞰型研究が求められる状況のなかで、社会福祉学は実践的にも固有の実践方法と研究方法を有する領域の学問であることが認識されるようになってきている」と述べている。すなわち、社会福祉学は伝統的なディシプリンにならった学の形態を志向せず、旧来の体系を超えた学際的な新たなディシプリンとして構築されているのである。

ただし、別にやはり大橋[37]は、「これだけ総合領域的な研究が増え、『俯瞰型研究』が推進されてくると、社会福祉学の細目を独立させなくてもよ

いのではないかとさえ言われかねない状況が出てきている」とも言及し、社会福祉学が領域横断的な学問分野としてディシプリンを固めたとしても、逆にそのままでは「学」の形成過程の時代的変化に埋没して固有性を失いかねないと危惧している。

　そのようなジレンマは、もとより社会福祉と保健医療を架橋する特質をもった、精神科ソーシャルワーク実践の体系化に端を発する「精神保健福祉学」へ、より身近に照応されるであろう。

　これに沿うように、日本学術振興会は2003年度から2006年度までを総括した報告[38]のなかで「『社会福祉学』を『社会学』の応用科学とみることは、もはや現実に即しているとは言い難い。そのうえで『社会福祉学』の特徴・特性を述べるとすれば、第一に、その学際的性格をあげることになる…第二の特徴・特性は、すぐれて実践的な領域にかかわる学問という点である…こうした実践性はこの学問分野をいやおうなしに学際的な性格をもつものへと導く」として、大橋の見解である固有性に沿いつつ、その特徴を学際ならびに実践の語で表現している。

　同様に「学際的な社会福祉学」を論じる三島[39]も、社会福祉学が「社会福祉実践の『科学』性を保持するために、諸学問の理論が自らの学問の基礎とされ、実践へ応用することが重要とされるようになった」として、かかる動向は第二次大戦前にさかのぼることを検証のうえ「社会福祉学における研究は、その創始から学際的研究であった」と指摘している。

　さらに、日本学術振興会は同じ報告[38]で、今後推進すべき研究として「いわゆるソーシャルポリシー・ソーシャルワーク・社会福祉をめぐる関係およびそれらの分離と統合に関する理論的研究」をあげ、社会福祉学をソーシャルポリシーとソーシャルワークに分けて捉えようとする研究方向を是認している。本書では、このソーシャルポリシーとソーシャルワークの関係性について第Ⅴ章（☞ p.82）以降で詳述する。

　以上をまとめると、「精神保健福祉学」がクーンの提起したパラダイムを満たすのか、あるいはこれに代わるパラダイムを内包するのかについては、現状においてごく少数の検討が存在するのみである。研究者が共通して支持

する、単一（少数）のパラダイムを中心にディシプリンが成立するという通常科学の見地に基づくなら、「精神保健福祉学」はいまだ萌芽状態に相当する。

　むしろ、このような旧来の理論体系で評されるよりは、従前と異なる現代的な科学の枠組みにあるとみなされることが多く、interdisciplinary なディシプリンの成立を認める立場からは、社会福祉学と「精神保健福祉学」はともに領域横断的な学際的ディシプリンへ位置づけられる。そして日本学術振興会が、そのような学際科学は実践的な領域にかかわる学問であると述べるのも、社会福祉学と「精神保健福祉学」の態様に沿っている。

　それを裏づけるように、2013年度の科研費における分化細目表の見直しで、社会福祉学内のキーワードの一つに精神保健福祉が新たに設けられた[40]。精神科ソーシャルワーカーの学問的基盤は歴史的に社会福祉学（日本精神医学ソーシャル・ワーカー協会設立趣意書）[41]であり、そのうえでわが国における学術体系の再編に与する形で（社会福祉学内に）精神保健福祉が位置づけられたことから、「精神保健福祉学」が存在するならばそれもまた、社会福祉学と同様に学際のディシプリンといえるであろう。すなわち「精神保健福祉学」における、伝統科学の見地からのパラダイムの不明瞭さは、現代の学問生成論の立場によれば致命的でない。

　このように、社会福祉学を基盤とする、精神科ソーシャルワーク実践の理論化へ向けた過程を科学史研究における学問領域の形成モデルの変化へ照応すれば、複合・俯瞰的な社会福祉学とともに、社会福祉と保健医療を架橋する「精神保健福祉学」もまた、一つのディシプリンたる可能性をもつといえよう。

　　　ただし、この発想は第Ⅶ章（☞ p.144）での、精神保健福祉士を「精神保健・医療と社会福祉をつなぐ…保健・医療・福祉等の諸サービスを実践場面で統合させる先鞭役」[3]と位置づける精神科ソーシャルワーカー側の発想に準じている。
　　　これに対して当時の日本社会福祉士会は、精神科ソーシャルワーカーの国家資格化に際して「医療と福祉はそれぞれ歴史的および学問的に異なる背景と基盤をもつ相互に独立した専門領域であり、両者の関係は『連携』

ないしは『協力』の関係である。必要なのは両者の『連携・協力』のあり方に関する研究なのであって、この二つの専門領域に『またがる』資格の創設ではない」[42]と否定的な立場をとっている。

　むろん、社会福祉学の存立を確認したとき、それゆえ「精神保健福祉学」が成り立つとは即断できない。精神保健福祉は社会福祉学を基盤とする分野論との解釈も一つなのである。社会福祉学と並列し、照応の関係にある固有の「精神保健福祉学」の存立可能性につき、双方の対比を手がかりとしつつ引き続き論考を加えていく。

　　ここで、学問領域としての成り立ちがいちおうは否定されないならば、前に戻って研究結果としての学術論文の乏しい刊行数（☞ p.43）をどう解釈するのか、という疑義が再びあらわれる。この解の一つは、精神保健福祉士という国家資格の創設の経緯に求められる。
　　すなわち、「社会福祉士及び介護福祉士法（1987年）は社会福祉士の活動を福祉領域に限り、医療領域のソーシャルワーカーを切り離して成立した。日本精神医学ソーシャル・ワーカー協会は残された保健医療領域の資格化を日本医療社会事業協会（現・日本医療社会福祉協会）と共同で『精神科ソーシャルワーカーを含めた医療ソーシャルワーカーとしての国家資格化』を図るも、日本医療社会事業協会の方針転換（社会福祉士一本化）によって不調に終わり、精神科ソーシャルワーカーの単独立法を目指した。その結果、最終的に精神保健福祉士法が成立（1997年）した」[43]という経緯である。
　　そのような精神保健福祉士法の成立前後には、制度創設への反対と推進のどちらの立場からも、資格の消滅・吸収を含む抜本的な制度の見直しが提起されていたのだ。すなわち、「社会福祉士資格をあらゆる分野のソーシャルワーカーの統一的基礎資格とすることこそ急務である。精神保健福祉士法は…不幸にして成立した場合には、『一定期間経過した後の見直し』に備えた対策の検討に着手する必要がある。養成校や資格取得者が増加するほど、統一的な社会福祉士制度を確立することは困難になる（山手茂氏：反対）」[44]、あるいは「社会福祉士及び介護福祉士法成立時の議論では、

精神科ソーシャルワーカーを含む医療福祉士（仮称）を別建てでつくると整理されており…かりに精神保健福祉士が法制化されても課題は残る…私見によれば、本来は医療福祉士（仮称）として、精神科ソーシャルワーカーと医療ソーシャルワーカーも一本化された資格が望ましい（京極髙宣氏：推進）」[45]といった言説である。

　この時期にあえて精神保健福祉の概念を用い、精神科ソーシャルワーク実践の学問的基盤を明らかにしようとすれば、発足したばかりの精神保健福祉士の存続そのものを危うくする懸念が伴ったであろう。そのため、「精神保健福祉学」の根幹にかかわる論説は、少なくとも資格成立の初期には意図的に避けられた可能性がある。

引用文献

1）堀口久五郎：「精神保健福祉」の概念とその課題―用語の定着過程の検証―. 社会福祉学, 44(2)；3-13, 2003
2）大西次郎：「精神保健福祉」をめぐる概念・理論研究数の推移. 武庫川女子大学紀要（人文・社会科学編）, 60；81-87, 2012
3）石川到覚：専門職性の保持と深化を求めて. 精神保健福祉, 30(1)；9-12, 1999
4）宮川公男：研究・技術計画学会の新しいパラダイムを考える. 研究技術計画, 10 (3/4)；136-141, 1997
5）市川惇信：「ディシプリン」を考える. 研究技術計画, 10 (3/4)；142-146, 1997
6）ミシェル・フーコー：監獄―監禁的なるもの―. 監獄の誕生―監視と処罰―, 田村俶・訳, 新潮社, 東京, pp.294-308, 1977
7）桜井哲夫：「管理」のまなざし―「監視と処罰：監獄の誕生」とその背景―. フーコー―知と権力―, 現代思想の冒険者たち 26, 講談社, 東京. pp.207-252, 1996
8）中山元：真理への意志―監視と処罰―. フーコー入門. 筑摩書房, 東京, pp.123-148, 1996
9）三島亜紀子：社会福祉学における「主体」に関する一考察. ソーシャルワーク研究, 28(1)；39-44, 2002
10）Hartman, A.：Words create worlds. Social Work, 36(4)；275-276, 1991
11）野口裕二：構成主義アプローチ―ポストモダン・ソーシャルワークの可能性―. ソーシャルワーク研究, 21(3)；180-186, 1995
12）児島美都子：医療社会事業の問題点―今日の医療をめぐる状況の中で―. 社会福祉学, 13；50-65, 1972
13）真田是：社会福祉と社会体制. 真田是著作集 第3巻 社会福祉論, 総合社会福祉研究所・編, 福祉のひろば, 大阪, pp.27-39, 2012
14）藤井克徳：最後の全国大会となった第39回全家連長野大会. 心と社会, 38(2)；138-143, 2007

15) 中井久夫：分裂病と人類―予感，不安，願望思考―．分裂病と人類，東京大学出版会，東京，pp.1-38，1982
16) トーマス・クーン：科学革命の構造．中山茂・訳，みすず書房，東京，pp.12-25，1971
17) 中山茂：パラダイムの形成．歴史としての学問，中央公論社，東京，pp.31-34，1974
18) 野家啓一：パラダイム論争．クーン―パラダイム―，現代思想の冒険者たち 第24巻，講談社，東京，pp.189-238，1998
19) 平澤泠："研究・技術計画"のディシプリンを問うとは．研究技術計画，10 (3/4)；127-130，1997
20) 米本秀仁：研究を巡る状況と社会福祉研究者養成の課題．社会福祉研究，90；44-51，2004
21) 仲村優一：戦後社会福祉の総括と21世紀への展望―自らの立場との関係で―．社会福祉学研究の50年，日本社会福祉学会・編，ミネルヴァ書房，京都，pp.2-6，2004
22) 山田圭一：科学研究のライフサイクル．研究技術計画，10 (3/4)；147-151，1997
23) 遠藤薫：社会情報学の射程．社会情報学，1(1)；21-32，2012
24) 祖父江孝男：人文科学の諸分野と学際的アプローチ―歴史的背景―．人間を考える―学際的アプローチ―，祖父江孝男・編著，放送大学教育振興会，東京，pp.13-20，1992
25) 大塚久雄：現代における社会科学の展望―とくに「専門化」の問題について―．大塚久雄著作集 第9巻 社会科学の方法，岩波書店，東京，pp.175-198，1969
26) 有倉遼吉：日本教育法学会年報の発刊にあたって．日本教育法学会年報，1；1，1972
27) 蜂矢英彦：学会誌創刊にあたって．精神障害とリハビリテーション，1(1)；3，1997
28) 足立幸男：学術からの発信―トランスディシプリンとしての公共政策学の「専門」性―．学術の動向，12(3)；64-67，2007
29) 古川孝順：社会福祉学研究法とソーシャルワーク研究法．ソーシャルワーク研究，29(4)；254-261，2004
30) 古川孝順：社会福祉供給システムのパラダイム転換―供給者サイドの社会福祉から利用者サイドの社会福祉へ―．社会福祉供給システムのパラダイム転換，古川孝順・編著，誠信書房，東京，pp.1-8，1992
31) 新しい学術体系委員会，学術の在り方常置委員会，科学論のパラダイム転換分科会：改善策・提言等，人間と社会のための新しい学術体系．URL：http://www.scj.go.jp/ja/info/kohyo/18youshi/1828.html，2003年6月24日
32) 学術の在り方常置委員会（第19期 日本学術会議）：新しい学術の体系．pp.1-5，URL：http://www.scj.go.jp/ja/info/kohyo/pdf/kohyo-18-t995-60-2.pdf，2003年6月24日
33) 新しい学術体系委員会（日本学術会議運営審議会附置）：「認識科学と設計科学」からなる学術体系の試論―科学の目的の拡張―．理論的・一般的な「新しい学術体系」試論，新しい学術の体系―社会のための学術と文理の融合―．pp.90-96，URL：http://www.scj.go.jp/ja/info/kohyo/18pdf/1829.pdf，2003年6月24日
34) 新しい学術体系委員会（日本学術会議運営審議会附置）：本報告書について，はじめに―問題設定とその経緯―，新しい学術の体系―社会のための学術と文理の融合―，pp.6-7，URL：http://www.scj.go.jp/ja/info/kohyo/18pdf/1829.pdf，2003年6月24日
35) 中山茂：近代科学技術史上の第3のパラダイム．人間と社会のための新しい学術体系，日本学術会議 学術の在り方常置委員会・科学論のパラダイム転換分科会報告書，pp.75-81，URL：http://www.scj.go.jp/ja/info/kohyo/18pdf/1828.pdf，2003年6月24日
36) 大橋謙策：転換期を迎えた大学の社会福祉教育の課題と展望―学際的視野も含めて―．社会福

祉研究, 86；22-29, 2003
37) 大橋謙策：「統合科学」としての社会福祉学研究と地域福祉の時代．社会福祉学研究の50年，日本社会福祉学会・編，ミネルヴァ書房，京都，pp.63-83, 2004
38) 日本学術振興会学術システム研究センター：社会科学分野の研究動向．学術月報, 60(9)；38-66, 2007
39) 三島亜紀子：社会福祉の「科学」を求めて．社会福祉学の〈科学〉性―ソーシャルワーカーは専門職か？―．勁草書房，東京，pp.27-72, 2007
40) 日本学術振興会：平成25年度「系・分野・分科・細目表」付表キーワード一覧7, URL：http://www.jsps.go.jp/j-grantsinaid/03_keikaku/data/h25/download/j/08.pdf, 2012年3月23日
41) 大野和男：わが国におけるPSWの歴史．精神保健福祉士国家資格化の経緯．改訂 これからの精神保健福祉，日本精神医学ソーシャル・ワーカー協会・編，へるす出版，東京，pp.34-52, 1998
42) 日本社会福祉士会：精神科ソーシャルワーカーの資格化について．日本社会福祉士会十年史，西澤秀夫，池田惠利子，金井守，澤伊三男，戸栗栄次，原田正樹・編，中央法規出版，東京，pp.43-48, 2003
43) 荒田寛：国家資格「精神保健福祉士」の成立の経過．医療ソーシャルワーカー新時代―地域医療と国家資格―，京極髙宣，村上須賀子・編著，勁草書房，東京，pp.171-182, 2005
44) 山手茂：医療におけるソーシャルワーカーの役割と資格制度化をめぐる論争点―なぜ社会福祉士と別資格を設けようとするのか？―．社会福祉研究, 69；50-57, 1997
45) 京極髙宣：福祉専門職制度10年の評価と課題―ソーシャルワーカー資格を中心に―．社会福祉研究, 69；42-49, 1997

第Ⅳ章 精神保健福祉以前のソーシャルワーク実践：戦前〜1960年代まで

はじめに 第Ⅳ章では、戦前から1960年代までの社会事業の歴史を振り返り、戦後の社会福祉学研究の系譜である目的概念的福祉論（技術）と、社会科学的福祉論（政策）の大きな流れを俯瞰する。加えて、戦後の医療社会事業の形成と、そのなかにおける精神科ソーシャルワーカーの初期像を確認する。

わが国の社会福祉には戦前からの研究の蓄積があり、実践の理論化を図る動きがみられていた。しかし、当時より研究と実践の乖離もまた指摘されていた。戦後の社会福祉専門職の養成は主に私立大学において行われ、早くも1953年には医療社会事業家の身分法が構想された。また、精神科領域では向精神薬の導入と精神科病床の増設が同時に進行し、医療機関を中心に精神科ソーシャルワーカーの活動が広がった。就労に重点を置いた院外作業の反省や、精神衛生法改正による精神衛生相談員制度などを足がかりに、精神科ソーシャルワーカーの地域活動が模索された。

戦後、精神科ソーシャルワークを含む医療ソーシャルワークの概念が一般化し、とくにこのなかで日本医療社会事業協会の機関誌として1964年から出版された、『医療と福祉』誌上の医療社会事業論争は貴重な歴史資料である。ソーシャルワーク理論に対して、社会科学的な視点の重要性を喚起した意趣は社会福祉本質論争に相通じる。

論争において、医療ソーシャルワーカーが広範な医学的知識を求められる一方、身分法や保険点数の裏づけがないまま医療職から独立して社会環境の調整を担っていること、精神科ソーシャルワーカーが精神障害者の社会復帰に携わる専門職として認知されていることを示す固有の論点が提起された。

戦前の社会事業の系譜と戦後の医療ソーシャルワーク・精神科ソーシャルワーク

わが国の社会福祉には戦前からの研究の蓄積があり、当時の実践に際しても理論化を図る動きがあった。その流れは戦後も続いたが1950年代に入ると、かかる理論の探究が（筆者注：実践の深化より）先行[1]していったとの指摘がある。

当事者を中心に実践者と研究者のそれぞれがかかわる「精神保健福祉学」を論じるうえで、このような歴史の経緯を踏まえることは不可欠である。ただし、戦前から第二次大戦直後までの社会福祉（社会事業）における論考で、医療福祉（医療社会事業）面の話題は影を潜めており、精神保健福祉（精神医学ソーシャル・ワーク、精神科ソーシャルワーク）に関しても同様である。

そこで対象を広くとり、まず本章の前半（❶）では戦前からの社会福祉（社会事業）の史実全体を俯瞰することで、その後の医療ソーシャルワーク、さらには精神科ソーシャルワークの発展に至る前史を整理する。また、後半（❷☞ p.74）においては1965年に展開された医療社会事業論争を検証し、現代における精神科ソーシャルワークの分化に至る端緒を導き出す。

さて、1918年に原敬内閣が成立し、政党政治がはじまった。民主主義が一定の範囲で容認され、社会問題・生活問題に対する政策的対応が国家体制を維持するうえで必要となったことから、「社会連帯」、「社会改良」、「労資協調」などの言葉が登場した。

これらのなかから、1920年頃より「社会事業」の呼称が一般に用いられるようになる。そこでは、貧困を個人貧ではなく社会貧とみて、その解決にあたって「社会連帯責任」の観念を強調し、社会事業を貧富の隔たりを緩和する「安全帯」と捉える考え方が浸透していった[2]。

しかし、社会貧の発想の広まりに対しては、1925年の治安維持法の制定にみられるように労働・社会運動への弾圧が伴った。なぜなら1920年代後半は世界大恐慌をピークに大量の失業者が発生し、深刻な不況が運動の高揚へ結びついて、政策主体から秩序の阻害因子と判じられたからである。

社会主義への弾圧とあいまって、労働・社会運動は厳しい状況に立たされ

た。他方、民衆の窮乏に対する歯止めの必要性と、体制側から世情不安の根幹とみなされた社会主義思想への抑止策の一環として、国家による社会事業への関与が部分的になされはじめた。

この時期1926年から1930年にかけて、大阪社会事業連盟による『社会事業研究』誌上で、いわゆる戦前の社会事業論争が展開された。この論争はわが国の社会事業理論の形成過程において、大正時代後半の社会事業成立期の理論と、戦後厚生事業理論とのあいだに位置し、相対的に最もさまざまな立場から社会事業が評された[3]という意味で見逃せない。

論争は大きく、海野幸徳、福山政一、小沢一らによる「社会連帯的社会事業理論」と、磯村英一、牧賢一、村松義朗らによる「唯物弁証法的社会事業理論」の討議で展開された。

前者の主張は「社会事業は労働者と資本家とを論ぜず、これ等しく人格者として取り扱う」とともに「社会事業と階級闘争を同一視することは社会事業の存在を否定する」とし、社会事業の対象を国民全般に置いて「合法的な改良主義に基づく社会問題解決」の必要性を論じた[3]。そして、その究極的な目標は「人間生活の完成」という社会の理想状態を築くことであるとし、社会事業の全体像を観念的に捉えた[4]。

対して後者は、社会連帯的社会事業理論を人道主義的なセンチメンタリズムと評し、その"社会連帯"とは私有制を前提とする観念的欺瞞である[3]として社会事業の対象を無産階級と労働者に求め、マルクス主義の観点から社会事業の解明を試み、社会事業従事者に階級意識を促した。

すなわち、この時期に戦後の社会福祉研究の系譜である ～実践に現実的な指標を示す～ 目的概念的福祉論（技術）と、～階級性の明確化を提供する～ 社会科学的福祉論（政策）の大きな流れが準備された[3]のである。

とくに、戦後数年間に刊行された社会事業関連の著作は「竹中勝男、海野幸徳の原理論、法制の概説書と日本社会事業史を除けば、竹内愛二、谷川貞夫、木村忠二郎、黒木利克らによるアメリカの援助技術 ～ケースワーク、グループワーク、コミュニティ・オーガニゼーション～ ならびにアメリカ社会事業の紹介書で占められ、それ以外の研究書はみあたらない」[5]というなかにあって、政策的観点から社会福祉学を構築しようとする発想が戦前か

ら続いていた事実は記憶にとどめられてよい。

　その後1952年から1953年にかけて、いわゆる（戦後の）社会福祉本質論争（狭義）が大阪社会福祉協議会（現・大阪府社会福祉協議会）による『大阪社会福祉研究』誌上でほぼ毎号（月刊）、1年にわたり展開されることとなる。

　かかる理論研究の先行 〜振り返って実践との乖離と表現される〜 は、すでに戦前から戦後を通して、社会事業の恒常的な課題とみなされていた。たとえば、木田[6]は1970年、以下のように総括している。

　「社会福祉の本質が『実践』であることは言うまでもない。ところでわが国の社会事業は敗戦を境にして生まれ変わった。だがその変化は…現場実践のなかから発生したのではなくGHQの手によって実践を無視し制度的、理論的、文化変革的に行われたのである（傍点筆者）。それゆえわが国の社会福祉の場合、理論と実践との乖離は当初からの宿命であり 〜これは戦後、変動が激しく急速だったためとくに目立つけれども、実は戦前もまたほとんど似た傾向がなかったとはいえない〜 戦後25年を経た現在もなおほとんど改善されていないでいる今日的課題でもある」。

　実際に、GHQ（General Headquarters, 連合国軍最高司令官総司令部）の強い意志で1946年に開校された日本社会事業学校（後の日本社会事業大学、以下同じ）で開講された教科をみても、GHQと厚生省（当時、以下同じ）など関係者のあいだに学校の位置づけ、教育内容についてかなりの認識差がありながら、その内容は第二次大戦前のカリキュラムとほぼ同じもので、初期の社会福祉教育は社会政策研究からの社会事業把握（傍点筆者）も含めて戦前社会事業教育の継続の側面が強かった[7]と振り返られている。

　1970年の木田の総括を、本書における「実践と理論の一体・円環」（☞p.179, 180）の観点から現代に即して言い換えれば、大橋[8]による以下の表現が至適であろう[注1]。「なぜ社会福祉学研究と社会福祉実践において、『社会福祉

注1）つまり、社会福祉学が第Ⅶ章❷（☞p.145）で述べるソーシャルワーク重点化へ 〜ある意味後ろ髪引かれることなく〜 向かえた理由の一つがここにある。かたや、精神科ソーシャルワーク実践の現場においては、社会防衛・隔離の発想やスティグマのもと、精神障害者に対して法・制度上の精緻さが必ずしも伴わなかったことが、わが国の精神科ソーシャルワークにおける演繹的な構造を導いたといえよう。

制度・政策研究』と『社会福祉方法・実践技術研究』とが"乖離"したのかといえば、そのポイントはソーシャルワークを展開できる社会システムが社会福祉法制度になかったから…それは、わが国において社会福祉制度が国の機関委任事務であり、『措置行政』として行われてきたという制度上の桎梏があり、かつその制度が"官僚機構"のなかで精緻につくられてきたために、その統合的あり方についての実践を踏まえた研究が豊かに花開く余地がなかった…裏を返せば、それだけ行政機構と社会福祉制度をつくった"官僚"の能力が豊かにあった」。

　前述のように、第二次大戦前は社会事業に対する国家責任は部分的な範囲にとどまった（☞p.65）が、戦後は新憲法により明確な責務へと位置づけられた。GHQは1946年の（旧）生活保護法の施行にあたり、公的扶助制度が一定の訓練を受けた専門職によって運営されるよう強く要望した。その目的を達成するため、同年に日本社会事業学校、続いて1948年に大阪社会事業学校（大阪社会事業短期大学、後の大阪府立大学社会福祉学部）が開設された[9]。

　ただし、戦後まもない時期に国が関与した社会事業従事者の計画的養成は、この二つの社会事業学校の設置に限られたため、以降の専門職養成は主に私立大学において社会事業学科や社会福祉学科の復活あるいは創設という形で進められていった[10]。

　1953年1月、議員立法で早くも医療社会事業家の身分法である「医療社会事業家法案」が提出されるも、内閣法制局の理解に至らず時期尚早と見送られた[11,12]注2)。これを契機として同年11月に日本医療社会事業家協会が創設され、当初から医療ソーシャルワーカーの専門家集団を志向し、基本目標として「医療ソーシャルワーカーの身分法の制定」、「全国の保健・医療機関への医療ソーシャルワーカーの設置」、「ソーシャルワーカーの質の向上」を掲

注2）1971年には、領域を医療に限らない社会福祉士法制定試案が、中央社会福祉審議会職員問題専門分科会・起草委員会より提起された。この制定試案は、社会福祉職従事者の待遇改善等に触れられていた点では画期的だったものの、学歴による第1種、第2種の区別がなされたこと、第1種社会福祉士については社会福祉専攻だけでなく心理学、教育学、社会学等の専攻でも取得が可能であったことなどが批判され、陽の目をみることはなかった[9]。

げた。

　日本医療社会事業家協会は1958年の総会で、会員を広く求めるとの理由から日本医療社会事業協会へと名称をあらためた[11]。その後、国の主導による「医療社会事業従事者講習会」を協会の全国大会と同時に開催して、現任者教育などに一定の足跡を残すものの、以下のような困難な時期がしばらく続くのである[注3]。

　「医療ソーシャルワークの理論的基盤もあいまいなままで、医療機関に根づくための制度的基盤もなく、協会活動は停滞化していった。総会成立の定数に満たず流会した1970年の福島での総会と同時開催の大会では、演題申し込み締切期日までに発表の意思表示のあったものはわずか3題であった…1973年12月の通常総会において1973年度活動方針が示され、再生への途を歩み出した」[13]。

　精神科領域においては同時期（1952年）、統合失調症の治療にクロルプロマジンが導入されて抗精神病効果が明らかとなり、この向精神薬が1955年にはわが国で初めて用いられ、治療上の大きな変革をもたらした。

　ただし、欧米諸国ではその後脱施設化の傾向が強まるのに対し、わが国では1954年の全国障害者実態調査で精神障害者数を130万人、このうち要入院患者を35万人と見積もり、精神科病床数はその10分の1に満たなかったことから大きく不足しているとして、増床政策がとられた（その後、1960年代の10年間で精神科病床数は約2.5倍となった）。

　皮肉にもそれは精神科ソーシャルワーカーの数を増やす遠因[15]となり、向精神薬のさらなる開発とあいまって精神科ソーシャルワーカーの活動範囲を広げていった[16]。ただし、精神障害者の社会復帰や地域移行を目指す長い道のりは緒についたばかりであった。

注3）かかる経緯から、社会福祉士という国家資格制度の確立が図られた時期に前後する日本医療社会事業協会に対しては、仲村[14]が「医療ソーシャルワーカーとあらわす部分には…日本医療社会事業協会 ―医療社会事業家協会として発足しましたが― ある意味で不幸なことにさまざまな事情で"家"が消えたのですが、そのことが今日の複雑な事態を生む要因となっているかもしれないので…専門職団体、とくに日本医療社会事業協会をそのまま使うことについては、クエスチョンマークをつけて言うことになります」と評しているように、医療ソーシャルワーカーの職能団体としての位置づけに疑問符が一定期間付されていた。

第Ⅳ章　精神保健福祉以前のソーシャルワーク実践：戦前〜1960年代まで

　厚生省は1958年、急増する精神科病床に医療従事者の養成が追いついていないことを理由に、医療法の特例として「精神病の診療に主として従事する医師の確保が困難な事由があると認められるときは、暫定的にこれを考慮して運用することもやむを得ない」と認めた（1958年10月6日：医務局長通知）。

　精神科病院における医療職の少なさを容認するいわゆる精神科特例[注4]であり、これは本来、精神科医療全体の整備の遅れを取り戻すまでの一時的な措置のはずが、その後も温存されてしまうこととなった。加えて、1960年には医療金融公庫による低利融資（精神科病床に対する特別融資枠の設定）がはじまって病床設置が容易になったことにより、さらに（主に私立の）精神科病院・病床が増えていった。

　かような「精神病院設立ブームと呼ばれるような現象」[17]の要因には、他にも「戦後復興期に壮年期を迎えた野心的な医師が病院経営に乗り出したこと、社会状況の変化によって苦境に追い込まれていた結核療養所や産婦人科の医師が、比較的容易に転科して精神病院を運営できたこと、当時入院患者の3分の2が公費による措置入院であったため病院経営が安定していたこと」といった理由があげられている。

　　統合失調症とハンセン病は、効果的な薬物療法が国際的に普及した後も、わが国において病院・療養所への長期にわたる隔離処遇が続いた点で共通している。
　　この背景について金井[17]は、結核を加えた終戦前後の時期の病床数がハンセン病1万床（国立）、結核約3万床弱（国立）、精神疾患2万5千床弱（公私立）と「あまり変わらない」ことをあげ、1）ハンセン病は患者数の少なさから全患者の隔離が物理的にも財政的にも可能であった、2）結核は患者数の多さゆえ結果的に重症者のみが隔離の対象とされた、3）精神疾患は相対的に患者数の多さはあるものの、結核ほど深刻な影響を社

注4）医師は一般科の3分の1、看護職員については3分の2でよいとした厚生省事務次官通知（1958年10月2日）に加え、場合によってはさらにこれを下回ることも医務局長通知で容認したもの。その後2000年の医療法改正で、看護職員は大学病院精神科において一般病院なみの患者3人に対し1人、精神科病院において患者4人に対し1人とあらためられた。ただし、医師数は一般病院の患者16人に対し1人と比べ、患者48人に対し1人のままで据え置かれた。

会におよぼさないため 〜事件による国内外からの批判による以外は〜 隔離に国は「消極的」であり、むしろ相対的な患者数の多さは「経営重視の私立病院が中心となって、強制隔離が実施され」ることへ結びついたと述べている。

つまり、隔離の判断や政策に多大な影響を与える要因は「その疾患に罹患している患者の規模」であり、さらに精神疾患の場合には経営的観点からの「病院運営の安定化」が関与したとするのである。

欧米で大規模な精神科病院が次々と解体されていく時期に、わが国において入院を促す政策が推進される行き違いはしばしば指摘される。その事由を向精神薬の普及が逆に管理のしやすさに結びついた、高度経済成長による労働人口の都市への移動を補助するよう、そこからとり残された精神障害者や高齢者を収容する役割を医療が担った、などとする分析はそれぞれ一理ある。

加えて、1960年代以降の私立精神科病院・病床の増加が 〜そのすべてを経営的な観点に帰することは妥当と思わないが、それでも〜 安定した運営を一因とするならば、「欧米の場合には、精神病院のほとんどが公立であったため、その廃止や縮小は比較的容易であった」[17]状況を鑑みるに、後年へ遺した影響は察するに余りある。

むろん、欧米の動向がすぐさま望ましいともいえず、あくまで多様な社会復帰施設の整備が並行されねばならないのである。たとえばアメリカにおける1960年代の病床削減では当初、精神保健センターを増設して地域生活支援を充実させようと計画していたが、ベトナム戦争の泥沼化や経済の地盤沈下により必要な予算をつけられなくなった。そこで患者の退院だけが促進された結果、患者がすぐ再入院する回転ドア現象やホームレスの増加、病院より劣悪な施設への再入所などが社会問題化した[18]。

これに関して見浦[19]は「わが国でも最近になって脱病院化・社会復帰の促進・地域ケアなどが叫ばれ、各地で運動が展開されつつあります。しかし地域のなかにしっかりした受け皿としての社会資源を利用しないまま退院を急いでは、先進国（傍点見浦）の誤りの轍を踏みかねません。その意味で、地域社会のなかにより多くの多様な自立を支援する、社会福祉施策を用意することが急務と言わざるを得ないのです。アメリカ型脱病院化とそれに伴うホームレスの出現を、日本で再現することのないよう憂慮せ

ざるを得ないのです」と指摘している。

なお、措置入院患者はその後増加の一途をたどり、1964年には精神科病床への全入院患者の37.5%を占めるに至った。同年ライシャワー事件が起こり、翌年の精神衛生法改正へと歴史は動いていく。

精神衛生法（精神病者監護法と精神病院法を廃止のうえ1950年制定）の時代において、精神科病院の入院患者に対する社会復帰の促進は、ほんの試み程度でしかなかった[20]。それでも1955年におけるわが国へのクロルプロマジン導入以降、向精神薬が広く用いられて精神科病院に保護・収容されていた患者の病状が確実に改善されてきたことから、医師等によって精神障害者のリハビリテーション活動への期待がふくらむなかで、現代に通じる精神障害者の地域生活にかかわる支援の諸活動が生成されてきた[21]。

医療機関による差はあったものの、病棟の開放管理、入院患者の自治組織や家族会づくりに加えて、作業療法（ことに院外作業）、中間宿舎といった形で徐々にではあるが、精神科病院は地域へ開かれてきた[22]かにみえた。ただし、当時の社会復帰の課題は精神科病院からの退院をいかに進めていくかが主眼となっており、社会復帰イコール就労という固定観念が強かった。

すなわち精神科病院入院中から、昼間の就業より院外作業（外勤）、あるいは夜間の所在よりナイトホスピタルと称された就労訓練が、1960年代に一定の広まりをみせる。しかし、それに携わった精神科ソーシャルワーカーから、大部分の患者を閉鎖病棟に閉じこめたまま、一部の患者を社会復帰路線に乗せて社会的批判を回避するとともに、労働報酬の低廉さや雇用の不安定さより精神障害者の「公然たる差別に口実を与える」[23]との苦衷の批判が加えられた。

経済が成長をとげているときは企業の人手不足も手伝って、それでも多くの入院患者が主として中小企業に働きに行っていた[24]。しかし、1973年のオイルショックによる不況から外勤先の労働力需要が沈滞したため、1980年代に院外作業（ナイトホスピタル）は下火となった。

院外作業やナイトホスピタルと相前後する1960年代より1970年代にかけて、精神障害者を対象に地域社会のなかで彼（女）らの生活を支えようとす

る民間の新たな試みが全国に広まり、共同住居(中間宿舎、グループホームなど：以下、共同住居と総称)や作業所(小規模作業所、共同作業所、地域作業所など：以下、作業所と総称)などの先駆的な取り組みへと結実していく(☞p.94)。

同時期にライシャワー事件(1964年)があり、それを契機とした精神衛生法の改正(1965年)によって保健所に行政職である精神衛生相談員(現・精神保健福祉相談員、以下同じ)が置かれ、保健所が地域における精神衛生活動の第一線機関に位置づけられた。

その技術的中核機関として各都道府県に精神衛生センター(現・精神保健福祉センター、以下同じ)も設置され、大谷[15]はこれを「初めて精神医療が病院の外に出た」と称する。同じく中沢[22]も、「現在いわれているような地域活動はやはり…精神衛生法改正…に端を発しよう」と評している。これら公・民双方の変化のうねりが、現代に通じる精神障害者の地域移行(から地域定着)支援へつながる系譜を生み出し、精神科ソーシャルワーカーもそこへかかわっていくことになる。

ただし、「大学において社会福祉に関する科目を修めて卒業した者」が任用される、と改正精神衛生法第42条で位置づけられた精神衛生相談員であるが、この時点では保健所に配置された者すべてが社会福祉学を基礎とする科目を学んだソーシャルワーカーではなかった。

むしろ、保健師が一定の研修を受けた後に精神衛生相談員としての業務にあたることが多かった[26]。そして、保健所において求められた全数実態把握、精神衛生相談、訪問指導などの職務は、「明らかに治安強化と治療ケア拡充との二律背反的存在を当初から意味していた」[27]のである。

とくに治安強化たる前者は、地方公務員として住民の安全を守る保安処分[注5]的な役割を果たすことを意味していた[26]。いわば、精神衛生法改正は「国家の保安的要請と医療を求める側とのぎりぎりの折衷案」[22]と評すべきものであったのだ。

　　精神衛生法の改正(1965年)で、在宅の精神疾患患者の医療を確保する
　　目的により通院医療費公費負担制度も設けられた。ただし、精神科病院・

第Ⅳ章 精神保健福祉以前のソーシャルワーク実践：戦前〜1960年代まで

病床が増え続けるなかでの精神衛生相談員や保健婦の活動は、通院医療というより、「Y問題」(1973年 ☞ p.88)に通じるように早期発見・早期受診(治療)の名のもと精神科病院への隔離収容を促進しかねない側面をもっていた[29]。

他方、精神科ソーシャルワーカーや心理学専攻者も精神衛生相談員へ多く任用されたことで、「法に基づく存在拘束性の殻を次第に破り、実践者としての存在主体性が早くから頭角をあらわしてきた。というのも、精神衛生相談員は欧米での進んだ地域内処遇のソーシャルワーク理論や臨床心理を学んだことにより、伝統的な公衆衛生アプローチではなく、この分野に社会福祉的な新しいアプローチと文化をもち込んだからである」[27]とも評される。かように精神衛生相談員の滑り出しは、精神衛生法という法体系そのものが具有する両価性を備えていた。

日本精神医学ソーシャル・ワーカー協会は、組織化（1964年）の翌年に定められたこの精神衛生相談員制度を積極的に評価したが、このことは後日、当事者の置かれた立場への洞察と、社会的状況に対する問題意識の欠落[25]と指弾されることになった。

かたや徐々に、精神衛生相談員として社会福祉系大学の卒業者を採用する自治体も増え、精神衛生相談員の仕事は「地域活動を経済基盤から支えた」[30]、精神科ソーシャルワーカーによる医療機関とは別個の業務の、確かな初期の流れでもあった。

注5) 全家連ではこの保安処分の内容を、以下のように説明している。「これまで述べてきたように、警察などからは、精神障害者は危険な存在として位置づけられている。そして、それを露骨に法律に結びつけようとするものが『保安処分』である。では『保安処分』とは何か。ここでは混乱を避けるために、精神障害者に限って説明しておこう。精神障害者などが、他人を傷つけたりなど、禁固以上の刑にあたる行為を行ったとする。そして、再び同じようなことをするおそれが高いと判断されると、保安施設に収容することができるというものである。犯罪を予防しようとする社会防衛を目的とした国家的処置である。それがたとえ治療処分などと言い換えられたとしても」[28]。

医療社会事業論争にみる精神科ソーシャルワーク分化の端緒

　歴史的に社会事業（社会福祉）の領域で、医療ソーシャルワークや精神科ソーシャルワーク（精神医学ソーシャル・ワーク）の概念は戦後に一般化をみた。そのなかで、日本医療社会事業協会の機関誌として1964年10月に創刊され、月刊で1966年3月の18号まで出版を続けたあと、一時休刊となった『医療と福祉』誌上で1965年に展開された、いわゆる医療社会事業論争は貴重な歴史的資料である。

　この一年半には、1964年3月のライシャワー事件で露になった輸血用血液の売血問題や、その後の精神衛生法の改正（1965年6月）といった、医療（精神科医療）にまつわる社会問題が耳目を集めていた。さらに、全家連および日本精神医学ソーシャル・ワーカー協会の設立も相前後しており、戦後の医療社会事業（医療社会福祉／医療福祉）史のなかでも特筆すべき出来事が重なっている。

　そのような時期に展開された、医療社会事業論争を収載する『医療と福祉』の当該18冊より、同論争部を中心に、医療ソーシャルワークと精神科ソーシャルワークに言及する記述を1950年代の社会福祉本質論争の流れを汲みつつ収集・整理することで、「精神保健福祉学」の存立に至る精神科ソーシャルワーク実践の、医療ソーシャルワークとのあいだの位置づけの相違を導いていく[31]。

　ただし医療社会事業論争の表記であっても、その基盤は、社会科学的立場から終始議論をリードした孝橋[32]が「論争の舞台は医療社会事業に置かれているが、内容的には社会事業の本質論争にかかわっている。むしろ社会事業の本質論争を医療の分野で展開しているといった方がよい」[注6]と述べるように、先の（狭義の）社会福祉本質論争（☞ p.66）の延長線上にある。

　たとえば、医療社会事業論争のなかで児島[33]は「社会事業の対象を国民一般として捉える場合、政策的観点はうすれ、社会事業にはアメリカ的な技術としての要素が強くなる。社会事業の対象を国民のなかのある階層、として捉えるならば政策的意図が強調される。そこでの技術は、政策的技術とし

て理解される。つまり、社会事業の理解には二つの見解がある。国民（社会）を一般として捉えるか、階層的に捉えるかである」と述べ、資本主義社会内の階層構造[34]について孝橋に質す。

しかし、孝橋[35]は「ケースワーカーはどこまでもケースワークをなすことを本来の業務としている…その仕事を有効に果たすためにも、ケースワークをきびしく制約する日本の歴史的・社会的条件の考慮を忘れてはならない」と返すにとどまっている。すなわち、児島の注視する「階層構造」とはやや異なる、資本主義の矛盾から直接に導かれる「社会問題」へ対峙すべきとの視点を孝橋は維持しているのであって、資本主義社会のなかの階層構造へは踏み込まない。

また、中園[36]は「社会科学的立場からの批判は、その厳しさにもかかわらず実践に対して生産的な影響を与えておらず、今日では社会科学的立場からの批判はケースワークの内在的論理の発展にみるべきインパクトを与えていない」と孝橋を論難する。ただし、中園がここで「社会科学的立場」に対して示す、臨床経験を欠くため具体的なアプローチが提示されないという見解には、対立を実践の積み重ねで乗り切ろうとする意図がうかがわれ[37]、よしんば論考が具体的であっても対立点に迫ろうとしない限り不十分さは免れない[38]との指摘が後年なされている。つまり、社会科学的福祉論と目的概念的福祉論の相克という観点では、それまでの社会福祉本質論争の範囲内におおむねとどまっているのである。

注6）知られたことではあるが、孝橋は"社会福祉"の語を現代資本主義社会における論考において意図的に採択せず、一貫して"社会事業"を用いている。他方、今日では"社会事業"に代わって"社会福祉"の語が一般的に用いられている。本書では歴史的記述において、論旨を損なわないよう当時の著者の用語に沿って文を構成しているが、全体としてはほぼ同義として"社会福祉"の語をあてている。

ただし、第二次大戦後に批判された戦前の"社会事業"の後進性 ～とくに戦時下の社会事業による国家主義と戦争協力～ に対峙する語としての"社会福祉"は意識しておかねばならない。他方、個人の権利の規定にもかかわらず、実際の扶助は世帯単位や親族扶養など戦前の原則が引き継がれたという同義性もある。これらを踏まえたうえでの判断である。

また、一部"ウォーク"を"ワーク"のように、現代語へ統一したものもある。なお、引用元に"PSW（MSW）"とある場合は、文意より"精神科（医療）ソーシャルワーク"ないし"精神科（医療）ソーシャルワーカー"のいずれかの語をあてている。

この医療社会事業論争における孝橋の立場を、後日（1997年）橘高[39]は「現在のソーシャルワークの理論に対しても、社会科学的な視点の必要性を説く孝橋の批判は、そのままあてはまるものと考えてよいであろう」と評しつつ、医療社会事業論争全体についてやはり社会福祉本質論争の枠を超えないとして、以下のように総括している。
　「医療社会事業論争は、日本のソーシャルワーク実践においては公的救済の自立性や論理性が育ちにくいという問題を保健医療の場においてあらためて展開したものであった。しかしその論議の内容は、以前の社会事業本質論争…の論点を医療社会事業というケースワーク実践が多くみられた場で展開したにとどまり、本質論争の論点がさらに深められることはな…かった」[39]。
　ただし、この医療社会事業論争を医療社会事業（医療ソーシャルワーク）と精神科ソーシャルワークの位置づけという観点からながめると、両者の差異を示す固有の議論が展開されていると分かる。
　まず岡村[40]は、孝橋の社会科学的福祉論やその反駁にとらわれず、以下のように述べている。「精神衛生法による、公費負担についての手続き斡旋を担当する事務部門のなかに医療社会事業係を設けるのは、医療保護と医療社会事業を、医療機関の経営者や医療担当者が同一視しているからである」、「医療社会事業の存在は認めても、それは医学的診断から切り離された社会環境的・心理的側面だけを扱うのである…したがって、医療社会事業係は病院の各科に専属させられないで、診療科共通に利用されるものとなる。かなり大きな総合病院でも全診療科を通じて2名とか、3名の医療ソーシャルワーカーであろう」、「精神病院の精神科ソーシャルワーカーと総合病院の医療ソーシャルワーカーとを比較して、彼らに要求せられ、期待される医学的知識の範囲の差は、今後の専門職業的発達に重大な関係があるように思われる。前者はかなり明確に限定された精神医学に集中して学習できるのに対して、診療科全般にわたる患者を取り扱う医療ソーシャルワーカーの医学的知識の学習は著しく広範にわたる。医療ソーシャルワーカーが今後、医療チームの一員になるためには、この点を克服していかねばならない」。
　すなわち、経済支援を基盤とする結核対策以来の選別的医療保護事業の流れのうえに精神科ソーシャルワークを、医療利用者一般への普遍的医療社会

事業のうえに医療ソーシャルワークを位置づけたのである。この岡村による独自の視点は、後年、彼の提唱する理論（固有論）が資本主義との構造的関係というより、現代社会における制度と個人の間柄に着目して「第三の系譜」と評されることを髣髴とさせる。

加えて2名の医師から、それぞれ精神科ソーシャルワーカーと医療ソーシャルワーカーの専門性の違いに対する見解が述べられる。

先に精神科医である村上[41]が、「医療社会事業という分野は、戦前ほとんど認められていなかった…現在でもその重要性は一般の医家に十分には認められていない…しかし精神科の方面では事情が異なり、精神医学的社会事業者、いわゆる精神科ソーシャルワーカーの活躍は著しく注目されるようになってきた…現在の精神医学の最も大きな問題の一つである精神病者の『社会復帰』も、精神科ソーシャルワーカーの活動なくして十分な成果をあげることはできない」と精神科ソーシャルワーカーを評した。

その次号で心療内科医の池見[42]は、「私の印象では、ソーシャル・ワークが心身医学の領域を足がかりとして一般の臨床医学の場に進出するには、医学的な面での素養がまだまだ足りないように思える。私はソーシャル・ワークの発展を心から祈る者の一人として…彼らの教育に一層の深さと幅を要請したい」と述べ、はからずも「精神科の方面」と「一般の臨床医学」において、当時の指導的立場にある両医師の、精神科ソーシャルワーカーと医療ソーシャルワーカーに対する認識差が際立った。

つまり、医療ソーシャルワーカーは広範な医学的知識が求められる一方、身分法や保険点数の裏づけがないまま、医療職から独立した形で社会環境の調整を担う形となっている。かたや、精神科ソーシャルワーカーは医療職との距離を相対的に縮め、精神障害者の社会復帰に携わる専門職として認知されており、ここにその後の医療ソーシャルワーカーとの相違の端緒をみるのである。

ただし、この医療ソーシャルワーカーへ向けられた医師の見解は、必ずしも医療ソーシャルワークの危機的な状況を示すものでない。これが「医療行為へ踏み込まない」というむしろ積極的な意味[43]で、パターナリズムを嫌う隣人として、医療ソーシャルワーカーの独自性の発露へ結びつくことは第

Ⅴ章⑤（☞ p.103）で述べる。

引用文献

1) 黒木保博，永岡正己，山縣文治，牧里毎治：日本の社会福祉―研究力と実践力を問う―．社会福祉研究，90；180-194，2004
2) 永岡正己：第一次世界大戦後の社会と社会事業．日本社会福祉の歴史 付・史料―制度・実践・思想―．MINERVA 福祉専門職セミナー7，菊池正治，清水教惠，田中和男，永岡正己，室田保夫・編著，ミネルヴァ書房，京都，pp.77-98，2003
3) 田中治和：昭和初期における社会事業論争―雑誌『社会事業研究』を中心として―．東北福祉大学紀要，4(1)；279-291，1980
4) 工藤隆治：社会福祉思想史．日本社会福祉史―明治期から昭和戦前期までの分野別形成史―．福祉の基本体系シリーズ6，井村圭壯，藤原正範・編著，勁草書房，東京，pp.131-140，2007
5) 阿部志郎：戦後社会福祉の総括―思想史的立場からの反省と課題―．社会福祉学研究の50年，日本社会福祉学会・編，ミネルヴァ書房，京都，pp.7-26，2004
6) 木田徹郎：社会福祉における理論と実践との関係．社會事業の諸問題（日本社會事業短期大學研究紀要），17；7-32，1970
7) 蟻塚昌克：福祉専門職教育の出発．証言 日本の社会福祉―1920～2008―．ミネルヴァ書房，京都，pp.61-77，2009
8) 大橋謙策：わが国におけるソーシャルワークの理論化を求めて．ソーシャルワーク研究，31(1)；4-19，2005
9) 阿部敦，渡邊かおり：戦後日本における社会福祉従事者の養成政策について―1940年代及び1980年代に焦点をあてて―．人間文化研究科年報（奈良女子大学），26；109-121，2011
10) 岩崎晋也：序論．リーディングス日本の社会福祉1，社会福祉とはなにか―理論と展開―，岩田正美・監，岩崎晋也・編著，日本図書センター，東京，pp.3-40，2011
11) 中島さつき：医療社会事業の歩みと資格制度．社会福祉研究，42；64-66，1988
12) 松山真：資格制度化運動の歴史．日本の医療ソーシャルワーク史―日本医療社会事業協会の50年―，50周年記念誌編集委員会・編，川島書店，東京，pp.54-92，2003
13) 宮崎清恵：現任者教育の歴史．日本の医療ソーシャルワーク史―日本医療社会事業協会の50年―，50周年記念誌編集委員会・編，川島書店，東京，pp.14-22，2003
14) 仲村優一：社会福祉士と医療ソーシャルワーカー．ソーシャルワーカー，2；9-16，1991
15) 大谷京子：ソーシャルワークと精神医療．ソーシャルワークの固有性を問う―その日本的展開をめざして―．西尾祐吾，橘高通泰，熊谷忠和・編著，晃洋書房，京都，pp.83-99，2005
16) 柏木昭：「精神保健法」施行とソーシャル・ワーカーの役割．社会福祉研究，42；13-18，1988
17) 金井直美：「公共の福祉」と人権侵害―医療における戦後の隔離政策をめぐる問題―．政治学研究論集，31；39-63，2009
18) 藤井達也：精神障害者と保健医療福祉．保健医療福祉の社会学，星野貞一郎・編，中央法規出版，東京，pp.259-277，1998
19) 見浦康文：精神障害者の地域ケア―社会福祉対策のための諸条件―．医療福祉のネットワーク，児島美都子・編，中央法規出版，東京，pp.53-65，1988

第Ⅳ章　精神保健福祉以前のソーシャルワーク実践：戦前〜1960年代まで

20) 新保祐元, 谷中輝雄, 寺田一郎：精神障害者の援助と生活支援. 精神障害者社会復帰施設―援助の枠組みと施設運営のガイドブック―, やどかり出版, 埼玉, pp.103-117, 1998
21) 新保祐元, 谷中輝雄, 寺田一郎：精神障害者支援の諸活動. 精神障害者社会復帰施設―援助の枠組みと施設運営のガイドブック―, やどかり出版, 埼玉, pp.51-57, 1998
22) 中沢正夫：我が国における地域精神衛生活動―大学精神科の立場から―. 臨床精神医学, 3(2); 179-185, 1974
23) 柏木昭：精神障害者をめぐる福祉と医療. 社会福祉学, 13; 87-100, 1972
24) 末田昌一：今日の雇用政策の危機と社会復帰活動―精神病院におけるワーカーの活動を通して. 現代医療ソーシャルワーカー論―生活問題の認識と社会福祉援助―, 細川汀, 真田是, 加藤薗子, 医療福祉問題研究会・編著, 法律文化社, 京都, pp.74-97, 1991
25) 荒田寛：専門職としての価値と実践内容の統合. 精神保健福祉, 44(3); 160-167, 2013
26) 山本耕平：精神科ソーシャルワーカーと精神保健福祉士養成―新カリキュラムの狙いと, 先輩ソーシャルワーカーのねがい―. 総合社会福祉研究, 41; 6-18, 2012
27) 田中英樹：精神保健問題と精神保健福祉相談員の機能. 医療福祉の理論と展開, 多田羅浩三, 小田兼三・編, 中央法規出版, 東京, pp.189-201, 1995
28) 全国精神障害者家族会連合会：社会的偏見と差別の克服. みんなで歩けば道になる―全家連30年のあゆみ―, 全家連30年史編集委員会・編, 全国精神障害者家族会連合会, 東京, pp.31-49, 1997
29) 佐々木敏明：地域住民とつむぐ精神保健福祉―理念と政策動向―. 精神保健福祉, 36(1); 5-8, 2005
30) 門屋充郎：地域におけるPSWの活動. 改訂 これからの精神保健福祉―精神保健福祉士ガイドブック―, 日本精神医学ソーシャル・ワーカー協会・編, へるす出版, 東京, pp.85-90, 1998
31) 大西次郎：社会福祉（社会事業）本質における精神保健福祉の固有性―医療社会事業論争（1965年）にみる端緒―. 人間学研究（武庫川女子大学）, 29; 1-10, 2014
32) 孝橋正一：医療社会事業の目標と方法. 医療と福祉, 4; 2-6, 1965
33) 児島美都子：日本の風土における方法の問題. 医療と福祉, 5; 14-17, 1965
34) 真田是：社会福祉理論研究の課題. 社会福祉研究, 9; 10-15, 1971
35) 孝橋正一：医療社会事業の目標と方法について―再論と反批判（下）―. 医療と福祉, 10; 18-23, 1965
36) 中園康夫：実践ということ―ケースワークのあり方について―. 医療と福祉, 5; 7-13, 1965
37) 松田真一：医療社会事業論争の一総括（1）. 桃山学院大学産業貿易研究所報, 8; 12-16, 1973
38) 松田真一：戦後社会福祉本質論争における＜社会科学的立場＞について. 桃山学院大学産業貿易研究所報, 6; 44-49, 1972
39) 橘高通泰：保健医療領域におけるソーシャルワークの位置. 医療ソーシャルワーカーの業務と実践, MINERVA医療福祉ライブラリー3, ミネルヴァ書房, 京都, pp.1-28, 1997
40) 岡村重夫：医療社会事業発展の総括. 医療と福祉, 4; 7-11, 1965
41) 村上仁：医療の間隙をみたすもの―医学的ソーシャルワーカーの役割―. 医療と福祉, 6; 1, 1965
42) 池見酉次郎：心身医学とソーシャル・ワーク. 医療と福祉, 7; 1, 1965
43) 堀越由紀子：保健医療と福祉のネットワーク―「医療ソーシャルワーク」が経験してきたこと―. ソーシャルワーク研究, 25(1); 17-27, 1999

第Ⅴ章 精神保健福祉以前のソーシャルワーク実践：1960年〜1980年代

はじめに 第Ⅴ章では、精神保健福祉との確定的な表現が存在しない1960年から1980年代における医療ソーシャルワークの動向を検証し、医療化の進行に伴う"福祉による脱医療化"を通じて、精神科ソーシャルワーカーとの相違があらわれた状況を示す。

「ソーシャルワークと医療の重複領域」において、生活モデルの視点で医療職と協働する医療ソーシャルワーカーならびに精神科ソーシャルワーカーであるが、本書では社会福祉学をソーシャルポリシーとソーシャルワークの両領域にまたがり、双方が結びついて機能するものと定義する。この社会福祉学のうちソーシャルワークに立脚し、医療ソーシャルワーカーと呼ばれる職能集団に精神科ソーシャルワーカーが属すと一般的に位置づけられる。[1]

医療ソーシャルワーカーは1960年代に結核が公衆衛生上の課題でなくなると、疾病構造の変化と高齢社会の到来による退院援助機能へ、また、病者から万人の普遍型福祉へと活動の軸を移した。一方、精神科ソーシャルワーカーは現代こそ同様に精神障害者の地域移行を職責とするものの、当時は長期・社会的入院の流れのなかにあった。また同時期、Y問題を契機として精神障害者の人権問題に対する意識を高めた。[2]

1970年代に入り、精神障害者の退院を促進する地道な活動が徐々に実を結び、共同住居や作業所などの形で地域へ浸透していった。これらの活動は、初期の設立主体である家族会から、専門性のもとに運営者としての立場がソーシャルワーカーに移行されることで広がりをみせた。その背景には、各自治体による作業所等の運営助成制度を契機とした、施設の増設傾向があった。[3]

1980年代に入り、従来は精神科医療の範疇外とみられた領域を医療的に再定義する現象（医療化）が起こった。医療化は医療職による一方的な行

為でなく、非医療職との相互作用で生じる。また、特定の「現象・行動」を医療化の対象として設定できる。さらに医療化は非可逆的な現象でなく、逆の過程(脱医療化)が存在する。以上の理論(社会構築主義)に基づいて、医療ソーシャルワーカーと精神科ソーシャルワーカーの、医療化に対する相反した挙動を検証することができる。❹

　医療の量的・質的な適応の拡大は、ソーシャルワーカーと医療職がかかわる範囲を広げた。ここで医療ソーシャルワーカーは、「医療職が行うことを行わない」選択をとった。つまり「医療化」は、医療側に帰する"(医療による)医療化"と、医療ソーシャルワーク側の行動である"福祉による脱医療化"の相互作用からなる。これに対し、精神科ソーシャルワーカーは保健医療と社会福祉をつなぐ架橋者として振る舞うことで、両者の相違があらわれる。❺

精神科ソーシャルワークをめぐる構造の定義

　既述（☞p.43）のように、精神保健福祉は1990年代前半までほとんど用いられなかった語である。実際に1980年代まで、精神科ソーシャルワーカーの実践と、医療との関係を具体的に表現する文言としては「精神保健医療福祉」や「精神保健と福祉」といった、用語として不確定な連語や句の並列[1]がその都度特定の表現に収斂しないまま使われてきた[注1]。

　一方、精神科ソーシャルワーカーの職能団体（☞p.226）である現在の日本精神保健福祉士協会は、日本精神医学ソーシャル・ワーカー協会として1964年に発足以来、組織としての一定の実践史を有する。そこで、本書では1960年代を主たる論考の結節点にするとともに、「精神保健福祉学」における実践の体系は精神科ソーシャルワークに発するとし、学問の基盤は 〜日

注1) この状況からは、医療ソーシャルワーカーによる日本医療社会事業協会(現・日本医療社会福祉協会)が、『医療と福祉』と題する並列表現の機関誌を1964年から発行し続けてきた事実(1960年代と1970年代の一時休刊をはさみ現在まで)へ照らすとなお、〜あえて「疾病と障害の併存」をもち出すまでもなく〜 精神科ソーシャルワーカーにおける医療とのあいだの立ち位置の難しさがうかがわれる。なお、日本精神保健福祉士協会が現「精神保健福祉」誌を1999年12月より刊行する前の機関誌名は、「精神医学ソーシャル・ワーク」(1965年から)だった。

本精神医学ソーシャル・ワーカー協会の設立趣意書にならい〜 社会福祉学へ置く。そして社会福祉学を、古川の論考[2]をもとに「社会の統合発展を目指すソーシャルポリシーと、自立生活への支援を図るソーシャルワークの両領域にまたがり、双方が結びついて具体的に機能する 〜しかし、その結びつき方がいまだ十分に解明されているとはいい難い〜」[注2]と位置づける[注3]。

さらに精神科ソーシャルワーカーは、日本精神保健福祉士協会による精神保健福祉士業務指針及び業務分類第1版[5]（2010年6月）において「医療チームのメンバーとして、精神保健福祉士は全患者の…治療的環境の整備と維持に協力する」と確認でき、同第2版[6]（2014年9月）においても「精神保健福祉士が医療におけるチームアプローチに参画する意義は…『生活モデル』の視点を医療チームに醸成」するとあり、精神科ソーシャルワークが展開する重要な一領域は従前からの精神科医療の場[7]である。

ただし、もちろんそれは精神保健福祉士業務指針及び業務分類第2版[6]で言及されるように、「『治療モデル』中心のチームに精神保健福祉士が組み込まれる」ということでは「ない」。「医療チームにおける多職種連携」に参画

注2）原典で古川[2]はソーシャルポリシー、ソーシャルワークではなく政策、技術という語を用いている。両者は必ずしも符合しないという考えもあり、その典型はソーシャルワークをソーシャルポリシーも含めた総体的な意味に捉える立場であって、杉野[3]による以下の言辞で簡明に示される。「『ソーシャルワーク』とは、社会福祉実践の総体であり、歴史的に『ソーシャルワーカー』と呼ばれた人々が行ってきたすべての活動を含むものである」、「ソーシャルワークにおける『制度』とは、『制度づくり』という『実践』であり、『政策』とは特定の理念を社会的に啓蒙していく『実践』であったといえる。そこでは、今日の社会福祉学における『制度と援助実践』といった区分は意味をなさない。つまり、今日いうところの『制度・政策』と『援助技術』のいずれもが『社会福祉実践』としてのソーシャルワークだったのである」。

ただし、その杉野[3]も「本書で扱う『ソーシャルワーク』は、従来の社会福祉のテキストで扱う『ソーシャルワーク』…よりも、やや幅広い内容を扱っている」と、かかる立場はわが国でソーシャルワークなる語から日常的に判じられる内容より広義なことを認識している。文中の古川の立場は、この点では一般的な、いわゆる「制度と援助実践」を区分する語用に基づいている。本書では精神科ソーシャルワーク、医療ソーシャルワークおよび社会福祉学の関係性を論じることから、それぞれに共有されつつ、意味あいも大きくずれない字句を選択する必要があり、ソーシャルワークならびにソーシャルポリシーをもって表現の媒介とした。

注3）この双方の結びつきへの共通理解のなさが問題だと岩崎[4]は指摘しており、現代社会における社会福祉の担うべき役割と方向性を考える「新たな社会福祉本質論争」の必要性を提起している。

し、「利用者のニーズを包括的に捉え、その生活面を視野に入れたサービスを展開する」ということである。すなわち、医療機関における精神科ソーシャルワーク実践は、ソーシャルワーク（学問的基盤は社会福祉学）と医療（学問的基盤は医学）が交差する場で展開されているといえよう。

つまり、精神科ソーシャルワーカーが担った役割の変化をみると、「医療チームのメンバー」[5]として療養上の諸問題の解決や調整といった個別援助中心の実践を経て、それらを継承しつつ『コミュニティワークの担い手』として地域に暮らす精神障害者の生活支援へと実践活動が拡大・変遷してきている」[8]。それらを踏まえつつ、本章では発展の経緯より、歴史的な医療との関係性において論考を進めているのである。

さて、精神科ソーシャルワーカーが学問的基盤とする社会福祉学のうちソーシャルワークに立脚し、医療ソーシャルワーカーと呼ばれる職能集団の一部に精神科ソーシャルワーカーが属すと、一般的に位置づけられることが多い。医療ソーシャルワークとは、医療または保健の場において行われる社会事業であって、専門技術をもった医療ソーシャルワーカーが、社会福祉の立場から医療利用者の健康的な生活の維持回復に協力することである。なお、医療の分野でも一般科領域のものを医療ソーシャルワーク、精神科領域のものを精神科ソーシャルワークと分けている[7]。

医療ソーシャルワークの学問的基盤もまた、社会福祉学である。このことは、2002年11月に改正された医療ソーシャルワーカー業務指針（厚生労働省健康局長通知：健康発第1129001号）[9]に、「医療ソーシャルワーカーが社会福祉学を基にした専門性」を発揮すると明記されている。

以上の概念を図5へ模式化した。なお、医療は多職種が協働する実践の一領域であり、そこは看護学をはじめ、医学ならびに医学と隣接する諸科学を学問的基盤とする専門職がともに集う場である。つまり、ここでは社会福祉学を背景としない専門職の学問的基盤の総体として、医学という表現を掲げていると理解されたい。

さて、ソーシャルポリシーとソーシャルワークから社会福祉学は成立している。また、両者を結びつけるコアの存在が想定される[注4]。医療ソーシャルワーカーと精神科ソーシャルワーカーは、ともにソーシャルワークと医療

図5 精神科ソーシャルワークをめぐる構造の定義

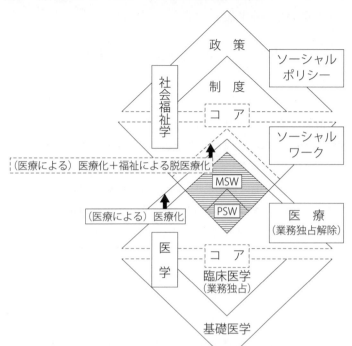

の重複領域において実践を展開しており（図5中、横線部）、医療側の学問体系は医学である。医学は臨床応用への実現程度に応じて大きく臨床医学と基礎医学に分かれる。臨床医学を基盤に業務独占のもと、医師を中心に医行為として展開される実践と、その一部を解除して営まれる多職種協働の実践は患者の治療の場で統合されており、ここにもコアの存在が認められる。

さらに、図5へは本書の時代区分に沿って、1960年代から精神保健福祉の語が一般化する前の1980年代に至るまでの、医療側から生じた医療化という変化の波及と、それに呼応して生じたソーシャルワーク側の対応を上書きしている。とくに"（医療による）医療化"ならびに"（医療による）医療化＋

注4）ただし、それを自明とせず分離を説いた星野[10]の言説は第Ⅶ章2（☞ p.146）で取り上げる。

福祉による脱医療化"については本書の重要なテーマの一つであって、第Ⅴ章⑤（☞p.105）において詳述する。

❷ 医療ソーシャルワーク領域における精神科ソーシャルワーク

わが国で、医療は長い歴史をもつソーシャルワークの活動領域の一つである。そこでは、他の福祉実践の領域に比べた特性として「『医療職』でないと主張しつつも、医療と無縁ではすまされない」なかで、存在意義を模索する医療ソーシャルワーカーの「距離感」や「立ち位置」[11]があげられる。

このことは精神科医療の場に立つことの多かった精神科ソーシャルワーカーにも同様で、「距離感」や「立ち位置」をめぐって医療者側から「医療と保健福祉が独立に展開可能という過剰な思い入れ」[12]、対する精神科ソーシャルワーカー側から「精神科ソーシャルワーカーには社会福祉の理念に基づいて…対立しても医療独善の過誤を正す使命」[13]といった、両者からの相克的な観点がつきまとった。

ここに至る1960年代から1980年代の歴史を俯観することで、医療との「距離感」や「立ち位置」における、医療ソーシャルワーカーと精神科ソーシャルワーカーのあいだの共通性と、そのなかにみられる双方の相違点を振り返っておく。

さてこの時期、医療ソーシャルワーカーの活動は公衆衛生行政の一環として保健所業務へ取り入れられ広がったものの、内実は圧倒的な貧困と医療資源の欠乏に支配され、対象はもっぱら結核であって、援助の中心は経済問題の解決だった[14]。

たとえば、1958年の浅賀[15]による記述では、「患者の問題」として疾病を論じるに際し結核へ多くの割合をさき、補足的に性病、癌、ハンセン病、原爆症等を述べる構成になっている。1960年代に結核が公衆衛生上の問題でなくなると、医療ソーシャルワーカーは1970年代にかけて、社会医学の枠組み内における役割喪失を補うべく、精神分析に基づく病理・治療理論に接近する[11]といった[注5]心理力動論への傾倒を一時期みせた。

ときを同じくして精神科ソーシャルワーカーにおいても、「北米での診断

第Ⅴ章　精神保健福祉以前のソーシャルワーク実践：1960年〜1980年代

主義的なソーシャルワーク理論を学んだ一部の研究者らが先導する形で、『臨床（治療）チームの一員』として環境調整や再発予防、アフターケアを担当し」[8]、精神衛生法の改正（1965年）で保健所に精神衛生相談員（☞ p.72）が置かれて社会医学内での立ち位置を確保するなど、この時期は医療ソーシャルワーカーと精神科ソーシャルワーカーの双方に、共通性が比較的高いといえよう。

他方、1960年代後半から1970年代にわたり、精神科ソーシャルワーク領域において、地域社会のなかで精神障害者の生活を支えていこうとする試みが徐々に広がりをみせていった。

かたや心理主義的な接近法については、1970年代初期になって「対象者をめぐる医療制度をはじめ諸々の社会状況の直視を看過しがちであった」[16]、「精神分析理論の導入、心理学の発達の影響…の特殊性のために患者の訴える症状や問題、表面にあらわれている徴候だけに目を奪われ、彼を取り巻いている環境への配慮を欠いてしまうという結果を生じるものとなっていった。そればかりでなく、社会的現象に注目するというソーシャルワークの独自性の根拠を失っていった」[17] と、見直される状況にあった。

とくに地域における具体的な行動として、精神衛生相談員がさきがけて患者クラブの育成、家族教室、家族会づくり、デイケアの開始などの活動を行ったことは特筆される[18]。そのようななかで当時圧倒的多数を占めた病院所属の精神科ソーシャルワーカーも、地域活動との連携、協力といった関係から、地域におけるマンパワーとしての自覚を強めていく[19] こととなった。

ただし、それらは民間の一部地域や病院における1970年代初頭からの共同住居や作業所〜その後の社会復帰施設〜といった先駆的な取り組みに限定[20] され、地域格差が目立つものであった[21]。

なぜなら、精神衛生法は施設以外における患者の収容を禁止しており、医学的管理のない共同住居は法律違反とみなされるおそれがあったのである。財政面の保障もなく、一方で事故責任は問われる状況であった。よって、精

注5）後年、人間を環境から取り出して、社会問題というよりは個人のパーソナリティから、クライエントの抱える困難を理解しようとした。このことは、クライエントに対しても、クライエントが抱える問題に対しても、社会科学的な分析ができていないと批判されることとなった。

神障害者の地域生活支援は1987年に精神衛生法が改正され、精神保健法のなかで社会復帰施設が制度化される[22]ことにより、ようやく展開をみたのである。

この時期、日本精神医学ソーシャル・ワーカー協会はＹ問題の提起（1973年）を端緒に病理・治療の視座を脱し、クライエントの自己決定の原理、人と状況の全体性の視点、ワーカー・クライエント関係の再確認を進め、1982年に「精神障害者の社会的復権と福祉のための社会的・専門的活動を行う」とする自らの日常の実践に関する基本指針を定め、札幌で開催した総会（1982年）の場において社会へ宣言した（札幌宣言）。

　　Ｙ問題は1971年に起こった、精神科ソーシャルワーカーがクライエントのためにと考え、善意でとった行為（法的には当時、必ずしも誤りでなかった）が、結果的に本人不在のまま精神科病院への非自発的入院となってクライエントの人権を侵害した事実（事件）である。
　　精神科ソーシャルワーカーは、Ｙ氏本人とＹ氏を支援する市民団体から社会的な意味で告発された。善意が人権侵害につながるという、パターナリズムとそのなかに存在する加害性に対する批判が展開されたのである。権利が侵害されている当事者への支援として、パターナリズムを即座に全否定するのは性急にしても、十分な説明責任と、客観的な評価や監視システムの不可欠さが認識された。
　　一方、当時の日本精神医学ソーシャル・ワーカー協会では、身分が法的に保障されていないことに由来する低水準の賃金と、それに伴う多くの会費未納者に悩まされており、協会内でソーシャルワーカーとしての身分法を求める声が高まっていた。
　　そして、このＹ問題を一因に1973年の総会が参加者不足で仮総会に切り替わる事態となり、さらにＹ問題の提起がかえって「Ｙ問題か、身分法か」という二者択一的な議論へと偏る結果を招いて組織は紛糾し、1976年の全国大会が中止され事務局長、理事長が辞任するなど協会は存続の危機に立たされた[23]。
　　これは後日（1994年）、荒田[24]によって「日本精神医学ソーシャル・ワーカー協会の30年の歴史は、PSWの専門職としての中身を深めていく過程

第Ⅴ章　精神保健福祉以前のソーシャルワーク実践：1960年～1980年代

であった。それは、『専門性の確立』と『資格制度』を具体的に模索してきた歴史であるが、残念ながら、精神科医療全体のなかでの精神科ソーシャルワーカーの役割を明確にし、精神障害者や家族などの利用者にとってどのように精神科医療を改革するのかという流れの先陣を切るものではなかったように思う」、「『資格制度』が『専門性の確立』の延長線に位置づけられ、二者択一でなく統合されたものとして指向され…組織的課題に取り組むことを可能にした」とまとめられている。

さて、医療ソーシャルワーカーは結核に続くハンセン病患者運動へのかかわり[25]といった、社会的な復権という精神科ソーシャルワーカーに通底する姿勢を保ちつつも、心理力動論の限界が明らかになるなかで、疾病構造の変化と高齢社会の到来という社会環境の変化にあわせて、職制を「退院援助」機能へと、そして注目の視座を「疾病から患者の生活や行動」へと移していった。

すなわち、医療の概念が拡大するという社会環境の変化は、医療ソーシャルワーク側に影響をおよぼして、医療ソーシャルワーカーのサービスもまた普遍化していったのである。そして、貧困者に対する救済的援助から、地域住民が権利主体として利用するサービスという考えが定着した[26]。

こうした医療の概念の拡大と福祉サービスの普遍化の進行は、結果として医療と福祉の対象者や目的を似通ったもの、重複するものとした。すなわち、「医療の目的は拡大し健康増進から看取りまで含むようになり…心身の健康とともに社会的 well-being も含むことによって福祉に近づいてきた。福祉の目的も経済的問題中心ではなくなり、社会生活の全般的な安定が主眼となり、障害者・高齢者などの生活の福祉を考えた場合、医療の要素を欠かせない対象が増えた結果、目的も対象も医療と福祉が重なるようになってきた」[26]のである。

このような流れを注視した児島[27]は、権利擁護や制度への関心の低下を懸念して以下のように述べている（1972年）。「今日、医療ソーシャルワーカーの最も一般的な姿は、医療の場で、患者またはその家族を対象とした個別的相談事業という形をとって展開されている…しかし医療をめぐる今日の状況

を考えるとき、患者および家族の生活権、医療権および労働権の擁護にこそ、その焦点を絞るべきであろう…個別的な問題解決にあわせてこのような活動を伴わず、ただ単にその場しのぎの相談事業に終わるならば、社会的矛盾を覆い隠す穴埋め的役割を果たすものと非難されてもやむを得ない」。

後年（1991年）、同じく児島は「ソーシャルアクションによって解決されなければならない問題が山積しているにもかかわらず、姑息な個別的処理によって解決を図るという方法は…1950年代までの社会事業界はそうした動きを許さなかった…（しかし）医療ソーシャルワーカーの関心は…むしろもう一つの面、つまり『人間の問題をとり扱う技術』の向上にむけられてゆく」と嘆息している。

この懸念と嘆息は、1987年に成立した社会福祉士及び介護福祉士法に基づいて整備された、社会福祉士の教育カリキュラムにおいて阿部ら[28]が指摘する、以下の特徴より残念ながら正鵠を射たものであった。

「特筆すべきは、間接援助技術としての『ソーシャルアクション』が抜け落ちている…ソーシャルアクションを科目として設置しないという厚生省の対応は従来通りだが、厚生省通知ではソーシャルアクションを方法論としても位置づけていないという特徴がみられる」。

前者（退院援助）においては、現代の精神科ソーシャルワーカーもまた精神障害者の地域移行を職責とするものの、当時の精神科ソーシャルワーカーは多くが医療機関における長期・社会的入院の流れのなかにあり、いまだ重要な業務として地域移行促進を位置づけるに至っていなかった。この点は、医療ソーシャルワークが日本に導入されて以来、退院援助を業務の一つ[29]としてきた医療ソーシャルワーカーとの違いである。

後者（疾病から生活や行動へ）においても、医療ソーシャルワーカーが結核や貧困（飯場、ドヤ街）といった特定の集団・地域を支援対象（選別的福祉）とするイメージは崩れ、被援助者にすし職人や清掃員があらわれる[11]といった万人へ向けた普遍的福祉への展開がうかがえる[注6]。

同様に小田[31]は、「医療福祉」に明確な概念付与や完成した学問という意

味づけがないとしつつも、その特性を「医療の拡大化」、「福祉の普遍化」という語で説明している。すなわち、医療概念が「看護、リハビリテーション、生活介護、健康増進、生活指導などを含め」て広がる流れと、「国民の誰もが福祉の受け手となり、担い手ともなる…福祉の普遍化」があいまって現実になったとするのだ。

一方、精神科ソーシャルワーカーにとって普遍化は遠かった。精神科ソーシャルワーカーの視線はわが国の精神障害者が置かれた 〜普遍化とは真逆の〜 根強いスティグマ、治安維持の対象としての劣悪な処遇、そして他科と比較して低い水準でよいとされてきた精神科医療に内在する社会的入院へ引きつけられていた[注7]。

現在でも、精神科ソーシャルワーカーは「『社会的入院』という不名誉な言葉がなくなる」よう、地域生活支援システムの構築に邁進している[33]。それでも、「『精神科＝特別な存在』からの脱却…が進みつつあるのではないかと考え」られる[34]近年、ようやく退院援助面で医療ソーシャルワーカーと同様の機能を、精神科ソーシャルワーカーは発揮できるようになってきたといえよう。

他方、そのような精神科ソーシャルワーカーがとくに重きを置くのは、前述のＹ問題への自己批判に端を発する権利擁護の視座であり、これは精神科ソーシャルワーク、ひいては「精神保健福祉学」の欠かせない要素である。

なお、かかる専門性の向上や倫理といった精神科ソーシャルワーク側の論点に対し、ことＹ氏本人や支援者は「精神科ソーシャルワーカーの実践を厳しく見つめ直してほしい」としつつも、十分掘り下げた討議がなされない経

注6）これは後に、「日本の社会福祉は少数者や排除された人々への福祉的介入と、社会の正規メンバーへの福祉の仕切りを『救貧→普遍』という発展段階に重ねあわせ…前者を切り捨ててきた。だが…それは繰り返し登場する路線にすぎない」と判じられ、近代社会の変貌によって「再び出現した周辺層」[30]への対応が迫られているとして、単純な進化の過程でないことがあらためて検証されることになる。

注7）このことが、精神障害者領域に限定してでも精神科ソーシャルワーカーの国家資格化を図ろうとする原動力の一つになった。他方、同様の観点が精神障害者における、他の障害者との特性の違いのみを浮き出させて、精神障害者を障害者施策の特異な位置に囲い込んでしまう危険性[32]もまた危惧される。

過などから「精神科ソーシャルワーカーの存在自体を認めていない」[35]立場をとったと桐原は指摘している。

Y問題以降の、日本精神医学ソーシャル・ワーカー協会における組織体制の再建は精神障害者支援の充実へ向けた重要な転機であった一方、Y氏の求めそのものではなかった可能性もある。

精神科ソーシャルワークに根ざした地域移行支援の興隆

共同住居と作業所（☞ p.72,94）は、地域に根ざした精神障害者の拠りどころであったものの、「自治体からの運営助成費は一律ではなく、施設間での格差が大きかった」[36]。ただし、院外作業やナイトホスピタルといった病院主導の就労訓練の一方、地域社会のなかで精神障害者の生活そのものを支えていこうとする視点が1970年代に生まれたことの意義は大きかった。

ただし、この地域における活動は当初から精神科ソーシャルワーカーの原動力によって進められたわけではない。そこには家族会やボランティアを主体とした施設運営からの、役割交代があった。

さらに、ソーシャルワークの専門性のもとで進められた支援を通して、「医療から福祉へとそのフィールドを変えるだけでは『施設化』を乗り越えることは難しい」[36]という一面も明らかになった。精神科ソーシャルワーカーによる精神障害者の地域移行（から地域定着）支援は着実に進歩しており、なおかつまだ発展途上にあることを振り返る。

> 本節では設立主体の変遷に焦点をあてて論じているが、院外作業やナイトホスピタルから作業所へつながる流れにおいては、（精神）障害者の地域生活のなかで労働の占める重要性が意識される。
> 当事者にとって就業への希望の強さは、厚生労働省による実態調査[37]において就業していない精神障害者（精神障害者保健福祉手帳保持者）のうち、これを希望する者の割合が62.3％におよんでいることからも頷ける。
> 精神障害者はもちろん、脳性小児麻痺で身体障害を有する櫻田[38]の言葉からも「障害のある人々にとって、『社会参加』の証しとは、職業に示

第Ⅴ章　精神保健福祉以前のソーシャルワーク実践：1960年〜1980年代

される『社会での役割』を自ら選び取り、経済活動に従事することによって、自ら生活の糧を稼ぎ出し、社会の正当なメンバーとして負う『納税の義務』を履行することに他ならない」と、就労のもつ意味が際立つ。

ただし、あくまで就労は社会参加の一つの形として「当事者自らの主体的意思によることはむろんのこと、そのあり様が自然で自分らしいと感じることも大切な要素」[39]であることが前提となる。これは、「『働かなければならない』と『働かない権利』」の「どちらの世界も平等に存在する」[40]必要性、と言い換えることもできよう。

とくに、障害者のなかでも稼得能力の高低によって自立生活の実現へ向けた落差があることから、より障害者自身をして就労へ駆り立てる圧力が潜在することは意識せねばならない。これを調[41]は、以下のようにまとめている。

「地域で生活する障害者のうち、企業就労や自営等で生活費を稼ぐ力をもち、日常生活に特別のケアを必要としない人々は親からも独立して、自立生活をおくることができる」、対して「知的障害者と精神障害者の中・重度の人々と…重度の身体障害者」には所得保障や地域ケアのシステムが未整備なため、「わが国の障害者福祉の到達点は、各種の施策によって生活費を獲得する能力（障害年金を含めて）をもつことのできる障害者群については基本的な課題はいちおうクリアし、今後は改善と充実をより進めていけばよいというところまで到達している。一方、稼得能力に欠損の大きい障害者群については、自立にはほど遠く、入所施設（または病院）か、親や家族に依存した生活を余儀なくされるという、きわめて低いレベルにとどまっている」。

院外作業やナイトホスピタルに加えて、家族会により設立された初期の作業所でも「『訓練』とか『働くこと』に重きが置かれ」[42]、その後に運営が専門職主体となるにつれ「仕事よりもむしろ仲間と交流しあえる場」としての「憩いの家」、「ソーシャルクラブ」[43]の機能があらわれてくる。

松岡[43]は病状の安定―不安定により、「就労訓練タイプ」―「憩いの家タイプ」を両極とした数種類のタイプに作業所を区分できるとし、機能を特化させた作業所での利用者満足が高いことより、作業所の分化を是としている（1993年）。近年（2012年）の報告[44]においても、作業所の機能は「地域参加」、「就労準備」、「仲間づくり」、「生活の拠点」であるとされ、ほぼ

同じ態様をとる。

　地域に密着した社会資源である共同住居と作業所は、歴史的には共同住居が先行し、その活動と並行して展開した作業所が自立していく形で数を増やしていった。その背景には、作業所の方が早期に自治体による補助金の交付対象になったこと、居住施設より場所が確保しやすく近隣の理解を得やすかったことといった要因がある[45]。

　まず共同住居は、仲間と生活のなかで支えあい、仲間を家族機能として活かしつつ、病院から地域社会で生きていくための中間宿舎をもとに発展した。最初期の施設としては1965年に開設された、茨城県大原病院の入院患者のための共同住居が知られている[45]。草創期の、就労訓練を経た退院患者の職場の寮という形から、ネットワークづくりや住まいとしての機能を重視する役割をも担うようになり、1970年の埼玉県における「やどかりの里」をはじめとした民間の活動[46]が全国で散見されるようになった[注8]。

　共同住居の態様は、その初期の一つである「あさかの里」（1974年設立）の記述[47]からうかがうことができる。「共同住居では、2名から3名の共同生活が営まれるようになっており（筆者注：その後3つの共同住宅に21名が入居）、そのなかでは疑似家族的な人間関係が生まれ…ごはんの炊き方や買物の仕方を教えあったりする…いやな思いをさせられたこともすんなりと口に出し話しあえる。また、妄想や幻聴といった症状が一時的に出現しても…何の批判もなく受け入れられる…それはありふれた家族の人間関係で…ある。共同住居は、まさに…新しい家族を地域につくり、それを利用者の治療に役立てていこうとする」。

　次に作業所は、1970年に京都府の「あけぼの会作業所」が初めて[22]精神障害者を対象に設けられ、大阪府、東京都や川崎市にも開設が続いた。いずれも「精神障害者の活動の場を確保しにくい状況から、家族や関係者がやむにやまれず」[20]開設にこぎつけた経緯がある[注9]。

注8）それらの積み重ねのもと1992年に、精神障害者地域生活援助事業としてグループホームが制度化された。

第Ⅴ章　精神保健福祉以前のソーシャルワーク実践：1960年～1980年代

　作業所は当初、設置主体の多くが家族会やボランティアなどの一般市民からなり[48]、そこに勤める職員である指導員の相当数は精神保健・福祉・医療関係の職歴をもたなかった[49]。たまたまそうであった、というよりは「地域で生活する者にとって必要なものは、人との自然な出会いである。専門的なことを身につけることによって、かえって自然な出会いができなくなってしまうのはとくに専門家の方に少なくない」と ～職歴のなさに積極的な～ 意味を見い出す発想なのである[40]。

　当事者をメンバーと呼び、指導員は精神障害者に対する理解と共感のもとで運営にあたり、作業や行事をともに担うことによって、地域活動の広がりが生まれたのである。

　指導員の"指導"という言葉についても、その立場にあった山口[50]は「職員と呼ぶか、指導者と呼ぶかでさまざま異論はあると思いますが、私としては職員と呼ぶことが適切な気がしています。あくまでも通所者たちが主人公で…決して高所に立って指導するのではない」と述べ、「一般的には人が集団をつくると管理する側とされる側の両極端に分かれがちですが、作業所ではそうならないよう常に留意していかなければならない」と結んでいる注10)。

　同様に、全家連の事務局長であった長山[53]は、家族会の「陽の部分」を～次第に明るさを増すだろうと前置きして～「地域家族会とボランティアによる（傍点筆者）共同作業所づくりであり、共同住居や回復者クラブといこいの家づくりの実践活動である」と特徴づけている。実際に、職員を採用す

注9) 門屋[19]は、作業所の特性を以下のように簡明に表現している。「小回りが利き、柔軟で、運営や機能をフレキシブルに変えられる施設として、地域精神保健福祉に欠かすことのできない施設である。作業を行って工賃を得るという、労働・生産の諸過程の場として位置づける考え方もあれば、日中過ごす場としての憩いの場的位置づけもあり得る。その機能役割は自由に変え得るところであるがゆえに、利用する精神障害者のニーズに沿って考えるべきであるし、その地域のなかに存在する社会資源の機能分化の視点からあり方を考えることもできる」。

注10) 精神科ソーシャルワーカーが介入する場合でも、当事者と一緒に活動を行っているという視点から、両者を（区別せず）「スタッフ」と総称する立場があった[51]。他方、メンバーからの批判を含む言説[52]として、「ともに運営するやり方に私が魅力を感じているのは事実だが…メンバーはスタッフ（筆者注：ここでは職員に相当）以上に苦しみを抱えて生きている…その立場の違いを意識しないにもかかわらず、スタッフの口から"ともに"という言葉を聞くと何かやり切れないものを感じる」という著述もあり、作業所における人間関係は必ずしも一面的な価値観だけで捉えられない。

る際の施設側の条件を調べた加藤ら[54]も、作業所を主な対象とした2000年の調査で「福祉系有資格」者とする施設が20％であるのに対し、「資格・学歴不問」が37％を占めたことから両者に「かなりの間隙がある」と指摘している。

　作業所はその後、1977年の京都府にはじまる各自治体の補助金制度が国により運営助成事業として制度化され（1987年）、「精神障害者小規模作業所運営助成事業」の適応をみてその数が増加した[48,49]。この背景には、障害基礎年金制度の確立や、生活保護法の基準の改定など、所得保障の充実が地域社会における精神障害者の一人暮らしを可能にした[42]という追い風もあった。

　　作業所などを拠りどころに地域生活をおくる精神障害者が増え、疾患から導かれる生活上の困難が彼（女）らを苦しめている現実に多くの関係者も直面[55]し、徐々に精神障害者の地域生活支援が政策課題として認識されていった[注11]。

　1979年には精神衛生社会生活適応施設整備費が予算化され、次いで1980年に定められた「精神衛生社会生活適応施設運営要綱」に基づき熊本県にあかね荘が開設され（1981年）、入所者50人へ生活の場を提供しつつ、社会適応を図るための生活訓練、就労援助が提供された。

　公設によるリハビリテーション施設の運営を通じ、地域社会における精神障害者の支援に必要なシステムや技術が蓄積されて一定の評価がなされたものの、施設の整備には自治体の多額の費用負担が前提とされた[注12]ことから、全国的な普及には至らなかった[20]。

　その後、精神保健法（1987年）のなかで社会復帰施設が制度化され、国は公的な精神障害者に対する社会復帰施設の整備を自ら行うに加え、既存の民間施設を助成事業の形により制度内に取り込むことで、政策目的を遂行しようとする姿勢をみせていく。

注11）社会福祉法の成立（社会福祉事業法より2000年改正）により、小規模作業所は第2種社会福祉事業としての小規模通所授産施設へ移行することが可能となって、実際に一部が移行した。その後、障害者自立支援法の制定（2005年）を経て、現在は小規模作業所による法内サービスである就労継続支援や地域活動支援センター等の適応が進んでいる。

注12）施設に対する国庫補助率は、たとえば生活保護法による救護施設が当時10分の8であったのに対し、社会生活適応施設は10分の5で、残りは自治体負担であった。

第Ⅴ章　精神保健福祉以前のソーシャルワーク実践：1960年～1980年代

　他方、「初期に最も重要な役割を果たした家族会」[56]や、ボランティアの働きと関連づけて説明することができない作業所も、開設されるようになった。「保健所デイケア」と、「福祉・医療関係者」による作業所である[56]。前者は、「家族会設置の作業所より、やや時代が下って設立されたもので、保健所のデイケアと大いに関係が深い作業所」とされる。

　保健所デイケア修了者の行き場という課題から「保健所主導で行われてきた」作業所なのだが、「保健所という機関で行う制約（開所日数の少なさ、生活全般へのかかわりの困難さ）もあり、福祉的支援に十分に取り組むことは難し」かった[57]。

　また後者は、「精神医療にかかわってきた医師や福祉関係者が、従来の精神医療のあり方を批判し、旧来の枠組みにとらわれない実践の場として（育んだ）作業所」[43]であって、「精神医療への『アンチテーゼ』」としての「地域活動の『実践の場』」として位置づけられていた。

　初期は家族会のイニシアチブによって運営された作業所が、その後に「作業所規模が大きいほど、また作業所開設時より時間が経過すればするほど、家族や家族会の作業所への直接的関与は減じてくる」といった設立主体の移り変わりを、1988年の段階で橋本[58]は指摘している。

　後日（1995年）、池末[42]はこの変化を「家族会が中心になって細々と運営（ソーシャルワーカーや保健婦の協力も多少は[注13]あった）」とする第1段階から、「補助金制度ができたことで職員を雇えるようになり、関係者の輪も広がりはじめる」第2段階への移行として把握し、家族会による作業所の特徴として「『訓練』とか『働くこと』に重きが置かれる傾向にあった」と指摘している。

　逆に、そのような家族会からの就労ニーズや、「保健所デイケア」に伴うデイケア修了者への目配りといった、「『切迫した』問題からは比較的自由な福祉・医療関係者を中心にした作業所は、それまでの作業所のイメージを徐々に変化させて」[56]いったのである。

注13）実際に、医療機関や行政組織で働く精神科ソーシャルワーカーが積極的に運営へ関与した事例もあり[19]、たとえば東京都では病院の精神科ソーシャルワーカーが、精神障害者への地域支援活動として作業所づくりに取り組んだ[48]という。

そこには作業所職員の専門性に対する、ソーシャルワーカー側からの以下のような提起があった。まず、職員の立場から中田[59]は「作業所職員の『素人性』という言葉が肯定的な意味で使われる場面があった…これは決定的に間違った言説だった…作業所職員は、資格の有無にかかわらずソーシャルワーカーである。資格の有無・法的強制力の有無に関係なく、ソーシャルワークの原則と倫理を身につけている必要がある」と述べている。

実践者から、後に教育・研究者へ転じた青木[60]も「作業所が安心できる場であり、そこで職員から専門的な支援が受けられる…ように利用者が感じられる背景には、職員の専門的な援助技術がなければ難し」いとしている。さらに、家族会を中心として「社会福祉専門職不在で活動展開されてきた」作業所が、精神科ソーシャルワーカーの「規定を困難にし、専門性確立のうえで混乱を生み出していることも否めない」[61]との指摘もあった。

現代でも、精神科ソーシャルワーカーによる精神障害者への地域生活支援の一つとして、作業所は大きな意味をもっている。他方、この動きは初期の設立者である家族会から、専門性のもとに運営主体としての立場が移譲された結果、もたらされたのである。その背景には、各自治体に広がっていく作業所の運営助成制度を契機とした、施設の増設傾向があった。作業所を3つ、4つとオープンするなかで新たな課題が生まれ、昼間の活動の場だけではなく「住むこと」の支援として新たに共同住居（グループホーム）を設ける[42]といった、量的・質的な拡大である。

実際に、補助金が比較的潤沢な作業所などで福祉系の大卒者を精神科ソーシャルワーカーとして雇用するところが増え[19]、「ここの実践にみた精神科ソーシャルワーカーの姿は、まさに権力を排し、障害者が市民として育つ可能性とその権利を追求するものであった」[62]と評されている。

確かに施設の創設は、精神科病院以外での精神科リハビリテーションの場を全国各地に設置することを可能とし、医療サイドに偏った仕組みを福祉との連携による総合的な仕組みとして地域に構築するためのきっかけをつくった[36]。

しかし、「作業所における利用者の沈殿、すなわち、作業所での生活には適応できているが、社会的な自立までにはなかなか至らない」[63]当事者の態

様～むろん、作業所の長期利用をもって直ちに非なのではなく、それ自身一定の成果である～が生まれ、また、作業所利用の決定が「専門職に依存」することで「現場軽視傾向は現場従事者の力量を高める方向より、むしろ無力感や無責任を醸成しかねない」[54]という運営の硬直化もあって[注14]、「作業所内寛解」[43,63]あるいは「パターナリズムへの沈殿とそれからの脱却が緊張関係を伴って併行している」[54]との報告もなされている。

かかる状況への見立てとして、精神障害者の地域生活を支援する制度や施設、マンパワーが徐々に拡充してきたとはいえ「障害者の生活全般をカバーする『面』としては発展せず、『点と線』の域を出ていない」ことが指摘され、「当事者を中心とする保健医療・福祉・労働などの各分野の相互補完的連携・ネットワーク」[64]の効率的な運用が今まで以上に求められるようになっている。

障害者基本法（1993年）により精神障害者は障害者の規定に包括され、それに続いて精神保健法が精神保健福祉法に改正された（1995年）。精神保健福祉法の目的には「自立と社会経済活動への参加の促進」が明記され、これらの延長線上に、障害者自立支援法（2005年）では障害の種別にかかわらず共通の福祉サービスが提供されることとなり、また、障害者の地域生活と就労の促進が理念の一つに掲げられた。

そのようななか社会復帰施設の事業体系の再編が進められ、作業所は地域活動支援センターⅢ型や就労継続支援B型事業所へと移行されている（本書でいう作業所は、これら事業移行後の施設も念頭に置く）。とりわけ就労継続支援B型事業所に移行した施設は、就労を望むが実際は困難な人々が「精神状態の安定」を図る場として機能しているとの傾向が認められる[44]。

すなわち、作業所は病状により就労が必ずしも目的にならない精神障害者に対しても、「いろいろなプログラムを組みあわせた『居場所』として」[65]、地域における貴重な生活の場が提供されているのである。ただし、法体系の変遷によって移行を余儀なくされ、結果的に作業所の事業目的を変更せざる

注14）ソーシャルワークの専門性が現場の実践に反映されず、むしろ資格化運動に向いているとして、作業所の職員である中田[59]は「作業所職員の専門性とは何なのか？という問題は、いちおう精神保健福祉士資格の有無とは独立の問題である」と述べている。

を得ない状況も生まれており、作業所は転換期を迎えている[65]。

4 医療ソーシャルワーク領域に波及する医療の動き（医療化）

1980年代、医療をめぐる環境もまた動きをみせた。人が暮らしの終焉の場（死）を病院へ急速に移動させたように、日常の生活場面へ医療の適応範囲が量的に拡大するに加えて、質的な医療化（medicalization）という変化が起こったのだ。医療化とは、それまで（精神科）医療の範疇外とみなされていた領域が、医療的に再定義される現象を指す語である。

たとえば、精神作用物質依存の医療化を考えてみると、従来は使用者の逸脱した行動が反社会性や自己管理力の低下で説明されてきた。かような状況が、精神作用物質の薬理作用の問題へ医療化の過程で変換され、結果として使用者は病人役割（sick role）を担うことで人道的に処遇されるようになる。その一方、医療化は社会的な要因が個人化され、医療が中立性を検証されぬままに肥大化[66]していく過程でもあった。

山本[67]は、これを評して「家庭や地域社会や職場で本来解決をしていかねばならない課題を、精神医療につなげることで解決できるかのように考えることは、もともとの場所の人間力や連携パワーを削いでしまう…精神医療が前に出すぎず、地域社会に問題提起し、ともに考えていく姿勢をもたないと、家庭や学校や地域はさらにバラバラな個人関係となるのではないか」と述べている。

当然ながら医療への距離感・立ち位置（☞ p.86）からも、心理力動論（☞ p.86,87）への反省からも、医療ソーシャルワーカー、精神科ソーシャルワーカー双方にとって無条件に容認できなかったことは想像に難くない。

この医療化なる現象は、社会と医療の関係性を論じる医療社会学において、早くから論考の対象となった。その嚆矢はパーソンズ（Talcott Parsons）にさかのぼり、彼[68]は疾患を潜在的な社会的逸脱状態として捉え、病者は病人役割を有し、医療は社会統制のための制度としての機能をもつとした。

すなわち、医師などの医療専門家が正常と逸脱を区分し、病者を逸脱状態から回復させる役割を担うといういわゆる機能主義的アプローチの発想で、

医療と社会の関係性を説明したのである。1970年代に入り、このパーソンズによる病人役割と機能主義的アプローチの概念を踏まえつつ、医療を社会的なコントロールと関係づけて詳細に把握しようとする試みが広がった。

とくにゾラ（Irving K. Zola）は、医療が社会統制の手段になることを懸念し、健康の名にのもと専門家による絶対的、最終的判断が行われて、「病気」というラベルをより多くの人間に貼りつけると批判した[69]。

さらにイリッチ（Ivan Illich）は、医療が個人に直接的な侵襲を与えるだけでなく、その組織の環境全体への影響を通して（筆者注：むしろ）健康を蝕んでいくと指弾し、これを社会的医原性と称した[70]。彼は「医療機構そのものが健康に対する主要な脅威になりつつある」とし、医原性を臨床的、社会的、文化的の3つに分けて論じている[71]。

> 病気そのものの社会的成り立ちを問題視する研究は、精神科領域においてゴフマン／ゴッフマン（Erving Goffman）やシェフ（Thomas J. Scheff）による社会学上の先駆的な業績がある。その一方で、精神疾患を所与のものとする医療社会学の立場もあり、その成果の代表はブラウン（George W. Brown）らによる、家族の感情表出による再発促進研究であろう。
> とりわけ前者の、「全制的施設」に収容された人々が無力化され、「精神病者」とされるメカニズムを論じたゴフマン／ゴッフマンによる著述は入院中心の精神科医療への批判と結びつき、その理論的根拠の一つとなった。
> すなわち医療に対する社会学的な研究は、「医療の側からは現実遊離でイデオロギー過剰な主張とみえる」一方、「医療のイデオロギーを問い直し、医療と社会の両方にみえにくくなってしまう問題を顕在化させる」特質をもつのである。かかる「それぞれのアプローチの長所と問題点を自覚」[72]する必要は、医療（精神科医療）における分析にとどまらず、ソーシャルワークにおける理論と実践にも適応されよう。
> とくに現代の社会福祉学における、ソーシャルポリシーと原理論研究の相対的な非・重点化は、ソーシャルワーク（精神科ソーシャルワーク）実践領域の拡大とあいまって無視できない状況にある。

このようななか、キツセ（John I. Kitsuse）とスペクター（Malcolm B. Spector）は、社会問題の構築主義（社会構築主義）を唱えて[71]、医療から社会への一方向的な影響という認識へ再考を迫った。社会構築主義（ないし社会構成主義。本書は社会構築主義で統一）とは、「何がどう問題なのかは、現象を問題だとする申し立て（claim-making）を通じて社会的に構築される。クレームのなかで問題は構築されたり消滅したりする。客観的に問題は決められないし、医療化であれば、どこまでが医療の守備範囲かという問題は、その都度の定義作業の結果でしか説明できない」[73] とする主張である。

社会構築主義がソーシャルワークにおよぼす影響については、積極的な意味づけ[74]、中立的紹介やコメント[75]、批判的な見解[76] などさまざまな立場があり、それ自身が十分に結論づけられているとはいえないため、ここでは医療への適応の範疇で論を進める。

この社会構築主義の立場をとるコンラッド（Peter Conrad）は、医療化を定義して「医療化とは、ある問題を医療的な観点から定義するということ、ある問題を医学用語で記述するということ、ある問題を理解するに際して医療的な枠組みを採用すること、ある問題を扱うに際して医療的介入を使用すること」[77] と述べている。そして1980年代には、社会構築主義が医療社会学へ大きな影響を与える[78] こととなった。

たとえば、コンラッドは「検討したほとんどのすべての事例において、医療専門職のごく一部の専門的小集団しか逸脱認定と逸脱の医療的定義にかかわっていない…逸脱認定の論議は日々の医療とはかけ離れている。一般の医師はほとんどその議論や争いについて知りもしないし心に留めてもいない」[79] と指摘し、ゾラ、イリッチらによるいわゆる医療帝国主義批判から距離をとった。これは、クレーム申し立て活動という相互作用の結果として医療化が生じるという見解であり、医療帝国主義が実は「非医療専門職による」帝国主義であることを明らかにしたのだ[80]。

また、フォックス（Renée C. Fox）は医療化が非可逆的な現象でないこと、つまり逆の過程である脱医療化（demedicalization）が存在することを提唱

した[81]。とくに彼女は脱医療化へ着目する意義を、医療化をいつでも脱医療化が起きる可能性のある可逆的な過程として捉えることと述べ、医療に対する社会構築主義に基づいた解釈の先駆者の一人とされている。

社会構築主義における社会問題は、先述のように、クレーム申し立て人がクレームを提出することにより発生する。したがって「誰が」、「どのような」クレームをつけるかに焦点があてられる。この「誰が」、「どのような」に注目するとは、医療専門職による積極的な関与を医療化の前提にしないという意味である[80]。

さらに「何を」医療化するのかという医療化の対象については、「逸脱 (deviance)」と「通常のライフプロセス（natural life process）」に分けられ[82,83]、コンラッド[77]はさらにここへ「共通の人間的諸問題（common human problems）」を加えている。

こうした見解により、イリッチに代表されるような病者の「生活」そのものを医療化するといった大きな対象の変動にとどまらず、ある特定の社会的・個人的な「現象・行動」を医療化の目的語として設定することが可能となった[84]。そして、これらの議論の発展は、社会構築主義における医療化の概念が、非常に広い意味で用いられる[85]という帰結をもたらした。

実際に、近年は介護保険制度[86]や不登校[87]への対応といった、専門職側の行為を表現する語として医療化が用いられている。すなわち、医療の対象者からの「クレーム」にとどまらず、医療の提供側に位置する専門職からの「クレーム」もまた、医療化の焦点として設定することが可能なのである。

以後、次節においてこの社会構築主義の立場をとりながら、医療ソーシャルワーカーと精神科ソーシャルワーカーがともに実践の場とする「ソーシャルワークと医療の重複領域」における、1960年代から1980年代の医療ソーシャルワーカーの動向を検証する。

5 医療化に対するソーシャルワーカーの挙動

医療の量的・質的な適応範囲の拡大と変化は、ソーシャルワーカーと医療職のかかわりの機会を増やす方向に作用した[88]。このことは、医療の開放を進めたソーシャルワーカーにとって喜ばしかった一方、自らの役割機能に悩

むことにもつながった[88]。つまり、医療の場でソーシャルワーカーが働けば働くほど、ソーシャルワークの発想や技法が他職種に取り入れられていくのである。

人がよりよく生きる方向へ援助するソーシャルワーク実践を、業務独占にするのはむりがある。よって、ソーシャルワークを専門に扱うソーシャルワーカーと、技術の引き出しの一つにソーシャルワークをもつ他の職種において、同時にソーシャルワークが行使される[89]状況があらわれた。その結果、ソーシャルワーカーのアイデンティティが脅かされることとなった。

これは受動的な面にとどまらず、ソーシャルワーカーの側も周辺の学術領域から成果や法則を進んで導入してきたため、ソーシャルワーク技術の発展に伴って自ら境界を曖昧にしたきらいがある。かように医療の場で、ソーシャルワーカーの存在意義がいっそう問われた[90]のである。

ここで 〜少なくとも一部の〜 医療ソーシャルワーカーは、「医療者が行うことを行わない」とする形で独自色を打ち出す選択をとった[88]。その背景には医療行為に踏み込めば、医師の指示下において診療の補助業務となり、ソーシャルワークの専門性を発揮しづらい[91]という理由があった。

また、医療ソーシャルワーカーが医療行為へ踏み込まないことは、より積極的な意味でパターナリズムを嫌う隣人としてのソーシャルワークの立ち位置にかなった[88]。つまり、「医療機関において『社会福祉の視点』から社会的な側面を支援するという、医療機関の他職種とは、視点の独自性」[92]が異なるとして存在意義を提起したのである。

それを可能にした要因の一つとして、1970年代からソーシャルワーク実践全体へ、問題を個人の内面に求める医療モデルから個人と環境との関係に求めるライフモデルへの認識の変化がもたらされたことによる、医療とは一線を画す概念や技術の普及があげられる。たとえば、1980年代にはエコシステム視座という思考方法ないし発想への理論的枠組み[93]に基づいた、問題を全体的に捉えて複合的な援助を展開するジェネラリスト・アプローチ[94]の導入がなされている。

さらにいくぶん消極的な観点からは、医療ソーシャルワーカーの主要な業務である退院援助において「患者が限られた時間内に家庭に戻る条件が整わ

第Ⅴ章　精神保健福祉以前のソーシャルワーク実践：1960年〜1980年代

ず、医療ソーシャルワーカーが患者・家族とともに苦悩する」[95]といった、「医療者側と患者家族の思いのギャップ調整」[96]の困難さに加え、「あたかも『退院すること』だけが援助のゴールと認識されているよう受けとめられる現場」[97]の状況の打開から到達した結果であるともいえよう。

このように、医療側に端を発した現象の全体像をあらわす医療化は、ソーシャルワークの実践現場において、もっぱら医療側の要因に帰すいわば狭義の医療化、換言すれば"（医療による）医療化"だけにとどまらず、医療ソーシャルワーク側の行動である、いわば"福祉による脱医療化"を加えることによって、より強調された形で表面化したと筆者は捉える。これが、図5（☞p.85）で示す"（医療による）医療化"ならびに"（医療による）医療化＋福祉による脱医療化"である。

1980年代に医療が社会的な比重を増した理由は、医療者の作為というより、感染症対策から生活習慣病の管理・予防、あるいは老人性退行疾患への応対といった疾病構造や健康概念[88]の変化、すなわち社会環境面の要因に依拠していた。それを波平[98]は、「医療は社会的な承認のもとに肥大化した」と称する。

つまり、社会福祉学の学際領域化（☞p.56）を学問分野としての固有性の弱さへ引きつける表現、たとえば「社会福祉はその内部において学際化が一段と進み…隣接諸科学の社会福祉への参入が顕著になっている」[90]といった論考はしばしばであるものの、社会福祉学の学際化はソーシャルワーク（学問的基盤は社会福祉学）側へ向けた医療（学問的基盤は医学）側の参入に由来するだけにとどまらず、環境そのものの変化、すなわち社会の動向が反映した結果と考えられるのだ。

かかる相互作用における社会福祉学と隣接科学との相互作用については、古川[2]による「隣接科学の研究者の大多数は社会福祉学の固有の視点とか方法とかいう問題にほとんど関心を示さない」との嘆息と、星野[10]による「社会福祉学の固有性の主張が不必要に排他的に隣接関連領域を退けてきた」との指弾をあげるだけでも、同種の事象を扱う視座の違いが際立つであろう。

加えて、たとえば岩田[99]が「他の学問が自らの専門性に沿って切り落としかねない領域を社会福祉学は注視すべきなのに、歴史的な貧困問題すら切

105

り落としているのではないか」と、社会福祉学研究者が自らの態度を顧みる必要性へ言及していることは注視すべきである。

そうなれば、医療側の参入と映る動向は、医療ソーシャルワークが実践の場とする「ソーシャルワークと医療の重複領域」で、"福祉による脱医療化"により修飾された現象として、ソーシャルワーク側からの作用としても検証されねばならない（☞ p.137,138）。

言葉を重ねると、村上[100]による「定式化の主体であるわれわれ人間の定式化という行為そのものが、定式化されるべき対象の一部となる構造は自然科学的文脈では起こってこない。したがって、自然科学的言明をどれだけ積み重ねたとしても、問題がそれだけで完全にクリアになるわけでもない」との言説は、環境問題（地球環境科学☞ p.52,55）を通して自然科学と社会科学の関係性を論じたものだが、この一文のなかに、自然科学へ多くを立脚する医学では解明し切れない医療とソーシャルワークの相互作用を、社会福祉学がより主体的に解釈できる可能性が示されているのだ。

そもそも「社会の形態は経済の発展や文明の発達によって変化するものであるから、社会の変化に応じて社会福祉の価値や理念も変化する」[101]。つまり、学際化は結果であって、論じるべき主体は社会福祉学そのものが立脚する社会の環境なのである。

だとすれば、学問的背景は社会福祉学、実践領域は医療ソーシャルワークの現場で生じた"福祉による脱医療化"は、社会福祉学が社会環境面の変化を「ソーシャルワークと医療の重複領域」で解明せんとする流れに抗っているといえよう。

すなわち"福祉による脱医療化"は、社会福祉学がソーシャルワークを通してそのディシプリンを確立するのに役立つかもしれないが、長期的には社会の動向から遊離していき、結果として（精神科）医療にかかわる当事者のニーズを見失う危険性をはらむのである。

これに対して、1980年代までわが国の精神科ソーシャルワーカーは精神科医療機関を中心に採用されて力動精神医学の影響を受け、医療現場からスタートし[61]て以降、長期・社会的入院患者の保護・管理という社会防衛の一端を担う矛盾を「医療がわれわれの前に立ちはだかっている」[102]と表現し

ながら、その改善に向けてとどまった。

　たとえば児島[103]は、「医療ソーシャルワーカーにいわゆる医療の枠内の業務に留まることを望むのか、それともその枠を超えたところでの援助活動を展開することを期待するのか…によって、医療ソーシャルワーカーの位置づけ方も違ってくると思われる。この点で、精神科ソーシャルワーカーの場合…その業務が精神医療の分野に絞られている」と両者を比較している。

　かたや、精神科ソーシャルワーカーが置かれた医療との関係性を谷中[46]は、「ここまで遅れをとってきたわが国の精神障害者の施策の責任を、精神科医療のあり方だけに負わせることは適切ではない…精神障害者が地域のなかで暮らしていくための社会資源の不足や支え手がないなかで、社会復帰させたくとも、それができないで手をこまねいている」と表現している。

　かかる経緯は、保健医療と社会福祉の双方が精神障害者の生活支援に不可欠である実態を示すこととなった。結果的に、1960年代に萌芽をみていた精神科ソーシャルワーカーと医療ソーシャルワーカーの相違（☞ p.77）は、1980年代も存続したのである。

　その後、1984年の宇都宮病院事件を契機に1986年、公衆衛生審議会は「精神障害者の社会復帰に関する意見」を具申し、それを受けて翌1987年に精神衛生法の改正による精神保健法が制定された。ここで精神障害者生活訓練施設と精神障害者授産施設が初めて精神障害者社会復帰施設として規定され、「病院から社会復帰施設へ」という方向性が示された[104]。

　　　宇都宮病院事件は1984年3月、職員の暴行により精神科病院内で2人の
　　　患者が死亡し、その後の取り調べのなかで数々の違法な診療や患者への人
　　　権侵害、搾取が明らかとなった事件である。
　　　1985年5月に国際法律家委員会と国際保健専門職委員会の合同調査団が
　　　来日し、わが国の実状を調査のうえ勧告書（いわゆるクラーク勧告）を公
　　　表した。宇都宮病院事件は国際社会より日本の精神科医療に対する非難を
　　　巻き起こし、精神衛生法から精神保健法への改正のきっかけとなった。
　　　精神保健法は、当時の日本においては患者への革新的な人権擁護の思想
　　　を盛り込んでいた[105]。このことは、社会復帰への努力を続けてきた精神

科ソーシャルワーカーにとって「外国の圧力でしか法の改正が進まなかった日本の現状…に対して、複雑な感情で事件の経緯を見守っていた」[46]との感慨を生んだ。

　この精神障害者社会復帰施設に精神科ソーシャルワーカーの配置が規定され、その後1990年代に入って精神保健福祉の語が徐々に一般化し、保健医療と社会福祉をつなぐ架橋者としての精神保健福祉士の国家資格化（1997年）へ結びつくことで、医療ソーシャルワーカーとの相違はさらに明確化する。
　ただし時系列でみると、1990年代における精神科ソーシャルワーカーをめぐる動向（第Ⅶ章❶☞p.136）の前、1980年代の本節と同時期に、社会福祉士と介護福祉士の国家資格化へ向かう大きなうねりが起こる（第Ⅵ章❶☞p.116）。1990年代の精神科ソーシャルワーカーをめぐる動向は、このうねりの延長線上に位置づけられるのだ。

引用文献

1) 堀口久五郎：「精神保健福祉」の概念とその課題―用語の定着過程の検証―. 社会福祉学, 44(2)；3-13, 2003
2) 古川孝順：社会福祉学研究の曲がり角. 社会福祉研究, 82；82-91, 2001
3) 杉野昭博：社会福祉学とは何か. 社会福祉学, 平岡公一, 杉野昭博, 所道彦, 鎮目真人・著, 有斐閣, 東京, pp.1-20, 2011
4) 岩崎晋也：社会福祉理論・思想部門―2007年度学界回顧と展望―. 社会福祉学, 49(3)；122-134, 2008
5) 日本精神保健福祉士協会：精神保健福祉士業務指針及び業務分類（第1版）. pp.22, 52-53, URL：http://www.japsw.or.jp/ugoki/hokokusyo/201006-gyomu/2010-gyomu.pdf, 2010年6月4日
6) 日本精神保健福祉士協会：精神保健福祉士業務指針及び業務分類（第2版）. pp.43-44, URL：http://www.japsw.or.jp/ugoki/hokokusyo/20140930-gyoumu2/all-gyoumu2.pdf, 2014年9月3日
7) 白石大介, 真野元四郎：医療福祉. 現代社会福祉―視点・分野・展望―, 小田兼三, 高田真治・編者, 川島書店, 東京, pp.163-173, 1990
8) 横山登志子：地域生活支援をめぐる精神科ソーシャルワーカーの本質的使命―2つのジレンマを手がかりとして―. 社会福祉学, 46(3)；109-121, 2006
9) 厚生労働省保健局：趣旨. 医療ソーシャルワーカー業務指針（2002年改正版）, URL：http://

第Ⅴ章　精神保健福祉以前のソーシャルワーク実践：1960年～1980年代

www.jaswhs.or.jp/images/pdf/gyoumusisin_2002.pdf，2002年11月29日
10) 星野信也：社会福祉学の失われた半世紀―国際標準化を求めて―．社会福祉研究，83；70-75，2002
11) 大瀧敦子：医療ソーシャルワークが支援対象とするもの―半世紀の事例集から考察する医療福祉の対象論―．社会福祉研究，100；120-128，2007
12) 岡崎伸郎：精神分裂病（統合失調症）患者にとって今必要なのは，医療と保健福祉の溝が埋まることである．日本社会精神医学会雑誌，11；261-263，2002
13) 秋元波留夫：医療・保健と福祉のあるべき関係．精神障害者のリハビリテーションと福祉，秋元波留夫，調一興，藤井克徳・編，中央法規出版，東京，pp.174-189，1999
14) 児島美都子：資格制度化運動と MSW の発展．新医療ソーシャルワーカー論―その制度的確立をもとめて―，MINERVA 新社会福祉選書 5，ミネルヴァ書房，京都，pp.118-140，1991
15) 浅賀ふさ：保健・医療におけるケースワーク．社會事業，41(7)；38-47，1958
16) 寺谷隆子：PSW 資格制度論について．精神医療，10(3)，60-66，1981
17) 橘高通泰：保健医療領域におけるソーシャルワークの位置．医療ソーシャルワーカーの業務と実践，MINERVA 医療福祉ライブラリー 3，ミネルヴァ書房，京都，pp.1-28，1997
18) 田中英樹：精神保健問題と精神保健福祉相談員の機能．医療福祉の理論と展開，多田羅浩三，小田兼三・編，中央法規出版，東京，pp.189-201，1995
19) 門屋充郎：地域における PSW の活動．改訂 これからの精神保健福祉―精神保健福祉士ガイドブック―，日本精神医学ソーシャル・ワーカー協会・編，へるす出版，東京，pp.85-90，1998
20) 木太直人：精神科リハビリテーションサービスの実施機関・施設と事業概要．精神保健福祉におけるリハビリテーション，改訂 新版 精神保健福祉士養成セミナー第 5 巻，へるす出版，東京，pp.39-69，2014
21) 新保祐元，谷中輝雄，寺田一郎：精神障害者の援助と生活支援．精神障害者社会復帰施設―援助の枠組みと施設運営のガイドブック―，やどかり出版，埼玉，pp.103-117，1998
22) 全国精神障害者家族会連合会：社会復帰から社会参加への運動の広がり．みんなで歩けば道になる―全家連30年のあゆみ―，全家連30年史編集委員会・編，全国精神障害者家族会連合会，東京，pp.130-149，1997
23) 京須希実子：福祉系専門職団体の組織変容過程―ソーシャルワーカー団体に着目して―．東北大学大学院教育学研究科研究年報，54(2)；225-249，2006
24) 荒田寛：「専門性」の確立と「資格制度」をめぐる経過．精神医学ソーシャル・ワーク，32；11-19，1994
25) 児島美都子：MSW からみた患者像・患者運動．ジュリスト，548；289-293，1973
26) 田中千枝子：現代の保健医療と福祉における諸問題．保健医療ソーシャルワーク論，勁草書房，東京，pp.1-11，2008
27) 児島美都子：医療社会事業の問題点―今日の医療をめぐる状況の中で―．社会福祉学，13；50-65，1972
28) 阿部敦，渡邊かおり：戦後日本における社会福祉従事者の養成政策について―1940年代及び1980年代に焦点をあてて―．人間文化研究科年報（奈良女子大学），26；109-121，2011
29) 植田章，中野加奈子：医療福祉．真田是，宮田和明，加藤薗子，河合克義・編，図説 日本の社会福祉 第 2 版，法律文化社，京都，pp.132-143，2007
30) 岩田正美：「パラダイム転換」と社会福祉の本質―社会福祉の 2 つの路線と「制約」をめぐって―．社会福祉研究，100；19-25，2007

31) 小田兼三：医療福祉学の構成．医療福祉の理論と展開，多田羅浩三，小田兼三・編著，中央法規出版，東京，pp.2-13，1995
32) 岩崎晋也：障害者福祉法への統合化と精神障害者施策．病院・地域精神医学，40(4)；315-319，1998
33) 田中英樹：精神障害者支援の新パラダイム―精神障害者を支える実践と権利擁護―．社会福祉研究，109；20-30，2010
34) 大山勉：刊行にあたって．精神保健福祉白書 2013年版―障害者総合支援法の施行と障害者施策の行方―，精神保健福祉白書編集委員会・編，中央法規出版，東京，pp.1-2，2012
35) 桐原尚之：「Y問題」の歴史―PSWの倫理の糧にされていく過程―．コア・エシックス，9；71-81，2013
36) 石黒亨：精神科リハビリテーションの展開．精神保健福祉におけるリハビリテーション，改訂新版 精神保健福祉士養成セミナー 第5巻，へるす出版，東京，pp.82-101，2014
37) 厚生労働省 職業安定局高齢・障害者雇用対策部：身体障害者，知的障害者及び精神障害者就業実態調査の調査結果について．URL：http://www.mhlw.go.jp/houdou/2008/01/dl/h0118-2a.pdf，2008年1月18日
38) 櫻田淳：「福祉」と「自由な社会」の間．福祉の呪縛―自助努力支援型政策の構想―，日本経済新聞社，東京，pp.72-75，1997
39) 中川正俊：精神障害者．総合リハビリテーション，41(11)；1009-1013，2013
40) 梅澤剛：ユーザーとスタッフの関係性から見たQOLの新たな視点．病院・地域精神医学，41(4)；386-391，1998
41) 調一興：障害者福祉と自治体の役割―政策的視点から―．精神障害リハビリテーション―21世紀における課題と展望―，村田信男，川関和俊，伊勢田堯・編，医学書院，東京，pp.105-113，2000
42) 池末亨：精神障害における障害の理解と福祉施策―精神障害者共同作業所の福祉的アプローチについて―．月刊福祉，78(8)；106-109，1995
43) 松岡克尚，荒川義子：精神障害者共同作業所の機能分化に関する研究―大阪府下の作業所に対する調査を通して―．関西学院大学社会学部紀要，67；113-129，1993
44) 玉田明子，櫻庭繁，廣島麻揚：小規模作業所における精神障害者の通所目的と関連要因―目的に沿った効果的な支援―．精神障害とリハビリテーション，16(2)，160-170，2012
45) 新保祐元，谷中輝雄，寺田一郎：精神障害者支援の諸活動．精神障害者社会復帰施設―援助の枠組みと施設運営のガイドブック―，やどかり出版，埼玉，pp.51-57，1998
46) 谷中輝雄：精神障害者福祉の現状と課題―歴史を踏まえて―．社会福祉研究，84；21-27，2002
47) 半田芳吉：地域精神医療医活動としての共同住居の試み．地域医療と福祉―医療ソーシャルワーカーの働き―．勁草医療・福祉シリーズ14，児島美都子，大野勇夫・編著，勁草書房，東京，pp.134-149，1989
48) 助川征雄，寺谷隆子：地域におけるPSW．改訂 精神医学ソーシャル・ワーク，柏木昭・編著，岩崎学術出版，東京，pp.99-126，1993
49) 助川征雄：地域生活支援．新 精神医学ソーシャルワーク，柏木昭・編著，岩崎学術出版，東京，pp.103-134，2002
50) 山口光雄：作業所．こころの病い―私たち100人の体験―，全国精神障害者団体連合会準備会，全国精神障害者家族会連合会・編，中央法規出版，東京，pp.204-205，1993

第Ⅴ章　精神保健福祉以前のソーシャルワーク実践：1960年～1980年代

51) 齋藤征人：精神障害者を主たる対象とした地域共同作業所における活動の省察―T共同作業所における実践理論研究試論―．社会福祉士，10；100-107，2003
52) 照内央晴：一患者からみた精神医療サービス―Crazy catsでの経験を中心に―．病院・地域精神医学，41(4)；392-396，1998
53) 長山登：精神医療における家族会運動の現状と展望．精神医療，8(3)；108-112，1979
54) 加藤春樹，田中耕一郎：本道における地域小規模精神保健福祉資源の機能実態―資源の基本条件・目標設定と利用実態・有用感―．北方圏生活福祉研究所年報，8；11-38，2002
55) 池末美穂子：精神保健福祉．真田是，宮田和明，加藤薗子，河合克義・編，図説 日本の社会福祉 第2版，法律文化社，京都，pp.144-151，2007
56) 橋本明：「広がり」の構造―東京都における精神障害者共同作業所の展開過程の分析―．人文学報 社会福祉学，7；75-87，1990
57) 池末美穂子：精神障害における障害の理解と福祉施策―精神障害における「病気」と「障害」の違い―．月刊福祉，78(6)；112-115，1995
58) 橋本明：作業所の中から見た地域精神衛生―東京都内のある精神障害者共同作業所での活動を通して―．人文学報 社会福祉学，5；199-214，1988
59) 中田哲也：小規模作業所職員から見た精神保健福祉士資格．大阪精神保健福祉，44；70-73，1999
60) 青木聖久：精神障害者小規模作業所の現状と魅力ある方向性への一考察―愛知県精神保健福祉センター「地域精神保健医療福祉対策研究会」での取り組みを通して―．日本福祉大学社会福祉論集，117；73-99，2007
61) 大谷京子：ソーシャルワークと精神医療．ソーシャルワークの固有性を問う―その日本的展開をめざして―．西尾祐吾，橘高通泰，熊谷忠和・編著，晃洋書房，京都，pp.83-99，2005
62) 山本耕平：精神科ソーシャルワーカーと精神保健福祉士養成―新カリキュラムの狙いと，先輩ソーシャルワーカーのねがい―．総合社会福祉研究，41；6-18，2012
63) 黒田隆男：共同作業所と精神障害者の社会復帰―共同作業所における精神科医の役割―．季刊障害者問題研究，44；23-32，1985
64) 菱山珠夫：リハビリテーション実践上の原則と課題―医療サイドからみた現状の問題点と今後への期待．精神障害リハビリテーション―21世紀における課題と展望―，村田信男，川関和俊，伊勢田堯・編，医学書院，東京，pp.13-24，2000
65) 戸高洋充：作業所を中心とした地域支援活動の経過と現状および課題．精神障害とリハビリテーション，17(1)；87-89，2013
66) Conrad, P. & Schneider, J. W.：Medicine as an institution of social control：Consequences for society. Deviance and medicalization：from badness to sickness (expanded edition), Temple University Press, Philadelphia, pp.245-252，1992
67) 山本深雪：5疾病5事業化を受けた医療計画の見直しに向けて．日本精神科病院協会雑誌，31(6)；613-617，2012
68) タルコット・パーソンズ：社会構造と動態的過程―近代医療の事例―．社会体系論（現代社会学大系14），佐藤勉・訳，青木書店，東京，pp.424-475，1974
69) Zola, I.K.：Medicine as an institution of social control. Sociological Review, 20(4)；487-504，1972
70) イヴァン・イリッチ：生活の医療化．脱病院化社会―医療の限界―，金子嗣郎・訳，晶文社，東京，pp.37-43，1979

71) キッセ,J.L.,スペクター,M.B.：クレイム申し立て活動としての社会問題.社会問題の構築―ラベリング理論をこえて―,村上直之,中河伸俊,鮎川潤,森俊太・訳,マルジュ社,東京,pp.115-151,1992
72) 藤井達也：精神障害者と保健医療福祉.保健医療福祉の社会学,星野貞一郎・編,中央法規出版,東京,pp.259-277,1998
73) 野口裕二,中山和弘：保健医療の思想・文化―近代医療を越えて―.健康と医療の社会学,山崎喜比古・編著,東京大学出版会,東京,pp.217-236,2001
74) 隅広静子：社会構成主義によるソーシャルワーク教育.福井県立大学論集,39；61-73,2012
75) 加茂陽：ソーシャルワークの新たなパラダイム.人間と科学,11(1)；1-11,2011
76) Houston, S.：Beyond social constructionism：critical realism and social work. British journal of social work, 31(6)；845-861, 2001
77) Conrad, P.：Medicalization. Health and health care as social problems, Conrad, P. & Leiter, V. eds., Rowman & Littlefield, Maryland, pp.7-8, 2003
78) Bury, M.R.：Social construction and the development of medical sociology. Sociology of Health and Illness, 8；137-169, 1986
79) Conrad, P. & Schneider, J.W.：Looking at the levels of medicalization：a comment on Strong's critique of the thesis of medical imperialism. Social Science and Medicine, 14；75-79, 1980
80) 筒井琢磨：医療化論の検討―医学「帝国主義」批判アプローチと社会構築主義アプローチの対比―.松阪大学女子短期大学部論叢,31；28-35,1993
81) Fox, R.C.：The medicalization and demedicalization of American society. Doing better and feeling worse：health in the United States, Knowles, J.H. ed., W. W. Norton & Company, New York, pp.9-22, 1977
82) Conrad, P.：Medicalization and social control. Annual Review of Sociology, 18；209-232, 1992
83) 進藤雄三：医療化のポリティクス―「責任」と「主体化」をめぐって―.現代の社会病理,18；1-14,2003
84) 平井秀幸：「医療化」論再考.現代社会理論研究,14；252-264,2004
85) Brown, P.：Naming and framing：the social construction of diagnosis and illness. Journal of Health and Social Behavior, 35(extra issue)；34-52, 1995
86) 伊藤周平：介護保険制度改革と介護保険の「医療化」.月刊ゆたかなくらし,367；18-24,2012
87) 佐片佳之：フリースクール運動における不登校支援の再構成―支援者の感情経験に関する社会学的考察―.教育社会学研究,87；47-67,2010
88) 堀越由紀子：保健医療と福祉のネットワーク―「医療ソーシャルワーク」が経験してきたこと―.ソーシャルワーク研究,25(1)；17-27,1999
89) 米本秀仁：ソーシャルワーク・アイデンティティの形成と社会福祉系大学の責任.ソーシャルワーク研究,25(4)；341-346,2000
90) 岡本民夫：ソーシャルワークにおける研究方法の課題.ソーシャルワーク研究,25(4)；249-254,2000
91) 秋山智久：社会福祉学の課題―ソーシャルワークの専門性―.医療社会福祉研究,1；36-44,1992

第Ⅴ章　精神保健福祉以前のソーシャルワーク実践：1960年〜1980年代

92）上原正希：医療ソーシャルワーカーの業務における制約について．新潟青陵大学紀要，7；7-15，2007
93）太田義弘：ソーシャル・ワーク実践へのエコシステムの課題．ソーシャルワーク研究，16(2)；80-85，1990
94）副田あけみ：ジェネラリスト・アプローチ．ソーシャルワークの実践モデル―心理社会的アプローチからナラティブまで―，久保紘章，副田あけみ・編著，川島書店，東京，pp.135-157，2005
95）山室創：高齢者介護の問題を考える．医療と福祉，29(1)；48-54，1995
96）本家裕子：一般病棟のMSWのストレスの実態と影響を及ぼす要因―全国調査第2報―．医療と福祉，38(1)；41-46，2004
97）杉浦貴子：文献により探索する医療ソーシャルワーカーの「困難性」の実態．ルーテル学院研究紀要　テオロギア・ディアコニア，40；79-94，2006
98）波平恵美子：「医」の肥大化．病と死の文化―現代医療の人類学―，朝日選書，朝日新聞社，東京，pp.195-206，1990
99）岩田正美，松井二郎，山崎美貴子，栃本一三郎：社会福祉学・社会福祉教育を今見直す．社会福祉研究，86；54-69，2003
100）村上陽一郎：地球家政の提唱．固体物理，25(7)；479-484，1990
101）富樫ひとみ：社会福祉における価値とその研究領域．社会福祉研究，85；75-76，2002
102）柏木昭：「精神保健法」施行とソーシャル・ワーカーの役割．社会福祉研究，42；13-18，1988
103）児島美都子：医療福祉の今日的課題―業務研究の意義―．新医療ソーシャルワーカー論―その制度的確立をもとめて―，MINERVA新社会福祉選書5，ミネルヴァ書房，京都，pp.98-117，1991
104）佐々木敏明：地域住民とつむぐ精神保健福祉―理念と政策動向―．精神保健福祉，36(1)；5-8，2005
105）遠塚谷冨美子：精神障害者の権利擁護―社会的公正の確保のために―．精神障害者福祉の実践―当事者主体の視点から―，MINERVA福祉ライブラリー69，石神文子，遠塚谷冨美子，眞野元四郎・編著，ミネルヴァ書房，京都，pp.45-69，2005

第Ⅵ章 社会福祉士資格の成立にみる行政と関連組織の動き

はじめに　第Ⅵ章では、社会福祉士及び介護福祉士法の制定（1987年）前後におけるソーシャルワーク関連団体の資格制度化運動の経緯、ならびに行政の動きを振り返る。また、介護福祉士として国家資格化されたケアワーカー、ならびに早くより確立をみた英米のソーシャルワーク専門職制度との対比について触れる。

　1986年、行政による国家資格化の意向を受けてソーシャルワーク関連団体の活動が高まり、翌年の法の成立へ結実した。各種の反対運動に厚生省（当事）が調整役を果たしたため、行政主導の法制化に対して一部のソーシャルワーク領域では成立を評価しない姿勢があった。[1]

　法の対象はもっぱら高齢者が想定されていたため、介護福祉士として国家資格化されたケアワーカーと、ソーシャルワーカーとのあいだの専門性の異同について、特別養護老人ホームにおける協働を引きあいに論じた。

　生活相談員によりソーシャルワーク機能が発揮されている状況から、ソーシャルワーカーが高齢者施設におけるソーシャルワーク機能を主体的に果たそうとするのか、問われていると分かる。[2]

　社会福祉士及び介護福祉士法の成立過程において、医療ソーシャルワーク実践の蓄積がソーシャルワーカーの専門性の説明として用いられたにもかかわらず、結果的に医療ソーシャルワーカーは独自資格として定められなかった。このことが、後年の精神科領域に限定した国家資格化への布石となった。[3]

　ソーシャルワークは主にアメリカとイギリスで発展したが、わが国のソーシャルワーカーのあり方は資格制度や職域、関連団体の様相が大きく異なるため、諸外国との対比へ留意しつつも日本の実情に即した専門職や資格の体系が必要である。資格制度化の過程において、欧米のソーシャルワーカーの言辞は制度上の内容の吟味というより、むしろ制度そのものの

必要性という意味に解釈されていた。④

 厚生省（当時）による主導と、ソーシャルワーク関連団体の対応

1986年12月、斎藤十朗厚生大臣（当時）は「医療・福祉分野について国家資格を新たに設ける」との方針を突如公表した。

その頃の社会福祉領域では、保育所などの保母と、自治体の社会福祉事務所で働く社会福祉主事が、30年以上にわたりただ二つ認められた国家資格であった。実際には多くの人々が、高齢者や障害者などへ公的体制に基づいて支援を展開していたにもかかわらず、少なからぬ福祉職従事者は法的な資格の裏づけがない状況に置かれ、その身分は不安定であった。

しかしながら、社会構造および国民生活の変化に伴い、社会福祉や保健サービスへ従事する人々における資質（知識・技術・倫理）の向上の必要性が次第に認識されるようになった。福祉職従事者の専門性を、資格制度を通じて高めることは関係者にとって長年の悲願だったのである[1]。

それまで幾度か、国家資格を求める運動が各職能団体によって行われていたが、担当する厚生省側は本腰を入れて法制化を検討せず、その議論は局や課のレベルから一歩も出ることがなかった。

たとえば、1970年代後半に組織としての統一的な活動を再度（☞ p.68）軌道に乗せた日本医療社会事業協会は、1973年から1980年にかけて児島美都子会長のもと「身分法運動」と呼ばれていた取り組みを「資格制度化運動」と位置づけなおし、身分の安定を求めるためには国家資格が必要であるとして、最終目標を国家資格化の実現に置く運動を展開した。

1982年、医師であり「厚生行政に太いパイプをもつ」須川豊氏が前年に会長となって、「医療福祉士法試案」を作成した。しかし、国家資格の創設はきわめて困難であるとの認識から、資格については同協会内での認定を目指し、行政に向けては診療報酬点数化や医療ソーシャルワーカーの配置拡大へ運動の重点を移している[2]。

後年、往時の状況を京極[3]は「日本社会事業学校連盟（筆者注：1955年設

立、現・日本社会福祉教育学校連盟[以下、現名称で統一])もソーシャルワーカー協会も、自分たちのなかで独自の専門職の基準をつくって、基準を満たしていればいいんじゃないのとか、そういう簡単なことを考えていたわけです。法律を根拠にした国家資格ができるとは、社会福祉界ではこれっぽっちも考えてなかったのではないでしょうか」と回顧している。

それゆえ、斎藤大臣の方針発表は関連する諸団体にとって予想外の出来事であり、同時に国家資格化へ向けた千載一遇の好機と受けとめられた[4]。

1987年1月、日本ソーシャルワーカー協会(1960年設立)に、日本社会事業大学から厚生省社会局へ転じていた京極髙宣社会福祉専門官(当時)を経て資格に関する賛否の回答が求められ、日本ソーシャルワーカー協会は「資格化を支持する」として、厚生省社会局へ全面的に協力することで法制化を目指すこととなった[5]。

その後、厚生省社会局を中心として社会福祉士及び介護福祉士法案の準備が進み、同年4月に国会へ上程される見通しさえもたれていたが、各種の反対運動や陳情が続出し、一時は成立そのものが危ぶまれた[6]。

たとえば、1987年3月10日には全国民営職業紹介事業協会、日本臨床看護家政協会、日紹連看護家政福祉協会、全日本民営職業紹介事業福祉協会が社会福祉士及び介護福祉士法案に反対する旨の要望書を労働事務次官(当時)に提出し、当該4団体の「事業運営を根底から脅かす」と訴えた。

行政の内部でも家政婦は労働省(当時、以下同じ)の管轄であったため、労働省は「家政婦と介護福祉士という同じような業務に、国の関与する二つの資格ができるのは国民が納得しない」[6]と主張した。

日本国憲法と内閣法の解釈によれば、国会議員とともに内閣自身も法案提出の権限をもっている。内閣が法案を出す際には、全閣僚が当該法案に同意していなければならない。法案は多くの場合、担当の省庁の官僚によって起草されるが、最終的な案となるまでにはいかなる省庁間の対立も解決されていなければならないのだ。社会福祉士及び介護福祉士法の場合は、厚生省社会局庶務課が中心となって、法案作成と対内・対外交渉の役割を担った[1]。

この交渉過程において、労働省が最も手強い相手であった。同省は家政婦関係団体約15万人の権益を代表しており、介護福祉士の業務内容は家政婦と

重なるため強い拒否反応を示したとみられる。当時の労働省は「技能検定とか簡単な研修でできる介護ヘルパーをつくろうと思っていた」[3]のだ。

そこで、厚生省が妥協策を講じた。労働省によって監督される、家政婦に対しての技能検定試験（厚生大臣が介護福祉士試験と同程度と認めたもの）の合格者を、介護福祉士として別途登録する制度を設けたのである（社会福祉士及び介護福祉士法第39条第5号）。

「この制度がなかったとすれば、両省の妥協は困難であったかもしれない」[1]とされる。また、日本社会福祉教育学校連盟と日本ソーシャルワーカー協会も前記の反対要望を受けて、連名で「社会福祉士及び介護福祉士法制度の早期実現に関する要望書」を作成し、厚生省や関係国会議員への陳情を行っている。

第39条は「介護福祉士となる資格」を定めており、第5号は「職業能力開発促進法第62条第1項の規定に基づく介護等に係る技能検定（当該技能検定の実施に関し、労働大臣が厚生省令、労働省令で定めるところにより、厚生大臣に協議したものに限る。）に合格した者」という規定であった。

しかし、実際には法の制定時に労働省の技能検定はスタートできず、国会で「どういう技能検定をやるかということは、労働大臣から厚生大臣に協議をしていただきまして、厚生大臣の目からみて同レベルという判定をいたしますとそういうことになる」と答弁されている[7]。

その後も技能検定は行われず、ついには2006年12月の社会保障審議会福祉部会による意見[8]で「1988年の制度施行から現在に至るまで…実績がないことから、この際、技能検定ルートは廃止するべき」と答申され、その通り、2007年12月に社会福祉士及び介護福祉士法等の一部を改正する法律で「第39条…第5号を削る」[9]と定められるに至った。

さて、「社会福祉士及び介護福祉士法が急速に推し進められた理由は、寮母を抱える厚生省が、家政婦を抱える労働省に先立ち法案を成立させるためであった」[10]とされる。

かたや、「労働省もケアワーカーに対して、厚生省より先に何らかの形での専門職化を考えていたといわれるが、実際には特段の行動を起こさなかった。したがって、労働省は大した努力もせずに、あるいは単に厚生省

第VI章　社会福祉士資格の成立にみる行政と関連組織の動き

に反対することにより、家政婦についての国家資格制度の創出に成功したともいえる」[1] のであるが、2001年1月に両省は統合されて厚生労働省となったことにより、省庁間の葛藤から生み出されたといえる当該条文は、まさにその存在役割を終えたのだ。

　その後も「もぐら叩き」と称される障壁[6] が続いたものの、1987年5月21日に衆議院の本会議で社会福祉士及び介護福祉士法は可決、成立した。当時、厚生省社会局庶務課長であった瀬田[11] は、法制化の過程を振り返る座談会で「斎藤厚生大臣は福祉に非常に理解のある方でして、福祉を自分の政治生活におけるライフワークにしている…福祉にはどうしても資格が必要だということを理解してくれた稀な政治家なんです。大臣が『そういうことなら、私が全責任を負うからやりましょう』と言ってくださった」と述べている。
　この談話と、座談会に同席した司会者を除く3名による以下の発言を読みあわせることで、厚生省の主導と、ソーシャルワーク関連団体の呼応によって法制化がなされた経緯が浮かび上がる。
　すなわち、「瀬田さん以下…よくこの難関をクリアして、ここまで作り上げていただいた」、「現場サイドではこうした法案が急に出てきた」、「私たちも全力をあげて、厚生大臣に『社会福祉士及び介護福祉士法』の速やかな制定のお願いの電報を打ったり、その他ソーシャルワーカーの一会員としてささやかな協力をさせていただきました」といったやりとり[11] である。
　実践者の立場からは、社会福祉士及び介護福祉士法の成立直後に述べられた、「資格制度の法制化は社会福祉に新たな課題を提起した…それは社会福祉の専門性があらためて問われることになったことである…結果として法の成立をみた。しかし、社会福祉全体として満足すべき回答がなされたと自負できるだろうか」[12] との感慨に象徴されるように、行政からの法整備に対して十分な検討を重ねたうえで対案を示したり、修正を図ったりすることができなかったソーシャルワーカーの専門性に対する疑義が表明された。
　後年、京須[5] は以上の経緯を「社会福祉領域の国家資格は各ソーシャルワーカー協会と厚生省の合意形成に基づいて創設されたが、そのパワーバランスは厚生省各局が強く、各ソーシャルワーカー協会はそれに反対できるほどの

力がなかった」と総括している。

ソーシャルワーカーとケアワーカーの関係性

　厚生省はソーシャルワーカーとケアワーカーの両者について資格制度を構想し、それが社会福祉士及び介護福祉士法として結実したのだが、それは「ソーシャルワーカーとケアワーカーは共同して活動すべきであり、その業務は互いに補完的なものである」という理論によるものであった。

　これを前提にするかぎり、対抗軸にあった労働省としては（法案に反対する場合は）ケアワーカーの資格化だけでなく、ソーシャルワーカーの資格化の必要性も否定しなければならなかった[1]のである。「ケアワーカーと一緒になって働ける社会福祉士でなければならない」という戦略、そして「介護福祉士一方だけを出すとつぶれてしまう」[13]という戦術であったといえよう。

　もちろん、法案成立のためだけの方便にすぎなかったのではなく、実際に2002年10月の日本社会福祉学会 第50回記念全国大会では、学会企画シンポジウムとして「ソーシャルワークとケアワークの協働の方向性」が論じられ、「ソーシャルワークとケアワークの相互乗り入れも必須であり、協働を考えるうえで重要な条件である」と発議されている[14]。

　また、「さまざまな専門的な職業領域が生成・発展している今日」においてこそ、「実体的な専門職の『特性』の抽出や、『専門職か否か』という二分法的な厳密な線引きはさほど生産的な作業ではない」[15]という言説（2009年）は近年において一理ある。とくに、「医師を完成された専門家として位置づけ、その属性を抽出し、そのモデルへと近づけようとした『属性モデル』」による、「ソーシャルワーカーの専門職化」の試みには限界が指摘されている[16]。

　加えて、資格化することによってそれぞれの専門性が高まり、分化が促進されるという発想もある。専門性の向上は資格制度を求める一方、資格化により逆に専門性の高まりを期待できるからである。

　ただし、近年に至る経過として杉野（2011年）は、「社会福祉士の存在感は薄く…福祉制度がソーシャルワーク実践を『臨床化』していかなければならないのだが、現在の日本はこの段階で足踏みしているといえる」[17]と、資格化が必ずしも実践の深化に結びついていないことを指摘する。

当時（1989年）すでに、「医療業務や法律業務と違って、一見誰でも参加できそうにみえる社会福祉活動の特徴」であり、「区別の必要性について厚生官僚は明確な答えを出しているようには思われない。もしもこの点について徹底的な議論をしていたとするならば、短期間のうちに自民党審査と国会審議をクリアすることは困難であったであろう。厚生官僚は立法過程において、慎重にこの問題を避けていたとも思われる」[1]と評されていた、ソーシャルワーカーならびにケアワーカーの専門性については、一定の論考が避けて通れない。

　両者の関係が歴史的に論じられてきた職域として、高齢者施設の介護職と、保育所の保育士があげられよう。本書ではソーシャルワーカーの（社会福祉士としての）国家資格化が、高齢社会を迎えたわが国の福祉人材確保の一環としてなされた経緯より、老人福祉施設、とくに特別養護老人ホーム（以下、特養）[注1]を念頭に置いて高齢者施設におけるソーシャルワーク機能の担い手につき論考[18]を加える。

　　　もちろん、保育所の視点も大切である。「他の児童福祉施設であれば、ソーシャルワークを担う者として家庭支援専門相談員や児童指導員などが想定されるが、保育所における社会福祉専門職は（最低基準に照らせば）保育士のみ」[19]だからである。
　　　つまり「保育所の機能が拡大した場合、他の専門職を導入しない限り、それは保育士の役割も拡大することを意味する」のだ。したがって、「保育ソーシャルワークの主体については多くの論者が、保育士が担う立場をとっている」[19]。
　　　ただし、高齢者へのケアワークに限らず、児童福祉ケアワークにおいても「児童福祉ケアワークの専門性の意義が一般的に認識されにくい」、「ソーシャルワークの専門性よりは低く受けとめられがちである」との指摘がある。しかも、そこにおける「一見あたかも一般的な家庭生活における家事労働と共通の介護、看護、養育、つまり親・保護者やそれに替わるいわゆ

注1）老人福祉施設である特別養護老人ホームは、介護保険法の制定（2000年）に伴って、利用者との契約に基づき介護サービスを提供する「指定介護老人福祉施設」とされている。

る素人にも行い得るもののように受けとめられがちである」[20]という事由は、そのままソーシャルワークの専門性に対するかつての疑念に他ならない。

　もともと、保育士養成校の創設当初ほど福祉系科目の比重が高く、保育士は「地域で活動するケアワーカーであるとともに、ソーシャルワーカーでもある職種として位置づけられていた」[21]という。しかし、次第に教育職の色彩を強め、現代において「大多数を占める保育所保育士に限定すれば、はたしてどれだけの者が社会福祉専門職としてのアイデンティティを有しているのだろうか」[22]との指摘もなされる状況において、保育所保育士のソーシャルワーク機能はもっと顧みられてよい。

　さて、「人の暮らしにさりげなく入り込み、24時間寄り添うことのできる介護福祉士の支援は、ソーシャルワークの視点をもちながらケアワーク技術を活用し、きちんと目の前の人の暮らしを支えていく」[23]という述懐がある。
　その一方、わが国のソーシャルワークの特徴として、「専門職団体としての社会福祉士による社会資源を、地域のなかで活用していこうとする…実態」[24]が指摘されている。これには、ケアワーカー側から「いたずらに『ソーシャルワーク』、『ケアワーク』の独自性を厳しく明確化しながら行う支援」とする批判[23]も加えられている。
　神山[25]は、「現代の介護職は…無意識にソーシャルワークの知識や技術を使っている」、「多くの年月をかけて、多くの人々に磨かれたソーシャルワークの知識や技術を、支援を求める人のために介護職が使わないのはもったいない」と提起し、エコロジカル・ソーシャルワークやコミュニティ・ソーシャルワークを交えた介護実践に言及している。
　八木[23]もまた、「介護福祉の実践現場では、ソーシャルワークを駆使した対応が数多くみられる」と認めている。実践面にとどまらず研究者[26]の側からも、特養の介護福祉士と社会福祉士をケアワーカーとして一括し、看護師とのあいだで終末期ケア行動を分析する調査手法があらわれている。
　ソーシャルワーカー側の認識はどうだろうか。栃本[27]は「人数が多い介護福祉の人たちの臨床経験を対象化し、客観化し、それを集積していくと援

助技術の世界で大きな積み重ねになる」と述べ、学術面まで含めた介護職による実践への理解を示している。日本学術会議による提言[28]においても、領域別のソーシャルワーカーへ位置づけられたレジデンシャル・ソーシャルワーカーが、特養におけるソーシャルワーク機能の担い手となろう。

ただし、これらを勘案してもなお、ソーシャルワーカー側からの、高齢者施設におけるソーシャルワーク機能に関する論考は、一部の関心ある者の発題に限られている。

たとえば、「特養において、生活相談員は複雑化した生活問題に向きあうソーシャルワーカーとして、業務を遂行している」[29]との著述は、社会福祉士の登用を念頭に置いて述べられたものであるが、特養のソーシャルワーカーたるには社会福祉士でなければならない決定的な理由もないように思える。少なくとも、生活相談員であることに社会福祉士の資格取得との関連がない[30]ことは指摘されている[注2]。

もちろん、社会福祉士が養成カリキュラム上、その任にあたる者として適切なことは、少なくとも社会福祉主事との対比[29]において疑いない。他方、介護福祉士が直接身体介護の技術と機会をもつという特質を生かし、施設内ソーシャルワーク実践を繰り広げている。すなわち、双方の長短異同について議論が必要だ、ということである。

では上記の生活相談員は、実態としてどのような職務と所持資格の概況にあるのだろうか。2009年に東京都で46名の生活相談員へ行われた調査では、40名に介護職の経験があり、うち21名は介護職の方が長く、この経験が生活相談員としての基本的な力になっている[31]という。

すなわち、多くの利用者へ短時間で介護を提供する傾向にあるケアワークに対し、生活相談員は少数に対し時間をかけたケアワークに携わり、直接援助業務を通して入居者の情報収集、情報分析のレジデンシャル・ソーシャルワークを介在させている[32]。

注2) 社会福祉士資格との関連がないとした報告[30]では、同時に生活相談員であることに介護職経験年数との関連がないことも示しており、これらの背景について「かつては介護職の経験を積んだ生活相談員というキャリアコースがあった一方、介護保険制度の導入後は生活相談員になる道筋が多様化している」と考察している。

三輪[33]は「日常生活支援を行うべきであるという意識をもち続けるか、事務業務などに自分の必要性を見い出そうとするかにより、生活相談員の専門職性意識に差異が生じる」として、介護実務の可能な生活相談員は、与えられた立場により幅のある実践が可能であることを間接的に述べている。これは、「事務部門と現場とのあいだにも考え方の違いがあり、何を大切にするかの優先順位が異なる」[34]からである。

　さらに資格面を確認すると、生活相談員は介護福祉士資格を所有する割合が高く、2011年に行われた全国846名の生活相談員への調査（重複回答可、以下同じ）では、介護福祉士52.1％、介護支援専門員36.0％、社会福祉士34.8％の保有率[35]であり、府県域に絞った2報告[30,36]からも192名／104名への調査に対し、介護福祉士63.0％／57.7％、介護支援専門員29.1％／39.4％、社会福祉士20.1％／29.8％と、いずれも同順位の割合が得られている。

　社会福祉士だけを取り上げると、全国の生活相談員7,744名（常勤換算値：2010年10月現在）のうち社会福祉士は2,392名（30.9％）であって[37]、高齢者施設において社会福祉士の資格取得は法令上の定めもないため進んでいない[31]と指摘される。そして近年は、「介護福祉士のキャリアプランニングにおいて、将来生活相談員業務を担う可能性を考慮に入れる必要がある」との[36]言及もみられている。

　介護福祉士が生活相談員となり、高齢者に直接身体介護で接する技術と機会を生かしてソーシャルワーク機能を有効に発揮する状況を念頭に置いたとき、それをソーシャルワーカーのアイデンティティを脅かす行為と、ソーシャルワーカーは受け取るのだろうか。

　ソーシャルワーカーは高齢者施設におけるソーシャルワーク機能を主体的に果たそうとするのか、あるいは他職種に委ねつつそれを支えていこうとするのかが問われており、近況である生活相談員の介護福祉士化を鑑みれば、これはソーシャルワークいわんや社会福祉学における一つの重要な論点として提起できるであろう。

3　社会福祉士及び介護福祉士法の成立

　社会福祉士及び介護福祉士法の法案提出は1987年4月21日であったため、

わずか1か月の審議でその成立をみた（☞ p.119）。国会における法案の趣旨説明では「後期高齢人口が大幅に増加する…寝たきり老人等介護を要する老人の急増…家庭における介護能力の低下…こうした状況のなかで増大する老人、身体障害者等に対する介護需要にいかに適切に対応していくか…」と述べられている[38]ように、同法の対象はもっぱら高齢者、なかでも身体障害を有する高齢者であった。

したがって、社会福祉士の誕生は、わが国の高齢社会の進行とそれに伴う福祉系人材確保政策と密接な関係にあり[10]、議論の対象とされたのは「どのようにしてきたるべき高齢社会に対応するか」であって、「児童虐待・いわゆる問題児・アルコール中毒者・精神障害者・麻薬中毒者などは、福祉士法の必要性との兼ねあいではほとんど考えられなかった」[1]のである。

「『介護福祉士』についてはともかく、『社会福祉士』については法制化を行うことは時期尚早とも思われた」[39]、あるいは「説明の根拠…もたいへん歯切れの悪いもので、シルバー・サービスを最初にもってきてみたり、ソーシャルワーカーとかケアワーカー…については今日、先進国において資格制度があるのは常識でそれが実現していないのは日本の恥だというような、たいへん日本的な方法だと苦笑しましたが、そういったまとめになっています」[40]との声も聞かれた。

肯定的なコメントとして、厚生省サイドによる「社会福祉関係者にとって30年来の悲願の実現と、大歓迎を受けている」との述懐[11]や、介護職の立場から「老人ホームにおける寮母職やホームヘルパーの資質の向上と社会的地位の確立については、従来から関係者のあいだでしばしば提起されてきた課題である」との評価がなされる[39]一方、児童福祉の立場から「施設現場の受けとめ方は…率直に言って無関心というよりは、むしろ冷淡に近い」[41]と距離を置くコメントがあるなど、さまざまな反応があった。

かかる状況に臨み古瀬[39]は、欧米での専門職としての確立を引きあいに「医療ソーシャルワーカー、心理ソーシャルワーカー、精神ソーシャルワーカーなど…わが国におけるソーシャルワーカーというアイデンティティをもつのは…専門ソーシャルワーカーである…これらの専門職の資格化の前提として基礎資格…の『社会福祉士』が構築され」たと述べている。

つまり、社会福祉士の国家資格化は、医療ソーシャルワークや精神科ソーシャルワークといった、医療領域におけるソーシャルワーク実践の蓄積に少なからず根拠を求めていたため、それをわが国のソーシャルワークの適応領域全体へ基礎資格として広げた結果、対象としての高齢者や、協働者としての医療の要素が歴史的に乏しい領域においては、前述のように共感性の乏しい所感とならざるを得なかったのであろう。

　実際に、社会福祉士及び介護福祉士法を具体化する過程で、内閣法制局へソーシャルワーカーの専門性を説明するために用いられた資料は、医療ソーシャルワーカーのケース記録であった。しかし、第Ⅱ章２で触れたように社会福祉士の活動範囲は結果的に社会福祉領域へ限定され（☞ p.39）、医療現場で働くソーシャルワーカーの独自資格が陽の目をみなかった転帰に仲村[40]は「筋が通らない」と嘆いている。

　このことは、社会福祉士及び介護福祉士法の成立だけではソーシャルワーク領域の国家資格化が完成しなかったことを意味し、後年の「精神保健福祉士法」による、主に精神障害者支援に特化した国家資格への布石となった。

　裏を返せば、「かえって幸いした…社会福祉の専門性、社会福祉の業務や養成について綿密に論議していけば、どこから反対が出るやもしれぬ心配があった」[6]という内実であり、法制化の経緯において「社会福祉関係者はこの法案をまず成立させることに全力をあげ、その中身について詳しい内容の検討にはほとんどタッチせず、作成を一方的に厚生省に任せてしまった」[6]のである。

　また、社会福祉士及び介護福祉士法の成立は、日本ソーシャルワーカー協会や日本社会福祉教育学校連盟といった、職能・教育団体が十分に組織化されていたとはいえないなかでの出来事であった。

　すなわち「社会福祉士に包摂される職種や社会福祉学に関係する学校が、そうした組織を必要としてこなかった…団体の組織化は資格所有者により（筆者注：職能団体）、また資格制度に準じたカリキュラムの採用を通して（筆者注：教育団体）国家資格成立後に行われた」[42]のであり、専門職の意識の高低によらず資格化がなされ、そして資格化後にようやく各団体の凝集性が上向いたというのが実態であろう。

本来、自律的な専門職集団が、必要とする法的基盤を自らの手で確保するため、能動的に行政へ働きかけていくのが国家資格誕生の典型的なプロセス[43]なのだが、それが有効に機能しなかったのである。

つまり、わが国においては行政の介入によりソーシャルワーク関連団体の変容すら生じ、主管省庁の干渉の度にその組織方針を変更せねばならず、一貫した態度を行政へ向けて維持することの困難な状況が露見したのである。この法制化の過程における職能団体、教育団体への行政の関与が、精神保健福祉士法の成立やその後の養成カリキュラム改定の経過へ影を落とすことになる。

英米のソーシャルワーカー専門職制度と比べたわが国の特質

社会福祉士及び介護福祉士法の成立過程をめぐる、行政と関連団体の動きのなかでは、国外におけるソーシャルワーク制度との対比も取り上げられている。わが国の社会福祉制度は、はじめ英米のモデルをコピーしたものであった。この流れは第二次大戦後のアメリカ占領期に固定化し、その後の日本における精神障害者の長期・社会的入院といった課題面においてさえ、突き詰めるとアメリカが日本の規範になる[44]ことは否定できないという。

資格名称についても、社会福祉士の英訳に「サーティファイド・ソーシャルワーカー」の語があてられており、わが国の社会福祉士は国際的な意味においてソーシャルワークを担う者である[45]とされている。

1980年代に入ると欧米の多くの国で高齢化や小家族化といった人口・世帯に関する変化と、経済の停滞、雇用環境の悪化など生産・労働に関する変化が重なり[46]、ソーシャルワーカーに相当する職種に求められる社会環境へは一定の共通した基盤があった。本節では、英米におけるソーシャルワークの専門職制度を、わが国の社会福祉士制度との比較を念頭に概観する。

もちろん、国によって指導的なソーシャルワーク従事者の資格はまちまちであり、欧米諸国でも多様な制度が並存している状況にある。とくにアメリカは地方分権の進展から、運転免許をはじめ医師、弁護士、薬剤師、看護師、ソーシャルワーカーなどの資格それぞれが、(国ではなく)州レベルで資格

試験の実施を含め管理・運営されており[47]、これはわが国との根本的な相違である。

そのアメリカでは、1955年に全米ソーシャルワーカー協会（National Association of Social Workers：NASW）が結成され、専門職としての地位の確立をみるとともに社会的な影響力を発揮する条件を整えた。ソーシャルワーク教育に関しては、ソーシャルワーク教育協議会（Council on Social Work Education：CSWE）が定めたプログラムに沿う、州を超えた共通性が認められる。

1969年にNASWは、ソーシャルワーカーの実践の場が拡大し、その増員が求められたことからソーシャルワーカーとしての会員資格の要件を修士（Master of Social Work：MaSW）から学士（Bachelor of Social Work：BSW）へ緩めた[注3]。すなわち、ソーシャルワーク修士から出発したソーシャルワーカー教育だが、現在ではソーシャルワーク学士の方が多く養成されている[44,49]。

BSWとMaSWは教育水準、教育内容と養成目的によって区別されており、BSWは大学でソーシャルワークを修めてジェネラリストとして業務にあたるのに対し、MaSWは上級で専門的な仕事を担うとCSWEのポリシーは定めている[47,50]。

そのMaSWをBSWと職域で比較した場合、最もMaSWの割りあて頻度の高い分野が精神保健福祉領域である[50]とされ、医療ソーシャルワーカーも原則として修士レベルを要件としていること[48]とともに、学士レベルの教育を基本とするわが国とは異なっている。

アメリカの動向を受け、わが国のソーシャルワークを専攻する大学院においても、精神保健福祉領域で働くMaSWの養成が積極的に議論されていくと予測される[50]ように、国家資格の有無や、現段階での教育課程の背景においてわが国とアメリカのあいだには一定の相違がある。

イギリスは、アメリカと同様にソーシャルワーカーが専門職として認めら

注3）この要件の緩和は、上級レベルにあるとみなされていた精神科ソーシャルワーカーの反発と、NASWに対する会員資格の返還を招いたという[46]。

れ、1970年代以降は地方自治体によるソーシャルワーカー採用の際、ソーシャルワーカー資格を取得していることが条件とされる傾向が強まった[51]。

1989年には、それまでのソーシャルワーカー資格を統合したDiploma SW（Diploma in Social Work）が創設され、2001年には、あらゆるソーシャルケアにかかわる職種を管理するソーシャルケア総合協議会（General Social Care Council：GSCC）が誕生した。2005年以降、すべてのソーシャルワーカーがGSCCに登録されて認定ソーシャルワーカー（Approved Social Worker）となり、3年ごとの継続教育の履修が求められている[52]。

Diploma SWコースの入学時の最低年齢は18歳であり、同コースはソーシャルワーク教育の課程と時間数の充実が図られることで、ソーシャルワーク実践の各分野に共通する技術、原理、活動を学ぶジェネリックな養成課程へ位置づけられている。この点はわが国と似ている。

歴史的には、イギリスのソーシャルワーク教育は医療、保護観察、精神保健、児童といった領域ごとに特化するスペシフィックな教育システムを特徴としていた[53]ため、これは大きな変革であった。その一因として、4年後の1993年に控えていた欧州連合（European Union）への統合があげられる。

メンタルヘルスの専門職は先述の認定ソーシャルワーカー制度の一つとして存在し、これは内務省（Home office）が、6か月程度の特別講習により認定している[54]。ただし、精神科ソーシャルワーカーという呼称は、ところにより使われてはいるものの、看護師、心理士、作業療法士、ソーシャルワーカーによる総合的な援助活動を旨とするため、ことさらに分けるべきではないとされる[52,55]。これは制度や名称が社会福祉士と精神保健福祉士へ明確に分けられる、わが国との差異である。

以上のように、イギリスでは資格を統合する制度がある一方、日本ではソーシャルワーカーに相当する二つの国家資格が並立をみており、しかも社会福祉士と精神保健福祉士が一部共通した教育科目を除いて別々に養成されるため、イギリスとわが国の制度設計には明らかな違いがある。

これは、精神障害分野における施策推進のための戦術[56,57]の一環として、社会福祉士の10年後に、医療分野で精神科領域のソーシャルワーカーのみを対象とする精神保健福祉士を別に設けざるを得なかった、日本の法体系の特

性である。

 まとめれば、ソーシャルワークは主に英米で発展した職種であるものの、わが国のソーシャルワーカーのあり方は、彼の地と比較して資格制度や専門職団体の様相、職域が異なっている[4]ため、諸外国の制度との対比へ留意しつつも、日本の実情に即した専門職や資格の体系に関する論考が必要なのである。

 結果として、わが国の資格制度の成立過程を振り返ったとき、欧米のソーシャルワーカーの言辞は制度上の内容の吟味というより、むしろ制度そのものの必要性という意味に解釈されていた。

 その意味で、1986年8月から9月にかけて東京で開催された国際社会福祉協議会（International Council on Social Welfare：ICSW）による第23回国際社会福祉会議は大きな転機であった。この会議がわが国の社会福祉専門職制度づくりの出発点になり、やがて福祉士資格につながっていく[3]のであるが、内実は「外国人により批判がなされたというよりも、厚生官僚や会議の企画者が、資格制度のない日本の現状は国際的にみても問題がある、というコメントを外国人参加者の口から引き出したというほうがより正確であろう…そしてそれは、一種のオーソリティーある意見として機能したと思われる」[1]と評されている。

　　ソーシャルワーク先進国の要人による発言へ着目したのは、資格制度を推進しようとする人々ばかりではなかった。後日、精神保健福祉士法案が国会に上程される直前の1997年10月には、反対運動にあわせ、国際ソーシャルワーカー連盟（International Federation of Social Workers：IFSW）の会長（当時）であったエリス・エンバル（Elis Envall）氏より反対の趣旨の意思が示された。これに関する以下の二つの記録を参照する。一つの事象に、拮抗する判断が存在する場合の解釈の難しさを象徴する出来事であり、記録にとどめておきたい。

　「エリス・エンバルが…『精神保健福祉士の資格制度化に反対する』態

注4）この記述（1998年5月）は、引用文献[59]の再改訂版にあたる2003年2月発行の第3版以降、削除されている。

第Ⅵ章　社会福祉士資格の成立にみる行政と関連組織の動き

度を明らかにしたことは、国内の反対運動に対する国際的な支援の表明として注目に値する出来事であった。この IFSW の支援に対し、厚生省の担当者は…強く抗議したが、エリス・エンバルは…その態度を最後まで変えなかったという」[58]（日本社会福祉士会）。

「エリス・エンバル氏から…法案に反対する旨の書簡が届けられた…厚生省と外務省の調査によって、エンバル氏は日本ソーシャルワーカー協会の幹部役員から、日本の精神障害者が置かれた状況…については何も知らされないまま、精神保健福祉士法案に反対する書簡を書くよう依頼されたという」[59]（日本精神保健福祉士協会）[注4]。

この経緯に関して、2014年 6 月の日本精神保健福祉士協会全国大会における基調講演のなかで（同大会に寄せられた IFSW の会長であるゲーリー・ベイリー（Gary Bailey）氏からの、設立50周年を寿ぐ好意的な「お祝いメッセージ」[60]を受けて）、大野[61]は「今日は連盟から熱いメッセージが届いてびっくりしたが、資格制度化が実現するかどうかぎりぎりのときに当時の会長のエリス・エンバル氏から制度化に反対するというメッセージが政府や各政党あてに届いた…制度化について誰から聞き、どういう理解をしているのか…エリス・エンバル氏からは理解していなかったことについてお詫びしたいという返事がありました」と述べている。

引用文献

1 ）北村喜宣：「社会福祉士及び介護福祉士法」の立法過程．社会保障研究，25(2)；177-188，1989
2 ）松山真：資格制度化運動の歴史．日本の医療ソーシャルワーク史，日本医療社会事業協会50周年記念誌編集委員会・編，川島書店，東京，pp.54-92，2003
3 ）蟻塚昌克：聞き書き―歴史の重層と現代の社会福祉―．証言日本の社会福祉―1920〜2008―．ミネルヴァ書房，京都，pp.258-301，2009
4 ）京須希実子：福祉系専門職の誕生とその背景―国家資格を巡る動向を中心に―．日本教育社会学会大会発表要旨収録，57；285-286，2005
5 ）京須希実子：福祉系国家資格制定過程の研究―「専門職」形成のメカニズム―．産業教育学研究，36(1)；57-64，2006
6 ）秋山智久：「社会福祉士及び介護福祉士法」法制化の過程と課題．月刊福祉，70(9)；52-59，1987
7 ）参議院会議録情報：第108回国会社会労働委員会第 3 号．URL：http://kokkai.ndl.go.jp/SENTAKU/sangiin/108/1200/10805181200003a.html，1987年 5 月18日

8）社会保障審議会福祉部会：介護福祉士制度及び社会福祉士制度の在り方に関する意見，URL：http://www.mhlw.go.jp/shingi/2006/12/dl/s1212-4b.pdf，2006年12月12日
9）衆議院：社会福祉士及び介護福祉士法等の一部を改正する法律．URL：http://www.shugiin.go.jp/internet/itdb_housei.nsf/html/housei/16820071205125.htm，2007年12月5日
10）白旗（京須）希実子：社会福祉士―国家資格制度による量的統制―．専門職養成の日本的構造，橋本鉱市・編著，玉川大学出版部，東京，pp.204-222，2009
11）瀬田公和，仲村優一，杉本照子，村田正子，板山賢治：「社会福祉士及び介護福祉士法」の成立と今後の展望．月刊福祉，70(9)；12-41，1987
12）永田幹夫：問われる社会福祉の専門性．月刊福祉，70(9)；8-9，1987
13）京極髙宣：福祉士法の成立と今後．明日の福祉を目指して，中央法規出版，東京，pp.187-210，1987
14）西原雄次郎，野川とも江，浅野正嗣，山崎美貴子，福山和女：学会企画シンポジウムⅡ ソーシャルワークとケアワークの協働の方向性．21世紀社会福祉学の将来像―日本社会福祉学会第50回記念全国大会―，日本社会事業大学・編，中央法規出版，東京，pp.95-136，2003
15）橋本鉱市：はじめに．専門職養成の日本的構造，橋本鉱市・編著，玉川大学出版部，東京，pp.1-2，2009
16）三島亜紀子：専門職化への起動．社会福祉学の〈科学〉性―ソーシャルワーカーは専門職か？―．勁草書房，東京，pp.1-25，2007
17）杉野昭博：日本におけるソーシャルワーク．社会福祉学，平岡公一，杉野昭博，所道彦，鎮目真人・著，有斐閣，東京，pp.59-78，2011
18）大西次郎：特別養護老人ホームにおけるグリーフケア―ソーシャルワークの視点から―．佛教大学大学院紀要 社会福祉学研究科・篇，41；1-13，2013
19）鶴宏史：保育所保育とソーシャルワーク．保育ソーシャルワーク論―社会福祉専門職としてのアイデンティティ―，あいり出版，京都，pp.41-61，2009
20）網野武博：児童福祉におけるソーシャルワークとケアワーク．児童福祉学―〈子ども主体〉への学際的アプローチ―，中央法規出版，東京，pp.203-232，2002
21）待井和江，野澤正子：保育所保育指針改訂の課題と保育士養成．社会問題研究，48(2)；19-45，1999
22）鶴宏史：はじめに．保育ソーシャルワーク論―社会福祉専門職としてのアイデンティティ―，あいり出版，京都，pp.ⅰ-ⅲ，2009
23）八木裕二：介護福祉士資格がソーシャルワークにもたらしたもの―介護福祉士にソーシャルワークは不要なのか―．ソーシャルワーク研究，37(2)；27-34，2011
24）木原活信：ソーシャルワーク実践とグリーフワーク．ソーシャルワーク研究，37(4)；4-16，2012
25）神山裕美：介護職にソーシャルワークの知識や技術が必要な理由とは？ おはよう21，21(2)；14-16，2010
26）北村育子，石井京子，牧洋子：特別養護老人ホームで働くケアワーカーと看護師の終末期ケア行動の分析．日本福祉大学社会福祉論集，122；25-39，2010
27）岩田正美，松井二郎，山崎美貴子，栃本一三郎：社会福祉学・社会福祉教育を今見直す．社会福祉研究，86；54-69，2003
28）日本学術会議社会学委員会福祉職・介護職育成分科会：福祉職・介護職の専門性の向上と社会的待遇の改善に向けて．URL：http://www.scj.go.jp/ja/info/kohyo/pdf/kohyo-21-t133-3.pdf，

2011年9月20日
29) 成清美治：特別養護老人ホームにおける生活相談員の業務分析と課題．―介護支援専門員との比較検討のなかで―．ソーシャルワーカー, 11; 27-39, 2011
30) 安立清史, 黒木邦弘, 藤村昌憲, 石川勝彦, 三沢良：介護老人福祉施設における生活相談員の業務実態とその意識．九州大学アジア総合政策センター紀要, 5; 223-237, 2010
31) 西口守：高齢者福祉施設における生活相談員の「相談」の実際―特別養護老人ホームと地域包括支援センターの調査を踏まえて―．東京家政学院大学紀要, 51; 1-21, 2011
32) 石田博嗣, 住居広士, 國定美香：タイムスタディで捉えるレジデンシャル・ソーシャルワーク・コードの開発と研究―介護老人福祉施設における生活相談員と計画担当介護支援専門員の業務分析から―．厚生の指標, 57(1); 6-14, 2010
33) 三輪直之：特別養護老人ホームにおける生活相談員の業務と専門職性との関連について―生活相談員への質問紙調査から―．人間生活科学研究（宇部短期大学）, 40(1); 11-22, 2004
34) 島田千穂：社会福祉施設におけるスーパーバイザーの役割．介護人材Q&A, 5 (45); 23-27, 2008
35) 全国老人福祉施設協議会：「特別養護老人ホームにおける介護支援専門員及び生活相談員の業務実態調査研究事業」調査報告書, p.23, 図表20 取得資格, URL：http://www.roushikyo.or.jp/contents/research/other/detail/115?attach=true&fld=attl, 2011年7月13日
36) 井上祐子：高齢者福祉施設生活相談員が必要と認知する対人福祉サービスの構造化．評論・社会科学（同志社大学）, 93; 67-80, 2010
37) 厚生労働省：介護老人福祉施設の常勤換算従事者数．職種（常勤―非常勤），開設主体別．介護サービス施設・事業所調査に関する統計表, 平成22年介護サービス施設・事業所調査結果の概況, URL：http://www.mhlw.go.jp/toukei/saikin/hw/kaigo/service10/index.html, 2012年2月9日
38) 高橋重宏：社会福祉専門教育と研修に求められるもの―社会福祉士，介護福祉士養成に期待するもの―．社会福祉研究, 41; 50-58, 1987
39) 古瀬徹：ケアワーカーの専門性と独自性―「介護福祉士」創設の意義と今後の課題―．社会福祉研究, 41; 38-43, 1987
40) 仲村優一：社会福祉士と医療ソーシャルワーカー．ソーシャルワーカー, 2; 9-16, 1991
41) 福島一雄：施設処遇の専門性とは何か―児童養護の立場から―．社会福祉研究, 41; 44-49, 1987
42) 京須希実子：福祉系専門職団体の組織変容過程―ソーシャルワーカー団体に着目して―．東北大学大学院教育学研究科研究年報, 54(2); 225-249, 2006
43) Wilensky, H. L.：The professionalism of everyone? American Journal of Sociology, 70(2); 137-158, 1964
44) Mandiberg, J. M., 岡田藤太郎：アメリカ社会福祉政策の失敗から学ぶ教訓．ソーシャルワーク研究, 17(3); 206-213, 1991
45) 潮谷有二：社会福祉ニーズの変容と社会福祉教育の課題―社会福祉士制度の見直しを視野に入れて―．社会事業研究, 47; 4-18, 2008
46) 松村祥子：欧米社会福祉の直面する課題―揺らぎと代替―．欧米の社会福祉, 松村祥子・編著, 日本放送出版協会, 東京, pp.11-22, 2007
47) 平山尚：アメリカにおける社会福祉教育―歴史的発展と現況―．ソーシャルワーク研究, 30(2); 84-92, 2004
48) 上續宏道：臨床ソーシャルワークの可能性―アメリカの知見から日本への応用に向けて―．

ソーシャルワークの固有性を問う―その日本的展開をめざして―, 西尾祐吾, 橘高通泰, 熊谷忠和・編著, 晃洋書房, 京都, pp.175-195, 2005
49) 藤原正子：英国ソーシャルワーカー資格取得課程―そのジェネリックな教育訓練と専門分化した研修の継続―. ソーシャルワーク研究, 16(2); 122-126, 1990
50) 木村真理子：精神保健領域で働くソーシャルワーカーの大学院教育. ソーシャルワーク研究, 30(2); 100-108, 2004
51) 平岡公一：イギリスの社会福祉の現状と課題. 欧米の社会福祉, 松村祥子・編著, 日本放送出版協会, 東京, pp.149-159, 2007
52) 野中猛：精神保健福祉医療・海外事情（5）イギリスにおける医療職の教育と機能. 精神科看護, 33(7); 53-58, 2006
53) 金田知子：イギリスのソーシャルワーク教育の展開とその新たな動向―アートからサイエンスへ？―. ソーシャルワーク研究, 30(2); 93-99, 2004
54) 助川征雄：英国の司法精神医学サービスにおけるソーシャルワーカーの役割. 精神保健福祉, 35(1); 80-83, 2004
55) 野中猛：精神保健福祉医療・海外事情(4)イギリスにおける地域精神科看護師（CPN）の活動. 精神科看護, 33(6); 54-58, 2006
56) 岩崎晋也：障害者福祉法への統合化と精神障害者施策. 病院・地域精神医学, 40(4); 315-319, 1998
57) 岡村正幸：精神医療分野における社会福祉専門職の資格制度をめぐって. 福祉のひろば, 62; 126-131, 1995
58) 日本社会福祉士会：精神科ソーシャルワーカーの資格化について. 日本社会福祉士会10年史, 日本社会福祉士会10年史編集委員会・編, 日本社会福祉士会, 東京, pp.43-48, 2003
59) 大野和男：精神保健福祉士国家資格化の経緯. 改訂 これからの精神保健福祉―精神保健福祉士ガイドブック―日本精神医学ソーシャル・ワーカー協会・編, へるす出版, 東京, pp.43-52, 1998
60) 日本精神保健福祉士協会：設立50周年ゲーリー・ベイリーIFSW会長からのお祝いメッセージ. URL：http://www.japsw.or.jp/backnumber/oshirase/2014/0707-2.html, 2014年7月7日
61) 柏木昭, 大野和男, 柏木一惠：鼎談 精神保健福祉士の50年―何が出来、何が出来なかったのか―. 精神保健福祉, 45(3); 158-163, 2014

第Ⅶ章 精神保健福祉以降のソーシャルワーク実践：1990年代〜現在

はじめに 第Ⅶ章では、1990年代以降における精神科ソーシャルワーカーの動向を検証する。保健医療と社会福祉をつなぐ精神保健福祉の語の一般化と、その名を冠した国家資格の創設で、医療ソーシャルワーカーとの違いは明らかになる。日本学術会議による提言から、双方がスペシフィックな専門職として区別されたことを確認するとともに、「精神保健福祉学」ではソーシャルポリシーとのかかわりに留意すべきことを示す。

もともと日本医療社会事業協会は医療福祉士（仮称）制度の確立を目指していたが、1990年以降は基礎資格を社会福祉士へ一本化した。このことは精神保健福祉士の制度化以降、社会福祉士との両カリキュラムを備える必要性に迫られた教育機関で、医療ソーシャルワークの特色が出しづらい状況を招いた。1

1990年代には社会福祉士としての国家資格者養成の普及によって、社会福祉学の体系が国家試験へ対応したカリキュラムに影響を受け、教育や研究の重点はソーシャルワークへ向かった。一方で、ソーシャルポリシーへの関心が後退し、「社会福祉学におけるソーシャルワーク重点化」が生じた。2

これに対し、精神科ソーシャルワーカーによる医療者とのチームアプローチは、学際的な取り組みを促した。だが領域横断的な職務は、施策展開の遅れた精神障害分野で国家資格創設にあわせて特徴づけられたため、学問的な基盤を質される状況が現出した。3

精神保健福祉士養成カリキュラムの改定（2012年）により、法・制度解説の割合が増える一方で、ソーシャルワークの価値や理念がやや軽視され、専門職としてのアイデンティティが曖昧となった。国家資格化による業務のすそ野の広がりが知識や技術の偏重へ結びつきかねず、精神科ソーシャルワーカーにとって実践の基盤となる理論の構築が急務となった。4

2008年と2011年の日本学術会議による提言では、精神保健福祉士に対し医療ソーシャルワーカーが国家資格でない認定資格へ位置づけられ、両者が並立している。すなわち制度上、精神科ソーシャルワークと医療ソーシャルワークは別であることが示唆される。ソーシャルワークの医療分野における実践である医療ソーシャルワークと比して、精神科ソーシャルワークはソーシャルポリシーとの深いかかわりに特徴がある。◆

1 精神保健福祉士法の成立と精神科ソーシャルワークをめぐる構造の変化

　1980年代、医療ソーシャルワーカーは「医療者が行うことを行わない」という形で専門性を発露する選択をとった（☞ p.104）。このあいだ、精神科ソーシャルワーカーは長期・社会的入院が蔓延する精神科医療の場に葛藤をはらみつつとどまった。

　そのような精神科ソーシャルワーカーの立場は、初期のあり方として「当時は、チーム医療における一定の役割を果たしていくことを意図していましたが…精神科医療全体が精神科ソーシャルワーカーのチーム医療への参画を受け入れていない状況にありました。そのようななかで、精神科ソーシャルワーカーは力動精神医学の考えに重点を置いた医師たちとの連携のなかで『クライエントの自己決定の尊重の原則』を中核にした役割を追求していた存在であったと思います」[1]と表現され、その後、「精神科ソーシャルワーカーが働きはじめたのはまず精神科病院であり、次に地域ケアの展開に伴い保健所を中心に地域にその活動の場が広がった。次の段階で社会復帰施設に必要な人員として規定され、福祉施設が職場になった。そして精神障害者の社会復帰を担う職種として精神保健福祉士の国家資格も定められた」[2]というように展開していく。

　そして近年に至って「司法分野では医療刑務所・医療少年院等の矯正施設の福祉士、教育分野ではスクールソーシャルワーカー、産業分野では外部EAP（筆者注：Employee Assistance Program／従業員支援プログラム）機関や企業内の障害者支援担当者、さらには被災地におけるメンタルヘルス課題への支援など」[3]へ広がりをみせているのだ。すなわち、精神科ソーシャ

ルワーカーは1980年代の福祉による脱医療化に、ときを同じくして与することなく段階的な発展を志向したのである。

つまり、第Ⅴ章📖（☞ p.105）で図5（☞ p.85）を用いて示したように、ソーシャルワークの実践現場における「医療化」は、主に医療側の要因に帰する"（医療による）医療化"に、医療ソーシャルワーク側の行動である"福祉による脱医療化"を加えることによって、より強調された形で表面化したのである。

かかる状況の変化を図6に示すとともに、本章ではこの図6を引き続き参照しながら、1980年代以降より精神保健福祉士の国家資格化が図られた1990年代に至る、精神科ソーシャルワークならびに医療ソーシャルワークを取り巻く（ソーシャルワークと医療双方のうち）、ソーシャルワーク側の状況を整理していく。すなわち第Ⅴ章📖で必要性を述べた（☞ p.106）、医療化のソー

図6　精神科ソーシャルワークをめぐる構造の変化

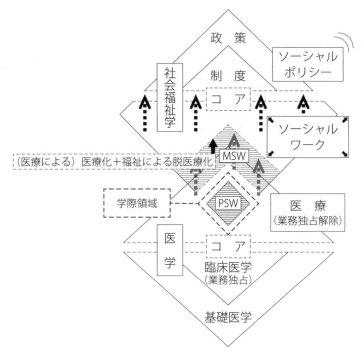

シャルワーク側からの作用の検証である。

　さて、精神保健法（1987年）が定めるように、社会復帰施設では運営要綱から精神科ソーシャルワーカーの配置が求められた。これにより、その後10年間に多くの精神科ソーシャルワーカーが施設に採用される[4]一方、配置規定が先行しつつも精神科ソーシャルワーカーそのものの規定がないために、質の保障を欠く[5]という状況が生じ、このことは精神保健福祉士の国家資格化を促す一つの要因となった。

　かたや、医療機関の外で働く精神科ソーシャルワーカーが増えることは、以下[6]のような職種内のわだかまりにもつながった。「地域で働く精神科ソーシャルワーカー…は、各地で自主的に地域業務連絡会議を形成していった。それは、精神障害者の地域生活を保障する運動の高まりであった。ただ、この運動に当時、精神科医療機関で働く精神科ソーシャルワーカーたちは十分に参加できていたであろうか」。

　ただし、社会復帰施設の設置は、自治体へ直接義務づけられなかったため、結果的に医療法人からの開設に依存した。地域という場とはいえ、そこに施設を整備することが、在宅ケアの推進に逆行するのではないかという懸念はもっともであった。また、民間の開設に依存したゆえ、精神障害者の生活を支える拠点としての適正配置がなされず[7]、加えて在宅福祉サービスそのものが不十分であったこと等から、「病院から社会復帰施設へ」の流れがすぐさま「社会復帰施設から地域へ」とつながるには至らなかった[注1]。

注1) 施設整備にあたっては設置者に1／4の負担が求められ、運営費も国1／2、都道府県1／4、設置者1／4の比率であった。整備費の負担は市町村が補助する場合もあったが、運営費は設置者の資金調達ないし利用者の負担が原則とされた。加えて、住民の反対運動などにより施設建設が進まないこともあった[8]。なお、この運営費1／4の設置者負担は、全国精神障害者社会復帰施設協会が中心となった解消運動を経て、1993年度より国1／2、都道府県1／2にあらためられた[9]。

　他方、このなかで病院が開設した社会復帰施設の利用について、山本[6]は「多くの医療機関で働く精神科ソーシャルワーカーたちは病院敷地内や近接地に建設される社会復帰施設へのみせかけの退院を演出しなければならなかった」と批判している。実際に1994年度に実施された総務庁行政監督局による「精神保健福祉対策に関する調査—社会復帰対策を中心に」においては、生活訓練施設、なかでも医療法人立の施設においては同系列の病院からの退院者のみ受け入れることも背景にあって、設置運営基準で定められている利用定員を満たしていない場合が多いこと、一方、授産施設については利用の長期化により利用者の固定化傾向が高いことが指摘されている[10]。

結果的に1980年代後半までの「病院から社会復帰施設へ」の流れ（☞p.107）が、現実に「社会復帰施設から地域へ」と確からしくなるには、1993年の障害者基本法[注2]の制定や、精神保健法一部改正によるグループホームの法定化（第二種社会福祉事業）、1995年の精神障害者保健福祉手帳の導入、「障害者プラン－ノーマライゼーション7か年戦略」による施策の（1996〜2002年度にわたる）数値目標の設定と三障害への「地域生活支援センター」の予算化など[11]の経緯を踏まねばならなかったのである。

　　精神障害者に対する地域移行支援の遅れには、精神科ソーシャルワーカーや社会復帰施設の質的・量的整備にとどまらない理由がある。すなわち、初期のわが国における地域精神衛生活動の担い手たちには「患者の人権尊重に弱い部分が」あり 〜Y問題もその文脈のなかに位置づけられた〜、「地域生活管理的な技術論」との批判を受けたのである。
　　つまり、「『精神病』者を助けようと活動に取り組んだが、社会防衛のための精神病院とそれを期待する地域社会の構造のなかでは、『病院内大量収容と地域内管理強化』を促進するという意図せぬ結果を生み出すという認識が弱かった」[12]のだ。
　　しかし、そのような地域精神衛生活動への批判もまた、「地域精神衛生活動の発展を阻害するという意図せぬ結果をもたらした」[12]。つまり、1960年代後半を中心とする当時の地域精神衛生活動のあり方には問題があったものの、それに対する批判によって、地域精神衛生活動そのものが改革されるというよりは 〜意図せざる推移であったが〜 停滞してしまったのである。
　　かような「実践や批判の意図せぬ効果」に慮った、「マクロな構造とミクロな状況を結びつけて理解する社会学的想像力を活用した研究」[12]という観点が、歴史的な教訓を踏まえた社会福祉学・「精神保健福祉学」の今

注2）「障害者基本法」（1993年）では、「長期にわたり日常生活又は社会生活に相当な制限を受ける者」という「長期」なる時間概念を用いながらも、精神疾患を有する人々のなかの一群を初めて福祉施策の必要な障害者と定義した（2004年の改正で、「長期にわたり」は「継続的に」とあらためられた）。それを受けて、精神保健法を改正のうえ成立した精神保健福祉法（1995年）で精神障害者保健福祉手帳が創設され、その所持者を障害者基本法でいう、福祉施策を必要とする「精神障害者」と規定するに至っている。

後の発展には欠かせないだろう。

さて、1990年代に入り、安定した形で精神保健福祉の語があらわれはじめる[13,14]。精神保健及び精神障害者福祉に関する法律、の通称[注3]となった精神保健福祉法(精神保健法を1995年に改正)を皮切りに精神保健福祉士法(1997年制定、1998年施行)へ至る過程で、さまざまに表記された精神科医療や精神保健と、社会福祉との結合の表現が精神保健福祉でおおむね統一をみた[14]のである。

「精神障害者等の自立と社会参加の促進のための援助」が謳われた精神保健福祉法によって、精神障害者保健福祉手帳制度が創設され、精神障害者福祉ホームと福祉工場が社会復帰施設に加えられ、通院患者リハビリテーション事業が社会適応訓練事業として法定化されるとともに、市町村の役割などの規定が盛り込まれた。

そのような法律の通称としての精神保健福祉という言葉が、保健医療と社会福祉をつなぐ架橋表現に転じ、1997年の精神保健福祉士法による精神科ソーシャルワーカーの国家資格化の過程で"精神保健福祉士"なる資格呼称へつながっていく。この精神−保健−福祉という連語の固定と、その名を冠した国家資格によって、精神科ソーシャルワーカーと医療ソーシャルワーカーとの違いは明確になる。

精神保健福祉士法の議決にあたり附帯決議がなされ、「医療ソーシャルワーカーの資格制度について速やかに検討を開始する」とされたものの、これにかかわる検討会は2回開催されただけに終わった。以後、医療ソーシャルワーカーの国家資格化の目立った動きはなく、社会福祉士資格が医療ソーシャルワーカーのあいだで普及していく[16]。

上記の相違の過程は、精神科ソーシャルワーカーにとって意図的な所作というより、医療ソーシャルワーカーの資格制度が頓挫するという状況の変化に伴って単独立法を志向せざるを得ず[17]、また、〜わが国の精神障害者が置

注3)相澤[15]は、「名称が長たらしいので、略称を精神保健福祉法といつのまにか呼ぶようになった」と述べている。

第Ⅶ章　精神保健福祉以降のソーシャルワーク実践：1990年代〜現在

かれた長期・社会的入院はもちろん、医師・看護職員や薬剤師の人員配置を少なくできる精神科特例（☞p.69）に代表される劣悪な医療現場の処遇を鑑みるとき〜 日本精神医学ソーシャル・ワーカー協会設立趣意書に掲げる精神障害者の「社会復帰過程に寄与する」専門職として、脱医療化の道を歩むことができなかったという状況依存的な選択であったといえよう。

　それゆえ、批判的な言説に対し、腹の据わった態度を貫けたということもあった。批判的な言説とは、たとえば精神保健福祉士の国家資格化を評して「資格を社会福祉士に一本化しようと主張する部分を置き去りにして、厚生省の意向にすり寄り、単独で資格化を推進した部分のやり方は、はた目にみても見苦しい」[18]と断ずるような内容を指す。かかる論調は、当時（非公式に）相当程度流布していたのではないか。

　ただし、"医療ソーシャルワークのさらなるソーシャルワーク化"（☞p.144）は精神保健福祉士の登場に伴う状況依存的な側面があったためか、同じ資格制度の範疇内で揺れ戻しが生じているようにみえる。

　たとえば2006年に、社会福祉士養成における指定実習機関に病院・診療所と介護老人保健施設が新たに規定され、2007年には社会福祉士及び介護福祉士法が改正されて、社会福祉士の職務へ「医師その他の保健医療サービスを提供する者その他の関係者との連絡及び調整」をつけ加えているように、医療的な要素が社会福祉士という資格者養成の観点にとどまらず、資格者そのものの位置づけにも取り込まれているのである。

　ただし、上記の2006年に定められた医療機関における実習は「医療ソーシャルワーカーの指導のもと、医療ソーシャルワーカー養成のために行われるものではない」と言明されており、医療ソーシャルワークと社会福祉士制度の不整合への指摘[19]もある。

　この精神保健福祉士という国家資格の性質を特徴づける、見逃せない出来事が、養成カリキュラムの科目名称を検討するなかで起こった。当初「精神障害者福祉論」のように、福祉に"精神障害者"を冠する5科目（各論ⅠとⅡを分けると6科目）の名称[20,21]すべてが、「精神保健福祉課の担当者は科目名等について再検討しているようである」[21]との記述を経て、精神保健福

祉士法の成立時には「精神保健福祉論」のように、福祉に"精神保健"へと変換されたのである。

また、精神保健そのものは「精神医学（精神保健を含む）」と当初1科目にまとめられていたものが、成立時には「精神医学」ならびに「精神保健学」という別立ての2科目になり、「学問的伝統のある医学の各論」[22]とされる両科目の、全体に占める割合は時間数のうえで倍増した。

それらを評して「福祉の専門職であるソーシャルワーカーに精神保健の仕事まで押しつけ、特別な資格制度をつくるのは精神科ソーシャルワーカーを一般のソーシャルワーカーから分離する…差別」[23]とも、「精神障害者の保健と福祉双方の知識および技術を修得した専門職としての位置づけ」[24]とも、賛否が交錯した。

岩崎[25]はかかる状況を「精神障害者のみを扱うソーシャルワーカーを専門職として認定することの理論的根拠の弱さは各団体（筆者注：たとえば日本精神医学ソーシャル・ワーカー協会の賛と、日本医療社会事業協会の否）とも一致していた」とし、実際に精神保健福祉士法案の推進・反対は「ソーシャルワークに対する考え方の違いというよりは、当面の対応として施策の遅れた精神障害分野における施策推進の戦術としてこの法案を認めるか否かという違い」だったと喝破している[注4]。

すなわち、先の社会福祉士及び介護福祉士法（1987年）で社会福祉士の活動範囲が社会福祉領域へ限定されたため、医療現場で職責を担うソーシャルワーカーの国家資格化が課題として残った（☞p.126）すえ、結果として精神科領域のみの国家資格化をみたこと、その資格は福祉の専門職というよりは、あくまで医療職との協働を意識して設けられたことの2点が精神保健福祉士の発足時の特徴なのである。

そこに、精神科ソーシャルワーカーの立場より「日本精神医学ソーシャル・ワーカー協会の組織としての歴史的な活動の反省と成果のうえに資格化がな

注4）この過程で、京極髙宣氏と山手茂氏のあいだに代表される相応の論議があり、一部は日本精神医学ソーシャル・ワーカー協会によると「『福祉専門職』を名乗る人々による妨害活動」[26]との態様であったという。他方、「どこか醒めた精神科ソーシャルワーカーの全国的状況」[27]や、「反対する理由もないし…賛成の立場でみていた」[28]との述懐もあった。

第Ⅶ章　精神保健福祉以降のソーシャルワーク実践：1990年代〜現在

されたという事実は、他の社会福祉専門職の国家資格とは明らかな差異がある」、「精神保健福祉士という資格は、社会福祉の研究者から発想された資格ではなく、わが国の精神保健福祉現場のソーシャルワークの実践的な活動経験の検証のうえにつくられた」[1]と自認される背景がある。

　もちろん、そうであれば「社会福祉の研究」と「精神保健福祉現場のソーシャルワークの実践的な活動」は少なくとも違っている。後者を理論構築する際の、社会福祉学との異同を確かめる必要は、ここからも導ける。

　医療現場のソーシャルワーカーのうち精神科領域のみ、国家資格化をみた理由には1980年代までの医療ソーシャルワーカーと精神科ソーシャルワーカー双方の動向はもちろん、資格化の過程における行政（厚生省）との関係性の変化がある。というのは、日本医療社会事業協会も、1953年の設立当初から医療社会事業家としての資格制度の確立（たとえば、医療福祉士）を目標に置いて活動していたからである。

　しかし、同協会の1987年の大阪総会で、医療ソーシャルワーカーの制度化を推進すると記した理事会提案（資格制度化方針）が会員により否決された。加えて、同大会中に理事の改選をあわせて行い、須川会長（☞p.116）を再選せず、これにより厚生省と日本医療社会事業協会のあいだに大きな溝が生じたのである[29]。

　大阪総会以降、日本医療社会事業協会の理事会は「医療福祉士単独立法化」に反対する考えが多数を占めた。そして1990年の大宮総会で、「社会福祉士と別の国家資格は求めない」を含むいわゆる「3項目」を決定し、社会福祉士を医療ソーシャルワーカーの基礎資格とする方針をそれ以降保った[29]のである。

　これに対し、日本精神医学ソーシャル・ワーカー協会は精神科ソーシャルワーカーの単独立法を目標に据え（☞p.39）、その動きは精神保健福祉士法の成立へと結実した。

　以上の流れは、社会福祉士ならびに精神保健福祉士の両資格者養成教育の面で、医療ソーシャルワーカーの特色を出しづらい状況につながった。

　養成施設の側からは、社会福祉士と新たに制度化された精神保健福祉士との両課程を維持しようとすれば、社会福祉士単独の場合に比べてカリキュラ

ム編成の自由度が下がるため、社会福祉士ならびに精神保健福祉士の両養成カリキュラムに含まれる指定科目に比べて、医療ソーシャルワーク独自科目の開講が控えられかねない。もとより医療ソーシャルワーカーは「社会福祉士の資格を得ても、一人前の医療ソーシャルワーカーの仕事ができるようになるには最低3年は必要だ」[30]とされる職種なのに、である。

精神保健福祉士の登場を通じて露となった、脱医療化に対しては二次的とはいえ無視できない上記の過程、すなわち医療ソーシャルワーク側が医療職との協働を意識した国家資格化から距離を置き、加えて養成教育のなかで医療ソーシャルワーク自体の特色を出しづらくした過程を、"医療ソーシャルワークのさらなるソーシャルワーク化"と筆者は捉えている。

精神保健福祉士法の成立後は、代表的と思われる言及[31]を参照するに「精神保健・医療と社会福祉をつなぐ…保健・医療・福祉等の諸サービスを実践場面で統合させる先鞭役」と資格制度が評され、法案を推進した日本精神医学ソーシャル・ワーカー協会は、「医療者が行うことを行わない」とした医療ソーシャルワーカーに比し、精神科ソーシャルワーカーの独自性を「医療者と架橋する」ことで表現する結果になったといえよう。

2008年10月には、「精神保健福祉士の養成の在り方等に関する検討会中間報告書」[32]において、精神保健福祉士が中核の業務として担う役割が「医療機関等におけるチームの一員として精神障害者の地域移行を支援する役割」ならびに「精神障害者の地域生活を支援する役割」と表現されている。

また、精神保健の課題の拡大を背景として、職域が精神保健福祉センター、保健所、市町村（行政）や医療観察法における社会復帰調整官および精神保健参与員、矯正施設等からの地域生活への移行を支援する専門スタッフ（司法）、スクールソーシャルワーカー（教育）、就労支援を行う精神障害者就職サポーター（労働）などへ拡大したことが指摘されている[32]。

2010年には精神保健福祉士法の一部改正が行われ、新たに「地域相談支援の利用に関する相談」に応じる役割が付与された。この改正により、精神保健福祉士が精神障害者の地域生活支援にかかわる専門職であることがよりいっそう明確になった[3]のである。

2 社会福祉学におけるソーシャルワーク重点化

さて、ソーシャルワークとソーシャルポリシーの関係をめぐっても動きがあった。とくに社会福祉士及び介護福祉士法の制定（1987年）以降は、社会福祉学の教育体系が多かれ少なかれ、社会福祉士の国家試験受験に対応したカリキュラムへ制約を受けることとなった。

そして、社会福祉専門職の効果的な養成という目標が設定されたことで、社会福祉士の教育課程をもつ大学や専門学校（いわゆる養成校）の注意は、自ずとソーシャルワークへ向かった[33]。日本の社会福祉教育の歴史において重視されてきた社会科学の視点は次第に顧みられなくなり、代わってソーシャルワーク（ソーシャルアクションを除く）が中心となる社会福祉教育へと変化していった[34]。

かたや、「社会福祉士の登場は、わが国の社会福祉の水準を飛躍的に向上させ、その学問も力をつけた」[35]、あるいは「国家資格制度ができて、固有の領域を職業的に確立させることは、社会福祉の対象領域を明確にする」[36]との見解もあり、社会福祉学に対する影響として国家資格化が必ずしも悲愴的な観点一方に偏るわけではない。

おそらく、社会福祉士の創設は「社会福祉専門職の拡大と社会的認知をもたらした反面、社会福祉教育機関のカリキュラムの画一化」を招き、「制度化されていない新たな社会問題に目を向けるのではなく、既存の制度のなかでいかに効果的に支援するかに教育の重点がシフトした」[37]と評するのが的を射た表現だろう。

さらに、「カリキュラムの画一化」については、むしろ「標準カリキュラム」の作成といった呼称で、社会福祉士制度の創設以前から「社会福祉系大学といえども各大学のカリキュラムはバラバラで標準的なものが存在しない」状況を脱すべく、日本社会福祉教育学校連盟を中心に取り組まれてきた[38]経緯さえあるのだ。

しかも、指定科目の基準を厚生省が策定する際には「学校連盟加盟校の専門家の意見を十分に組み入れた形で審議され、それが大幅に取り入れられた」のであって、少なくとも国家資格化当初の養成カリキュラムは「どこの福祉

系大学でも最低限の教育内容はおおむね共通となり、それにプラスアルファで個性化が図られる段階にきている…このことは医学・看護学・教育学や法学・会計学など他の専門職教育と比較してもほぼ遜色ない教育水準に社会福祉学教育が近づいた」との評からうかがえるように、「社会福祉学は、いわば応用社会学の一部門として曖昧なカリキュラムで許された」[38]という状況をあらためる積極的な意義をもっていた。

　しかし、社会福祉士の養成カリキュラムへ傾斜することで、結果的に社会福祉の哲学的な側面（原理論）や歴史研究などの研究者が少なくなり、研究そのものも浅くなったという危機感[36]もまた偽らざる所感であろう。

　その後も、社会福祉士養成カリキュラムの変更に伴ってソーシャルワーク教育の比重が高まったことや、養成校が急増して社会福祉士の職域拡大と専門性の向上が課題となったことを背景に、社会福祉すなわちソーシャルワークとみなすべきとの主張[37]がなされた。

　同時に、養成校のなかにおける法・制度面への関心の後退[33]が指摘され、あっても行政の後追いや追随研究が多く[39]、評して行政からは「事実と事実の矛盾をどう現実的に説明し、解決の道筋を示すのか、社会福祉研究者からのコミットはあまりに少なく、非現実的」[40]と論難された。

　これらの延長線上に、星野[41]は「社会福祉学はソーシャルポリシーとソーシャルワークに分割して前者は経済学の経験を取り入れ社会保障をカバーし、直接処遇ないしケアは心理学、社会学や医学の知見をソーシャルワークに合体させる」べきだとし、ソーシャルワークとソーシャルポリシーが結びついて成立する社会福祉学（☞ p.83）のディシプリンに疑義を唱えたのである。

　星野の疑義に対し、ソーシャルワークを標榜する社会福祉学研究者の多くは、即座にこれを支持しようとはしなかった。たとえば、「政策については社会政策研究にゆだね、社会福祉をソーシャルワークとして再構成する」ことに対し、「社会福祉を拡散させる」としての懸念があらわされた[42]。

　その一方で、ソーシャルポリシー側の現況を鑑み、「『狭義の社会福祉』として…社会福祉を限定的に捉えようとする潮流…を適切に踏まえる方向」[42]が提起された。星野の言説は正鵠を射ていたのである。

同じように、医療ソーシャルワーカーの立場からも自らの実践理論を社会福祉と一括するよりは、基礎学問の社会福祉学と、実践理論のソーシャルワーク総論へ分ける必要性[43]が説かれた。つまり"医療ソーシャルワークのさらなるソーシャルワーク化"は、精神保健福祉士資格の創設に加えて、社会福祉学におけるソーシャルワーク重点化、すなわち社会福祉の限定と軌を一にもたらされたといえよう。

医療ソーシャルワークが"脱医療化"と"医療ソーシャルワークのさらなるソーシャルワーク化"によって相対的に基盤としてのソーシャルワークへ広がることは、医療からの後退というよりは、社会福祉学におけるソーシャルワーク重点化に沿った、医療に伍する専門性の発露と解釈することができる。他方、それだけ医療ソーシャルワークの、ソーシャルワークに対するサブスペシャリティとしての特性は淡くなった。

たとえば、社会福祉学側からの視点として岡本[44]は、「医療福祉学」を評して「現実のこの（筆者注：医療と福祉の）領域における変化や進歩に学問としての方法論が追随できず…科学的方法論が未成熟で、現実や現状を科学する力量に欠けていると言わざるを得ない」と断じている（1997年）。

なお、同じく岡本[45]は4年後（2001年）、以下のように述べている。すなわち、「(医療の現場へ福祉職が) チームの一員として参加するようになり、専門職としての認知が得られ…社会福祉固有の専門的援助方法であるソーシャルワークの立場から独自の援助活動を展開する…過程は論理的に成立していても、現実のさまざまな条件や制約から保健医療ソーシャルワークの現場や臨床では、必ずしもこうした動向とは符節があっていない」と前置きしたうえで、理由を「それは…他方ではソーシャルワークそのものが隣接諸領域と相互に排他的で独自固有の科学方法論を十分に成熟・確立させていないことにもよるといえる」と論じるのだ。

岡本の後者の論からは"脱医療化"が、医療ソーシャルワークの医療からソーシャルワークへ向かう流れ（本書のとる立場）であったにとどまらず、さらにソーシャルワーク全体におよぶ動向となっていた可能性が示される。

以上の経緯を図6（☞ p.137）へ反映させた。すなわち、社会福祉学のなかで（ソーシャルポリシーに対する）ソーシャルワークの比重は高まり、医

療ソーシャルワークは第Ⅶ章⑤（☞ p.144）の"医療ソーシャルワークのさらなるソーシャルワーク化"によって、専門性を高めた社会福祉学（のなかのソーシャルワーク）へ広がる選択をとった。

　つまり、社会福祉学におけるソーシャルワーク重点化の流れに沿うことにより、「ソーシャルワークと医療の重複領域」で展開される医療ソーシャルワーク実践が ～医療との距離感・立ち位置（☞ p.86）の認識が解消されないなか～ 医療とのかかわりを遠ざけかねない矛盾を、医療に伍するソーシャルワークの専門性を身につけることで代償したといえよう。

　ソーシャルワーク実践そのものの役割や理論的基盤の充実（すなわち、重点化）が伴っていたからこそ、成算があった動きなのだ。しかし、引き換えに図6の淡い色で表現するように、ソーシャルワーク内で医療ソーシャルワークの固有性を示すことは、実践上の特徴においても、独自資格化が見送られた経緯においても難しさへ直面するに至ったのだ。

　対して精神科ソーシャルワークは、精神科医療の場で社会福祉学を基盤にしつつも看護、作業療法、職業リハビリテーションなどとの「学際」（interdiscipline）にその実践の特徴を示したのである。

　なお、社会福祉学におけるソーシャルポリシーからソーシャルワークへの重点の移り変わりは、本書で1960年代以降の動きとして医療との関係性、ならびに国家資格制度の面から分析してきたものの、当然ながら社会福祉学の本質へより長期的にかかわる問題であることをつけ加えておく。

　歴史的に、人々の生活は政治システムや経済・文化システムの一部、ないしそれに規定される従属的な分野とされてきた[46]。さらに、かつてソーシャルポリシーの背景にあったマルクス主義（マルクス経済学）が一定の影響力を保っていた[注5]こともあり、社会福祉を社会構造と関係させないまま理解するソーシャルワークを原論とみなす主張は、最近まで有力視されていなかった[37]。

　ただし、わが国において「社会主義政党は…政策形成能力をもたず…体制

注5）医療にも同様の視座があり、たとえば芝田[47]は医療労働の特質を分析しつつ、医療の計画・科学的な運営には「結局のところ、資本主義を廃止し、社会主義に移行するほかない」としている。

を変革する能力を欠いていた」[48]という史実があり、社会主義が不在となった現代において、「社会主義に代わるユートピア・イデオロギー」を副田[48]は、「それは民主主義であろうと示唆するものである。この民主主義は、あらためて言うまでもないがブルジョア・デモクラシーではなく、マス・デモクラシーである」と述べている。

この意味からも、政治や経済、文化システムの一部ないし従属ではない社会福祉の概念、たとえば「社会福祉学は人々の生活システムを起点に据え、政治・経済・文化など社会のあらゆる位相を関連づけ、再解釈する新しい科学領域として主従をあらためる」[46]との発想は、ソーシャルワーク重点化に沿う形で有力である。

以上の経緯にならうと、「近年の社会福祉原論研究の新しい潮流」としての「『技術論』の復権」[37]は一面の真理である。他方、生活システムを起点とする解釈を意識すればするほど、逆に「生活上のニーズから議論を進めて、その後、資源があってという話になる。それならば、その資源はどこからくるのかということに関心を向けることが重要」との指摘[49]が起こる。

したがって、社会福祉学におけるソーシャルワークとソーシャルポリシーの比重は、振り子運動のように揺れる推移を想定できる。このことが、両者の結びつきを明確化しにくい理由の一つなのだろう。

3 精神科ソーシャルワーク周辺領域の学際化

さて、「部分と部分のあいだをつなげる仕事」あるいは「分化させ、部分を高度化させていく方向とは異なる方向を残し、広げること」を専門職と呼ぶ立岩[50]にならえば、その技術を有した精神科ソーシャルワーカーによる医療者との架橋行動の自律的展開は、学際的な取り組みを促した。

この学際は精神科ソーシャルワークの側からだけ提起されているわけでなく、すでに1988年、「理学療法・作業療法と隣接学際領域」のテーマで作業療法士の立場からもソーシャルワーカーへ、「両者の相違と類似」が「心理面へのアプローチ」、「家族関係の調整」、「社会資源の活用」の3側面から論じられている[51]。

もとより、「精神科医療とりわけリハビリテーション…の領域では、医療

は医療専門職の独壇場であるという様相は今や全く消失しており、ソーシャルワークの果たす役割の重要性が強調されて」[52]いたからである。

たとえば、学会誌の創刊号巻頭に「精神障害者リハビリテーションの領域は広大であり、多彩である。本学会の最大の特徴は、この広い領域、多彩な場面でさまざまな活動に携わる多くの職種の方々によってつくられた学際的学会という点にある」[53]と謳う日本精神障害者リハビリテーション学会の設立は1995年である（☞ p.53）。

そこには社会福祉と看護、作業療法、職業リハビリテーションとの協働が確かに存在している。学際的な性質をもつ関連学会は他にも、歴史的な組織を含め、日本精神衛生学会や日本産業精神保健学会などがある。こうして精神科ソーシャルワーカーは、社会福祉学を越境した学際領域への関心を〜医療ソーシャルワーカーとは対照的に〜 示していく。

ただし、この精神科ソーシャルワーカーにおける医療ソーシャルワーカーとの違いは、米本[54]がソーシャルワーカーへ、医療領域での活動において心得るべきとした「ソーシャルワークからの保健・看護への接近は知識に限定されるのに対し、保健・看護からのソーシャルワークへの接近は知識面のみならず技術行為まで包摂される」、「越境を可能とするにはソーシャルワークの固有性が必要で、そうでなければその専門性は希釈されるだけ」との箴言を咀嚼のうえで意識的にとられた所作とはいえない可能性がある。

むしろ、施策展開の遅れた精神障害分野における「交渉戦術論」[27]の延長線上に、少なくとも初期には、国家資格創設にあわせて特徴づけられたものと見込まれよう。もちろん、それは「精神科＝特別な存在」からの脱却を目指し、精神科医療や精神障害者福祉のノーマライゼーションを求めての選択であっただろうし、近年において「特別な存在からの脱却が進みつつある」[55]現況に対し、精神科ソーシャルワーカーが果たしてきた役割は大きい。

指摘したいのは、たとえば精神科ソーシャルワーカーより時代的に大きく近年にシフトしたスクールソーシャルワーカーの活動においてさえ、学際的展開に際して米本と同様の、以下のような忠告[56]が重ねられているということだ。「ソーシャルワーカーの役割と機能を技法と結びつけた『つなぎ役』に特化される傾向があり、そうなるとソーシャルワークとしての価値観や実

践理論があいまいになり、単なる実践のスキルに限定されてしまいかねない」、「このような実践の基盤としての視点が不十分なまま、技法のみが活用されていくならば、スクールソーシャルワーカーが教育現場に定着していくことは結果的に困難になる」。

したがって、精神科ソーシャルワーカーが 〜当事者の「特別な存在」からの脱却を目指して〜 その学際化の轍を踏んだのなら、「現場に定着していく」ためには、精神科ソーシャルワーカーとしての強固な「価値観や実践理論」の確認が必要なことは容易に想像されよう。

確かに、精神保健福祉士は各方面へ定着した。精神保健福祉士の登録者数は右肩上がりに増え、その活動の場はいまや医療機関のなかにとどまらず、従事者の所属において病院および診療所が45.9％に対し、保健所・市町村、精神保健福祉センターならびに各種施設・事業所が54.1％と拮抗している（常勤・非常勤の換算方法に幅があり、概数である）[3]。

しかし、精神科ソーシャルワーカーとしての「価値観や実践理論」において、精神保健福祉士を精神科ソーシャルワーカーと同一視してよいのだろうか。国家資格が、精神科ソーシャルワーカーを規定する「価値観や実践理論」に代わる、新たな概念装置に転用されたとは無用な心配と思いたい。なぜなら、この「価値観や実践理論」こそが、「学」の出発点として意識せねばならないことだからだ。

かかる懸念は、「役割を法律の制定・改正ごとに少なからず外的に規定される」精神保健福祉士の姿として、第1章❷（☞p.4）で触れた。加えて養成教育の視点からも、筆者は他書で以下のように危惧している。「国家資格化の前後に、少なからぬ精神科ソーシャルワーカーが教育機関へ職業的に移動した。それによって実践と研究が結びつきを強め、精神保健福祉が『学』として確固に構築され、洗練されたと現時点で振り返ることができるだろうか。逆に、地域でリーダーとなるべき層が薄くなり、現場の人材が枯渇したのではないか。しかも教育の内実が社会福祉士と同様に専門職の効果的な養成へと傾き、結果として学問的な昇華に必ずしもつながらなかったのではないか」[57]。

かように学際化の過程で焦点となった、精神保健福祉士と精神科ソーシャ

ルワーカーの異同につきさらに論考を進めていく。ときを経て、精神保健福祉士そのものは「社会福祉士と同列の資格として定着」[16]していったのだが、精神保健福祉士という国家資格者の養成と、精神科ソーシャルワーク実践に対する学問的な基盤の構築とを分けて考えねばならない状況は、ほどなくあらわれた（次節4）。

4 精神保健福祉士養成教育との関連

2012年4月から導入された、精神保健福祉士の養成カリキュラムの改定により、資格発足時に「精神保健福祉士のためいわば精神科ソーシャルワーク原論として別途設けられた新設科目であり…要石としての科目で将来は学問的にも確立していくことが望まれ」ていた[22]精神保健福祉論の名称が消え、その内容が「精神障害者の生活支援システム」、「精神保健福祉の理論と相談援助の展開」、「精神保健福祉に関する制度とサービス」に分散したうえ、それぞれが援助に関する手続きへと収斂していった。養成教育の内容に制度・政策解説の割合が増えたのである。

精神障害者の福祉の増進は制度・政策とのかかわりなしに論じられないことは当然にしても、カリキュラムのなかには制度・政策への改革的な視座を醸成する姿勢は盛り込まれておらず、この経緯一つをもっても社会福祉学を構成するソーシャルポリシーとしての位置づけにおよばない。ただし、ソーシャルワーカーとしての精神科ソーシャルワーカーの養成を、精神保健福祉士の教育のなかで具現しようとすると、相克的な位置づけになりやすい領域を示している可能性がある。

つまり国家資格とは、国が施策の推進に必要な人材を、試験による知識の確認のうえ付与するものであるから、精神障害者の社会復帰へ向けた「相談支援」と「訓練」に特化した精神保健福祉士と、対象の範囲も技術も幅広い精神科ソーシャルワーカーは別々のもの[58]と本来いえるのだ。行政側も「国でできる部分と個人の努力でできる部分は違う」とし、「先進的な取り組みを伸ばすより、全体の底上げが国の役割」[59]と述べている。

したがって、上記の制度・政策に対する追従的ともとれる観点は、国家資格としての精神保健福祉士（と、下記のように社会福祉士とのあいだに共通）

の特徴であるものの、少なくとも養成教育を批判するだけでは議論が成り立つわけでなく、ましてソーシャルワーク（精神科ソーシャルワーク）のアイデンティティが際立つわけでもない。

　しかし、結果としてこの科目名称の再編成は「精神保健福祉士養成の核となる科目がなくなり、技術と知識が重視されてソーシャルワークの価値や理念が軽視される傾向」[1]を招き、さらには国家資格化以降に専門性の継承が十分でないまま拡大する精神保健福祉士の活動領域とあいまって、精神科ソーシャルワーカーとしての専門職のアイデンティティが拡散[1]する状況へと至ったのである。

　社会福祉士もまた、類似の様相を呈した。たとえば、先行して2009年4月より導入された社会福祉士の養成カリキュラムの改定を植田[60]は、名称があらためられた科目を吟味のうえ「制度的な理解の項目が内容の多くを占め、実践論が欠落している」とし、「『学』としての社会福祉士の成立とその根拠、性格をきわめて曖昧なものにしている」と批判している。

　それは換言すれば、行政による所作であることを割り引いても、社会福祉学におけるソーシャルワーク重点化が　～養成教育によるソーシャルポリシーの非・重点化とたまたま方向を一致させたがゆえ～　福祉社会の実現に向けての課題を残すことを示している。

　ここに、先の「社会福祉学はソーシャルポリシーとソーシャルワークに分割」せよとする星野[41]の指摘（☞ p.146）の重みがあり、また筆者による既述（☞ p.106）の、長期的には社会の動向から遊離していき、結果として（精神科）医療にかかわる当事者のニーズを見失う危険性があるのだ。

　もちろん"国家資格者の"養成教育を批判するだけでは議論が成り立たないにしても、養成教育と、ソーシャルワーカー（精神科ソーシャルワーカー）としての教育を分離させる方向　～一部の教育機関に限り、その選択肢が勘案されよう～　が否定されるわけではない。

　すでに、社会福祉士が誕生した際に国家試験科目を中心に教育カリキュラムが統一されるようになり（ただしカリキュラムの画一化は、必ずしも行政の一方的な押しつけでなかった：本章❷☞ p.145）、その内容について教員の自由な裁量が大幅に削減された[34]ことが指摘され、ひいては精神保健福祉

士に関しても「国家資格化は、精神科ソーシャルワーカーからその力を奪ってきた」とし、一部で「教育と研究が、資格と無関係のところで行われる…大学…の道を選」[6]ぶという判断が現実のものとなりつつあることは注目に値する。

　以上から、精神科ソーシャルワーカーが実践を展開し、そこより学術的な理論を導こうとするならば、精神保健福祉士の養成教育に安住し続けることは現状を肯定的に捉えた既存の知識や技術の偏重へ結びつきかねず、わが国の精神障害者を取り巻く特有の歴史を踏まえた、批判的かつ新たな価値の創造へつながる（養成教育とは必ずしも重ならない）実践科学の構築が急がれることとなったのである。

5　日本学術会議による提言からの現在

　ソーシャルワークを含む社会福祉学全体に、近年の段階で一定の方向性を示すのが日本学術会議社会学委員会による2008年7月（社会福祉学分科会）と2011年9月（福祉職・介護職育成分科会）の提言[61,62]である。そこでは、社会福祉士をジェネリックな基礎資格と位置づけ、スペシフィックな領域に対応するソーシャルワーカーの養成とともに、機能別の認定制度の創設を促している。

　その内容（2008年）は「第一に、社会福祉士をベースにして精神保健福祉士に加えて、認定医療ソーシャルワーカー…等の領域でのスペシフィックな認定ソーシャルワーク専門職を創設する」とし、「領域別…のソーシャルワーカーは社会福祉士とは異なり…精神保健福祉士を除いては国家資格として設定するものでない…既存の職能団体ないしは認定を行うことを目的に設定された認定機構等による認定ならびに登録を要件とする」[61]ものである。

　さらに（2011年）、「スペシフィックを志向する専門職としての発展は社会福祉士に、たとえば公的扶助、児童、高齢者、医療、権利擁護、更生保護などの領域ないし分野を示す熟語を冠した社会福祉士を生み出す…精神保健福祉士も機能的にみれば、このような領域ないしは分野での社会福祉士の一つとして理解することが可能である」[62]とし、医療ソーシャルワーカーと精神保健福祉士を分けて論じている。

第Ⅶ章 精神保健福祉以降のソーシャルワーク実践：1990年代〜現在

図7 ソーシャルワーク専門職の資格制度（文献 61)および 62)より筆者改変）

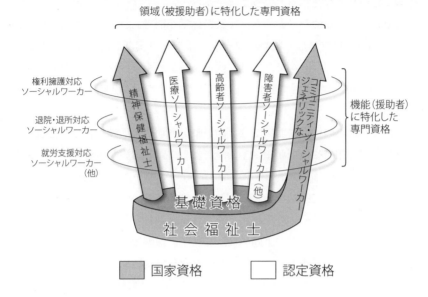

すなわち、ソーシャルワーク専門職は資格面で社会福祉士を一定のベースとしつつ、国家資格でない認定資格（アクレデーション）に基づいた医療ソーシャルワーカーが、精神保健福祉士とともに並存している（図7）のだ。

統一的な医療現場におけるソーシャルワーカーの資格像はなく、認定制度上も、スペシフィックな専門職の発展からも、精神保健福祉士と医療ソーシャルワーカーを別立てにすることが示されている。

なお、本書においては精神保健福祉士と精神科ソーシャルワーカーを峻別するが、日本学術会議の提言はあくまでソーシャルワーク専門職の資格制度再編成にかかわる内容であるため、本節に限り同義として扱うこととする[注6]。

ここから導けるのは、精神科ソーシャルワーカーは医療ソーシャルワーカーと同じく「ソーシャルワークと医療の重複領域」で精神障害者をもっぱ

注6）また、日本学術会議の提言は、精神科ソーシャルワーカーからの「社会福祉士がソーシャルワーカーの基礎資格とならなかったため、精神保健福祉士の養成教育はソーシャルワーカー養成の基礎部分と精神保健福祉領域の専門部分の両方を含める[63] 形になった」とする立場（☞ p.39）とは明らかに異なることを付記しておく。

ら対象に活動するものの、その体系は医療ソーシャルワークのなかへ一体化せず、分かれて存在するということである。

　対象の把握が類似していても、実践の体系が別であれば、実学あるいは設計科学（☞p.54）として精神科ソーシャルワーク実践の理論化をはじめに構築される「精神保健福祉学」は、医療ソーシャルワーク実践に対する医療福祉学　～その存立は必ずしも確からしくない（☞p.146,147）～　と区別されるといえよう。

　他方、2011年の提言においては「領域や分野別…の活動内容や、それを支える専門的な知識や技術が領域や機能によって顕著に異なるということは考え難い…その違いは相対的なものであり…ジェネリックな知識や技術を基盤にすることによって初めて、スペシフィックな方向への発展も可能」[62]と記されるように、領域や分野を超えた共通性にも触れられている。

　とすれば、ここで本書の主題へ戻って「精神保健福祉学」の構築を論じるに、精神障害者に対するソーシャルワークを基盤に置く学問の体系という意味で、医療ソーシャルワークとは異なるにせよ、社会福祉学　～少なくともソーシャルワーカー養成教育（日本学術会議は、両者を峻別していない）～　とは足並みを揃えているといえよう。

　これが、精神医学ソーシャル・ワーカー協会の指す「学問的基盤」へ相当する、社会福祉学との共通性なのである。つまり「精神保健福祉学」は、少なくとも精神科ソーシャルワーカーによる　～医療ソーシャルワーカーには包括されない～　独自の実践行為を展開するフィールド（精神保健医療と社会福祉をつなぐ学際的な分野）としての成立を満たすと目される。

　かようなフィールドとしての実感は、少なくとも1960年代から認められた精神科ソーシャルワーカーと医療ソーシャルワーカーの差異（☞p.77）が医療化への動向により増幅し、社会福祉士と精神保健福祉士の国家資格化過程を通じてさらに明確となって、これに精神科ソーシャルワーカー周辺の学際化が進んだことも加わり、両者の違いが顕在化したいきさつを反映するのであろう。以上が精神保健福祉士の国家資格化後、一定年月保たれたことで、日本学術会議の提言へ結びついたといえよう。

　まとめれば、かつて精神障害者の制度上の位置づけが障害者施策でなく、

第Ⅶ章　精神保健福祉以降のソーシャルワーク実践：1990年代～現在

社会防衛上の治安施策の対象であったわが国の特性に鑑み、精神科ソーシャルワーカーは医療機関における活動をまず職責の中心とし、そのうえに地域生活支援という新たな足跡を加えてきた。なぜなら、「精神障害者支援…のためには、『社会的入院』という不名誉な言葉がなくなるのが前提」であったからである[64]。

そして現在に至る精神科ソーシャルワーク実践の歴史的蓄積は、医療ソーシャルワークの（それと同期する、社会福祉学のなかで比重を増したソーシャルワークの）脱医療化とあいまって、医療ソーシャルワークと異なる独自の体系を構築するに至ったのだ。

ただし図7で示されるように、領域を超えたソーシャルワーカーとしての共通基盤（図中の社会福祉士に相当）を認めるということは、隣の医療ソーシャルワーカーとの差異を縦に伸びる別々の軸で確かめたとしても、右端に同じく縦へ伸びる、社会福祉士によるコミュニティ・ソーシャルワーカーとのあいだに差異はあるのか、という論点が検討されねばならない。精神科ソーシャルワーカーはまさに、地域生活を支援しているのだから。

つまり、「精神保健福祉学」がディシプリン（固有の学問領域）であるためには、ソーシャルワークの面で共通する基盤をもつ、社会福祉学とのあいだの相違を明らかにしなくてはならない。精神科ソーシャルワーク実践は、医療ソーシャルワークとの違いを示した今、社会福祉学を基盤とする援助実践との異同を明確化することで、その体系化をディシプリン ～すなわち「精神保健福祉学」～ と呼ぶことができる地点まできた。繰り返すが、社会福祉学と「精神保健福祉学」のソーシャルワーク面における共通性を満たしたうえで、である。

そこで焦点になるのは、「精神保健福祉学」とソーシャルポリシーのかかわりである。ここまでの、精神科ソーシャルワークと医療ソーシャルワークの異同を確かめる論考においてさえ、ソーシャルポリシーは精神科医療への影響を行使することで、法・制度の面から医療化を推進したと捉えることができる。精神科ソーシャルワーク実践の体系的な理論化がディシプリンへと通じるためには、ソーシャルポリシーとのかかわりを詳細に検討する必要がある。

現実に、日本精神保健福祉士協会による精神保健福祉士業務指針及び業務分類第1版[65]においては、精神保健福祉士が関与する対象として、「精神障害のために社会参加に制約（権利侵害、差別等）を受けている人（本人、その家族、周囲の人々等）」、「精神保健福祉サービスを必要としている人を取り巻く環境、地域」があげられ、精神障害者の置かれた社会的状況へ介入しようとする意図が示されている。

　すなわち専門職の実感として、所[49]の言葉である「社会福祉学は、主に利用者と援助者…という軸で議論をしているが、社会構造の問題を含めて説明していくことが必要」はソーシャルワーカー全体へ投げかけられているものの、精神障害者と歩みをともにした過去を振り返るとき、精神科ソーシャルワーカーの心へこそ深く響くであろう。

　精神障害者の家族会の全国組織である全国精神保健福祉会連合会（みんなねっと）による調査[66]からも、家族会の活動として「悩みや苦労を打ち明けて話しあい、励ましあう」、「体験に基づく知識や情報を得る」といった、もっともな内容とともに「年金など社会保障制度の利用の仕方を知る」、「精神保健福祉施策について学習する」、「世間の偏見や差別をなくすための啓発活動」があげられており、「精神障害者の家族は、今までとそしてこれからも精神医療保健福祉の貴重な体験者である。こうした体験を通して、精神医療保健福祉に関するさまざまな意見を述べ、地域を変え、法律を変えることに参加してきた」との述懐がみられる。すなわち、ソーシャルポリシーへの関心は当事者からのニーズとして、確かに存在しているのだ。

　ソーシャルポリシーと精神科ソーシャルワークは、本書において「ソーシャルワークと医療の重複領域」から論考を導くためいったん袂を分かったが、現代においてソーシャルワークの一実践領域の態様に近づいている医療ソーシャルワークに対して、精神科ソーシャルワークはソーシャルポリシーとの深い歴史的かかわりをもつのである。

　そこで次章では、ソーシャルワーク重点化された現代の社会福祉学の実像を確認したうえで、ソーシャルポリシーと精神科ソーシャルワーク実践のかかわりに焦点をあてて、「精神保健福祉学」と社会福祉学の現代的な異同[67]を明らかにしていく。

第Ⅶ章　精神保健福祉以降のソーシャルワーク実践：1990年代〜現在

引用文献
1 ）荒田寛：専門職としての価値と実践内容の統合．精神保健福祉，44(3)；160-167，2013
2 ）遠塚谷冨美子：はじめに．精神障害者福祉の実践―当事者主体の視点から―，MINERVA 福祉ライブラリー69，石神文子，遠塚谷冨美子，眞野元四郎・編著，ミネルヴァ書房，京都，pp.ⅰ-ⅲ，2005
3 ）宮部真弥子：精神保健福祉にかかわる専門職と人材育成―精神保健福祉士―．精神保健福祉白書 2015年版―改革ビジョンから10年 これまでの歩みとこれから―，精神保健福祉白書編集委員会・編，中央法規出版，東京，p.128，2014
4 ）門屋充郎：地域における PSW の活動．改訂 これからの精神保健福祉―精神保健福祉士ガイドブック―，日本精神医学ソーシャル・ワーカー協会・編，へるす出版，東京，pp.85-90，1998
5 ）大谷京子：ソーシャルワークと精神医療．ソーシャルワークの固有性を問う―その日本的展開をめざして―，西尾祐吾，橘高通泰，熊谷忠和・編著，晃洋書房，京都，pp.83-99，2005
6 ）山本耕平：精神科ソーシャルワーカーと精神保健福祉士養成―新カリキュラムの狙いと，先輩ソーシャルワーカーのねがい―．総合社会福祉研究，41；6-18，2012
7 ）佐々木敏明：地域住民とつむぐ精神保健福祉―理念と政策動向―．精神保健福祉，36(1)；5-8，2005
8 ）谷中輝雄：精神障害者福祉の現状と課題―歴史を踏まえて―．社会福祉研究，84；21-27，2002
9 ）新保祐元，谷中輝雄，寺田一郎：全国精神障害者社会復帰施設の歩み．精神障害者社会復帰施設―援助の枠組みと施設運営のガイドブック―，やどかり出版，埼玉，pp.25-51，1998
10）石黒亨：精神科リハビリテーションの展開．精神保健福祉におけるリハビリテーション，改訂新版 精神保健福祉士養成セミナー第 5 巻，へるす出版，東京，pp.82-101，2014
11）池末美穂子：精神保健福祉．真田是，宮田和明，加藤薗子，河合克義・編，図説 日本の社会福祉 第 2 版，法律文化社，京都，pp.144-151，2007
12）藤井達也：精神障害者と保健医療福祉．保健医療福祉の社会学，星野貞一郎・編，中央法規出版，東京，pp.259-277，1998
13）堀口久五郎：「精神保健福祉」の概念とその課題―用語の定着過程の検証―．社会福祉学，44(2)；3-13，2003
14）堀口久五郎：精神保健福祉の位相― 2 つの法制度の成立をめぐる定義規定の検討―．人間科学研究（文教大学），31；123-134，2009
15）相澤宏邦：精神保健センターから精神保健福祉センターへ．公衆衛生，60(2)；98-101，1996
16）二木立：医療ソーシャルワーカーの国家資格化が不可能な理由．文化連情報，356；32-37，2007
17）大野和男：協会の主体性の確立と資格化．精神保健福祉，35(2)；129-132，2004
18）中田哲也：小規模作業所職員から見た精神保健福祉士資格．大阪精神保健福祉．44；70-73，1999
19）横山豊治：医療ソーシャルワークと社会福祉士制度との整合性に関する一考察．医療と福祉，40(1)；80-84，2006
20）京極髙宣：福祉専門職制度10年の評価と課題―ソーシャルワーカー資格を中心に―．社会福祉研究，69；42-49，1997
21）山手茂：医療におけるソーシャルワーカーの役割と資格制度化をめぐる論争点．―なぜ社会福祉士と別資格を設けようとするのか？―．社会福祉研究，69；50-57，1997

22) 京極髙宣：精神保健福祉士法の成立―ソーシャルワーク至上主義に反論する―．新版 日本の福祉士制度―日本ソーシャルワーク史序説―，中央法規出版，東京，pp.179-206, 1998
23) 秋元波留夫：医療・保健と福祉のあるべき関係．精神障害者のリハビリテーションと福祉，秋元波留夫，調一興，藤井克徳・編，中央法規出版，東京，pp.174-189, 1999
24) 堀口久五郎：「精神保健福祉士」資格制度の存立基盤と教育カリキュラムの再検討―「精神障害者福祉論」の確立を求めて―．人間科学研究（文教大学），23；119-137, 2001
25) 岩崎晋也：障害者福祉法への統合化と精神障害者施策．病院・地域精神医学，40(4)；315-319, 1998
26) 大野和男：わが国におけるPSWの歴史．精神保健福祉士国家資格化の経緯．改訂 これからの精神保健福祉，日本精神医学ソーシャル・ワーカー協会・編，へるす出版，東京，pp.34-52, 1998
27) 岡村正幸：精神医療分野における社会福祉専門職の資格制度をめぐって．福祉のひろば，62；126-131, 1995
28) 渡邉昭宏：精神科診療所で働く精神保健福祉士の今日的課題．精神保健福祉，41(2)；92-95, 2010
29) 松山真：資格制度化運動の歴史．日本の医療ソーシャルワーク史，日本医療社会事業協会50周年記念誌編集委員会・編，川島書店，東京，pp.54-92, 2003
30) 増子忠道：医療専門職からみた医療ソーシャルワーカーの役割・位置づけ．社会福祉研究，69；58-64, 1997
31) 石川到覚：専門職性の保持と深化を求めて．精神保健福祉，30(1)；9-12, 1999
32) 厚生労働省社会・援護局障害保健福祉部精神・障害保健課：今後の精神保健福祉士に求められる役割．精神保健福祉士の養成の在り方等に関する検討会中間報告書，pp.2-4，URL：http://www.mhlw.go.jp/shingi/2008/10/dl/s1021-4a.pdf, 2008年10月21日
33) 古川孝順：社会福祉学研究の曲がり角．社会福祉研究，82；82-91, 2001
34) 阿部敦，渡邊かおり：戦後日本における社会福祉従事者の養成政策について―1940年代及び1980年代に焦点をあてて―．人間文化研究科年報（奈良女子大学），26；109-121, 2011
35) 炭谷茂：社会福祉学の底力．社会福祉研究，85；74-75, 2002
36) 黒木保博，永岡正己，山縣文治，牧里毎治：日本の社会福祉―研究力と実践力を問う―．社会福祉研究，90；180-194, 2004
37) 岩崎晋也：序論．リーディングス日本の社会福祉1，社会福祉とはなにか―理論と展開―，岩田正美・監，岩崎晋也・編著，日本図書センター，東京，pp.3-40, 2011
38) 京極髙宣：資格制度化と社会福祉教育．社会福祉をいかに学ぶか―社会福祉教育の現状と課題―，川島書店，東京，pp.95-108, 2000
39) 岩田正美，松井二郎，山崎美貴子，栃本一三郎：社会福祉学・社会福祉教育を今見直す．社会福祉研究，86；54-69, 2003
40) 平野方紹：社会福祉行政の現場からの社会福祉研究への私論．社会福祉研究，85；80-82, 2002
41) 星野信也：社会福祉学の失われた半世紀―国際標準化を求めて―．社会福祉研究，83；70-75, 2002
42) 古川孝順：社会福祉原論断章．社会福祉学，52(4)；92-95, 2012
43) 佐藤豊道：医療ソーシャルワーカーの課題．医療社会福祉研究，1；45-49, 1992
44) 岡本民夫：医療福祉学の学問性．医療福祉学の理論，小田兼三，竹内孝仁・編，中央法規出版，

東京，pp.29-43，1997
45) 岡本民夫：推薦の言葉．新訂保健医療ソーシャルワーク原論，日本医療社会事業協会・編，相川書房，東京，pp.ⅲ-ⅴ，2006
46) 古川孝順：社会福祉21世紀への展望．社会福祉学のみかた，朝日新聞社，東京，pp.172-175，1997
47) 芝田進午：医療労働の理論．双書・現代の精神的労働4，青木書店，東京，pp.3-38，1976
48) 副田義也：社会主義の不在と社会福祉の行方．社会福祉研究，52；2-9，1991
49) 所道彦：指定発言．社会福祉学，52(4)；96-98，2012
50) 立岩真也：資格職と専門性．医療社会学を学ぶ人のために，進藤雄三，黒田浩一郎・編，世界思想社，東京，pp.139-156，1999
51) 岩崎テル子：理学療法・作業療法と隣接学際領域―ソーシャルワークと作業療法の接点―．理学療法と作業療法，22(1)；22-26，1988
52) 堀越由紀子：保健医療と福祉のネットワーク―「医療ソーシャルワーク」が経験してきたこと―．ソーシャルワーク研究，25(1)；17-27，1999
53) 蜂矢英彦：学会誌創刊にあたって．精神障害とリハビリテーション，1(1)；3，1997
54) 米本秀仁：ソーシャルワーク・アイデンティティの形成と社会福祉系大学の責任．ソーシャルワーク研究，25(4)；341-346，2000
55) 大山勉：刊行にあたって．精神保健福祉白書2013年版―障害者総合支援法の施行と障害者施策の行方―，精神保健福祉白書編集委員会・編，中央法規出版，東京，pp.1-2，2012
56) 岩崎久志：学校ソーシャルワーク実践における学際性：学校ソーシャルワーク研究，5；2-14，2010
57) 大西次郎：「見える」「分かる」日本精神保健福祉学会―新たな精神保健福祉学の構築―．精神科治療学，27(2)；261-265，2012
58) 佐々木敏明：精神保健福祉士の養成課程とソーシャルワーク教育．精神保健福祉，42(4)；258-261，2011
59) 鷲見学：精神保健医療福祉施策の現状と課題―精神保健福祉士に期待すること―．精神保健福祉，38(3)；197-206，2007
60) 植田章：社会福祉士の意義と役割．社会福祉援助実践の展開―相談援助の基盤と専門職―，高菅出版，京都，pp.8-24，2011
61) 日本学術会議社会学委員会社会福祉学分科会：近未来の社会福祉教育のあり方について―ソーシャルワーク専門職資格の再編成に向けて―．URL：http://www.scj.go.jp/ja/info/kohyo/pdf/kohyo-20-t59-1.pdf，2008年7月14日
62) 日本学術会議社会学委員会福祉職・介護職育成分科会：福祉職・介護職の専門性の向上と社会的待遇の改善に向けて．URL：http://www.scj.go.jp/ja/info/kohyo/pdf/kohyo-21-t133-3.pdf，2011年9月20日
63) 藤井達也：精神保健福祉士養成教育の現状と課題．精神保健福祉，40(1)；36-39，2009
64) 田中英樹：精神障害者支援の新パラダイム―精神障害者を支える実践と権利擁護―．社会福祉研究，109；20-30，2010
65) 日本精神保健福祉士協会：精神保健福祉士業務指針及び業務分類（第1版）．pp.22，52-53，URL：http://www.japsw.or.jp/ugoki/hokokusyo/201006-gyomu.html，2010年6月4日
66) 全国精神保健福祉会連合会：家族会活動の成果と今後の展望について．わたしたち家族の提言．2012（H24）年度「家族会」全国調査，pp.75-87，URL：http://seishinhoken.jp/attachments/

view/articles_files/src/c733c66d 8 f4810cf 7 d 3 a334fc099dd 9 c.pdf,2013年7月4日
67) 大西次郎：精神保健福祉学の構築―学際的アプローチによる当事者支援―．武庫川女子大学紀要（人文・社会科学編），62；19-30，2014

第Ⅷ章 社会福祉学の現在と照応した「精神保健福祉学」

はじめに 第Ⅷ章では、「精神保健福祉学」の実像を描出する。研究的臨床実践を深化させるソーシャルワークに対し、精神科ソーシャルワークは人権擁護に根ざしてソーシャルポリシーと深くかかわる。「精神保健福祉学」は多職種の参加により当事者の現実問題へ対応し、彼(女)らの地域生活を支援するとともに、社会状況の変革を図る。これを改正精神保健福祉法における課題より例示し、現代の教育学との相同性に触れる。

「精神保健福祉学」がディシプリンとして成り立つための鍵は、社会福祉学とのあいだにおけるソーシャルワーク面の共通性と、社会防衛のための精神科病院ならびにそれを期待してきた地域社会といった、ソーシャルポリシー面の特異性にある。これを精神障害者にかかわる援助者が自認することで「精神保健福祉学」への扉が開かれる。[1]

近年のソーシャルワークは実践および研究の多くが当事者との関係を前提とし、質的に共通した「研究的臨床実践」とみなされる。実践者と研究者の違いは、人間から環境へ向かう帰納的アプローチに実践者が、観察事実を検証する演繹的アプローチに研究者が属すといった、当事者への接近方法の差に収斂する。実践と研究は一体的に捉えられるべきなのだ。[2]

ただし、専門職がソーシャルワークを媒介に実践を展開しても、当事者がソーシャルポリシーより受ける影響は直ちに減じない。そして、わが国の精神障害者はソーシャルポリシーと相克的な状況にあった。精神科ソーシャルワークにおいて環境から人間に向かう演繹的アプローチは、研究者からの接近法にとどまらない。[3]

現代における社会福祉学と「精神保健福祉学」の立場は、それぞれソーシャルワーク重点化ならびにソーシャルポリシー均衡化と表現される。「精神保健福祉学」の構築は、法・制度を活用する帰納的な視点の保持とともに、法的パターナリズムの存在を認識し、それらを新たな体系へあらため

ていく演繹的な努力により現実化する。❹

　保健医療と社会福祉をつなぐ場に存立する「精神保健福祉学」の構築は、多職種の協働のもと、人権擁護の観点から当事者の立場で行われる。効果的な協働実現のための方策もテーマとなる。学際領域で得られた研究成果を、各専門職が自らの領域内にとどめず「精神保健福祉学」へ統合していくことで、その存在はより確固たるものになる。❺

　社会福祉、医療、教育は、わが国の制度のなかでしばしば並列的に論じられてきた。教育学をめぐる近況には、方法論としてのナラティブや実践と研究の循環、あるいは法・制度への目配りなど「精神保健福祉学」と共通する点が多い。なかでも長期にわたる実践知の蓄積に対し、短絡的な理解や模倣でなく体系化した認知が必要との論点は重要である。❻

 ここまでの「精神保健福祉学」

　ここまでの「精神保健福祉学」の態様を確認するにあたって、まずソーシャルワーク、精神科ソーシャルワークという語の表現からも導かれるように、精神科ソーシャルワークをソーシャルワークに包含して（図5 ☞ p.85→図6 ☞ p.137）論じたことの妥当性を確認しておく。

　精神科ソーシャルワークが社会福祉学を基盤とする以上、また、本章でこれから述べるように精神科ソーシャルワークへソーシャルポリシーが分かち難く影を落とす以上、たとえば図8のように、精神科ソーシャルワークはソーシャルワークの一部としてではなく、ソーシャルポリシーにも広がった社会福祉学の一部として元々存在していたと捉えることも一理あるようにみえる（図8：社会福祉学のソーシャルワーク片方［下面］ではなく、ソーシャルワークとソーシャルポリシーの両方［側面］に精神科ソーシャルワークを位置づけている）。しかし、これは本書における社会福祉学の定義から採用できないのだ。

　すなわち本書では「ソーシャルワークをソーシャルポリシーも含めた総体的な意味に捉える」との見解 〜有力であるが〜 を採用せず（第Ⅴ章❶注2 ☞ p.83）、両者を分けて論じる立場をとる。したがって、精神科ソーシャルワークにおいてこれを破って再度「精神科ソーシャルワークには、社会福祉学に

図8 精神科ソーシャルワークをめぐる構造の再定義

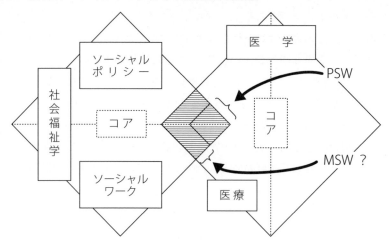

おけるソーシャルポリシーを含む」とすると、「精神科ソーシャルワークは社会福祉学におけるソーシャルワークとは別物」になってしまう。それは「精神科ソーシャルワークの学問的基盤が社会福祉学である」という根幹に抵触する可能性がある（立場A）。

他方、それでもよい、とする発想を仮定してみる。精神科ソーシャルワークは社会福祉学におけるソーシャルワークと、社会福祉学におけるソーシャルポリシーを併呑しており、社会福祉学におけるソーシャルワークそのものには包含されない、とする立場である（立場B）。

すると、立場Bにおける精神科ソーシャルワークは、社会福祉学におけるソーシャルポリシーを具有していることになる。はたして、精神科ソーシャルワークのソーシャルポリシーは、社会福祉学におけるソーシャルポリシーであろうか。

しかし、精神科ソーシャルワークが学際的過程で取り入れたソーシャルポリシーは、社会福祉学における経済学を基盤とした社会体制や、雇用・労働・貧困問題といった歴史的なソーシャルポリシーの蓄積というよりは、「社会防衛のための精神病院とそれを期待する地域社会の構造のなか」[1]で、法の対象を主に病名に依拠する、精神衛生法以降の手続きを踏襲した精神保健福

祉法により規定され、ついに独自の福祉法をもつことのなかった精神障害者のソーシャルポリシーである。

それでも、この違いは対象がもっぱら精神障害者であるという事情により派生するソーシャルポリシーの偏り 〜まさに精神障害者のソーシャルポリシー〜 にすぎないと、さらに仮定を重ねてみよう。では次に「社会防衛のための精神病院」と、「それを期待する地域社会」に分けて考える。

まず「社会防衛のための精神病院」である。それは「医療の傘」（☞ p.20）論からも導けるように、疾病と障害をあわせもつことを背景に、医療と福祉が分別されず、むしろ医療の名のもと一体化して精神障害者への処遇がなされてきた史実である。

精神障害者を規定する法・制度を例にあげても精神科特例、精神衛生法、精神保健法、精神保健福祉法、医療観察法など 〜一部は介護保険法や障害者自立（総合）支援法に至るまで〜 あくまで医療を包含しつつ展開されてきたことが分かる（それが正しい道であったとするのではない）。

したがって、精神科ソーシャルワークにおけるソーシャルポリシーは、医療との学際領域において展開されており、これは社会福祉学におけるソーシャルポリシーとの相違点である。

続けて「それを期待する地域社会」である。精神障害者は地域社会から、そしてY問題（☞ p.88）に象徴されるように、ときに援助者からも結果的に疎外されてきた。その苦衷の史実のうえに立つ人権擁護の強い視点は 〜ハンセン病に対するそれを思い起こさせるが〜 現代の社会福祉学における普遍的観点と峻別されよう。

加えて、社会福祉学の伝統的なソーシャルポリシーにおいて、政策主体や資本家などが作為・不作為を問わず周囲に疎外をもたらすとき、もたらしている集団を構成する数（権力ではない）はマイノリティである。これに対し、精神科ソーシャルワークにおいて精神障害者・家族を疎外する側は、地域構成員たる圧倒的マジョリティである（☞ p.49）。それゆえ質的に大きな社会問題と、量的に乏しくならざるを得ない社会運動のあいだに明確な非対称性が認められるし、変革もまた対象のマジョリティさゆえ容易でない。

すなわち、精神障害者・家族をめぐって現出するこれらのソーシャルポリ

シーの特性から、立場Bにおける「精神科ソーシャルワークは、社会福祉学におけるソーシャルポリシーを具有している」を肯定することはできない。

よって立場Bを否定して立場Aに戻るとき、精神科ソーシャルワークそのものはあくまで社会福祉学を基盤とする一方で、社会福祉学とは様相を違えたソーシャルポリシーを、図6において精神障害者にかかわる援助者が自認することで「精神保健福祉学」への封印が解かれると展開できる。

そう、精神科ソーシャルワークにおけるソーシャルポリシーそのものの特性はもちろん重要な意味をもつが、その特性を図5（☞p.85）から図6（☞p.137）の段階で、行きすぎた心理主義やY問題への反省から援助者が自認する過程こそ必要だったのだ。精神障害者・家族をめぐるソーシャルポリシーの問題が急に現出したと捉えるのは拙速である。その問題の特異な様相を（ようやく）見い出したという歴史的な経緯に、専門性確立の要件があったのだ。

あくまで精神科ソーシャルワークが図5の段階のままで年月を経るなら、精神科ソーシャルワーク実践の理論化は、「精神科ソーシャルワークの学問的基盤が社会福祉学である」以上、あくまで社会福祉学であったに違いない。そして、それでも「精神保健福祉学」があると強弁するならば、それは、いわば「精神科ソーシャルワーカー学」であっただろう。

しかし、疾病構造の変化や少子高齢社会の到来により、社会福祉学とともに普遍化の道をたどった医療ソーシャルワークを対照として明確化されたように、精神科ソーシャルワーク実践は相克的な医療とのかかわりにおいて、独自の学際的発展をとげることとなった。よって、「精神保健福祉学」の今後は必ずしも「精神科ソーシャルワーカー学」でも、いわんや精神保健福祉「士」学でもなかろう。そのことも本章で論じる。

かように「精神保健福祉学」が、精神障害者へ向けた固有の実践科学たるディシプリンとして成り立つための鍵は、社会福祉学とのあいだにおけるソーシャルワーク面の共通性（立場A）と、ソーシャルポリシー面の特異性にある。

すなわち、実践者および研究者と、当事者や市民ボランティアとの対等なかかわりによって、サービスを受ける人がサービスを統制しつつケアの向上

や生活問題の改善につなげていく[31]（☞ p.34）という精神科ソーシャルワーク実践の集積と共有が、独自の学問体系を構築し得るとする論考の詰めの段階に入ったといえよう。

本章では、「精神保健福祉学」のディシプリンとしての実像をおよび◯で描出するが、そのためにまず次節（◯）で、ソーシャルワークが置かれた現代的な特質について明らかにし、精神科ソーシャルワークとのあいだの共通性、ならびにソーシャルポリシーを取り込んだ「精神保健福祉学」への展開を導く準備とする。

◯ ソーシャルワークと精神科ソーシャルワーク双方の共通性

さて、ここでは第Ⅱ章◯で概観した、実践知の形成（☞ p.34,35）に至る相互作用の起点である、当事者が体験者としてもつ生活上の経験知（知恵）を媒介に論考を進めていく（図9）。この知恵の流れを大別し、一つには当事者から彼（女）ら自身へ、ならびに専門職（実践者、研究者）へ向けて発

図9　ソーシャルワークと精神科ソーシャルワーク双方の共通性

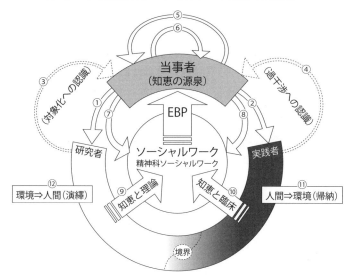

せられる流れ（前者）、そして、もう一つは専門職より当事者へ戻っていく流れ（後者）に分けて整理する。

まず前者の、当事者から専門職への流れ（図9内の①②）である。ここでは当事者主権という基本的な理念に加えて、福祉や医療という援助行為が潜在的にもつ否定的側面への認識が焦点となる。すなわち後者（③④）との非対称性（太い vs. 細い）である。専門職が当事者を保護しようとするあまり、彼（女）らの人間性を否定し、障害や疾病を対象化して過干渉を常態化とし、あまつさえ回復を制限してきた[2]「経緯」は無視できない。

この「経緯」は社会福祉実践のなかでも知的障害児・者を取り巻く歴史のなかに顕著であったし、それゆえ糸賀[3]は「人間が人間をみる価値観は、精神薄弱と言われたり、重症の障害児と言われる人々の存在を通して新しく創造される」と世に訴えた。

同様の歴史は精神障害者においてもみられる。すなわち、かつて精神科病院は家族や地域に代わり精神障害者を管理・保護する場として存在した。そこでは当事者のもつ力を無視した代理行為が蔓延していた。生きる力を奪われた当事者は、退行した行動や症状を呈することで過剰な管理・保護を誘発する悪循環を招き、さらに過剰な管理・保護へ適応していった[4]。

かかる史実を鑑み、対人援助サービスの寄せ集めが障害からの回復を促すのではなく、それらを利用しないこと、関係をもたないこと（③④の点線化）さえ回復への一つの方法[5]とみなされるに至った、そのような「経緯」なのである。

むろん、当事者と関係を保ちながら、生きる力を奪わなければよいのだ。しかし、それは往々に難しい。精神障害者は疾病と障害をあわせもっている。双方の重みが当事者の健全さを脅かし、焦りやいらだち、苦痛が生まれる。ときとしてこれらが絶望や不信へ転化し、場合によっては専門職への攻撃となってあらわれる。精神障害者に対するエンパワメント・アプローチの展開が、かえって専門職とのあいだの緊張を強める場合がある理由でもある。

もとより、専門職と当事者の力関係は専門職へ優位な非対称性を有しており、緊張は専門職に逆転移することで管理・保護へ転化する。

それでも、専門職からのインターベンション（③④）は存在する[6]。緊張

は専門職の説明モデルと当事者の説明モデルが異なり、矛盾・対立するという必然から生じるため、ここから両者の「対話」が生まれる[7]と評するのが妥当であって、そのためにこそ、専門職は対象化や過干渉から自由になる必要があるのだ。

　重要なことは、力関係の均衡化だ。ただし、これもまた往々に難しい。副田[8]によれば、そもそも「専門的視点および知識と技法は、それを用いる者にパワーを与え、利用者とソーシャルワーカーとの関係を非対等の関係にする」のであって、「実践アプローチそのものが非対等な関係を作り出す」という構造をもつ。結果として、「（筆者注：専門職が）当事者と同じ目線に立とうとするのだが、気がつくと、当事者はもっと低い位置に『へりくだっている』」[9]という事態が生じる。

　つまり、専門職がアプローチを変えて達成しようとする均衡化の限界を、この言説は示している。ならばこそ、当事者の言説を知恵として傾聴し、学ぼうとする姿勢が大切なのだ。そして、そのあらわれが、やはり図9における①②と③④の非対称性である。

　生きる力を奪わず、また力関係を均衡化した過程で達成される「対話」の一つの形として、当事者の語りを尊重するナラティブ・モデルがある。とくに、ソーシャルワーク領域において強みを発揮するナラティブ・モデルは、専門職が占有してきた知識や社会の言説を問い直す[10]議論を醸し出す。

　もとより当事者には、体験した者でないと分からない知恵がある。その知恵はピアサポート[11]やセルフヘルプ・グループ[12]といった形で他の当事者の役に立てられている（⑤⑥）。

　すなわち、当事者一人ひとりの体験を価値あるものとして集積する。そして、そこから得られた知恵が専門職の知識や技術に劣らない、新たな工夫を提案する[11]のである。臨床医学においても同様の工夫がなされている。

　たとえば、脳卒中後遺症でみられる痛みやしびれといった、当事者だけが分かる知覚症状に対して、当事者自身が模索のなかから対処の方策を見い出し、効果を実感した生の声を、同じ状況に苦しむ人々の助けになるよう具体的助言として公開する[13]などである。

　当事者のみならず、その場に素人性を発揮するボランティアを加えてもよ

い。これまでソーシャルワーク実践の場に存在してきたのは、もっぱらサービス利用者と提供者の二者であった。ボランティアの参入は、その場へ第三者の評価という視点をもち込む[14]ことへつながっていく。

このように、精神障害者本人や家族、そして彼（女）らを取り巻く市民の果たす役割が大きくなり、重要性を増すにつれて、専門職の役割は慎ましいものへ変わりつつある[4]。近年は当事者の体験そのものを専門職が主要な素材として精査し、当事者らの暗黙の情報を公にみえる形へ編成する[15,16,17]試みが広く行われるようになった。

すなわち、障害者・患者の語りを、専門職養成にかかわる講義[15,16]の要素として相当程度組み込んだり、教科書の記述[17]として採用したりするといった取り組みである。

たとえば、サービスの受け手、いわゆるクライエントや当事者が教壇に立つという授業の意義は評価でき、とくに教員が自らの講義に随時招くといった形でなく、非常勤講師として当事者を恒常的に招聘する形で独立した専門科目を構成した久保[15,16]の試みは注目される。

ただし、感動が次の飛躍へ結びついているか、消滅してしまうのではないか[16]、知的な刺激より情緒あるいは生き方へのインパクトが優位で、その時間のみの感慨に終わってしまうのではないかとの疑念も残る。出会いの場さえ得られれば精神障害者への共感的理解が自動的に促進されるとの見解はきわめて乱暴[18]なのであり、経験した者がそれを現実の問題や理論にどうつなげていくかが問われなくてはならない[15]のだ。

具体的には、いわば"生々しい"話に対して教育担当職員が場合によっては適宜介入し、事後に適切な解説等を行って当事者問題をある程度一般化する必要[19]が認められることは認識しておくべきといえよう。

これらの体験を媒介にした種々の試みから、当事者が主体的な知恵の源泉として、自らの語りや視点を 〜事例研究や対人援助の媒介物としてではなく〜 あるがままに受けとられるべき宝として提供する（⑦⑧）、という姿が浮かび上がる。そして、提供される先こそソーシャルワーク（精神科ソーシャルワーク）の場であろう。

そこは、知恵の主体である当事者、援助理論を携えた研究者（①を経由し

た⑨)、臨床経験を有する実践者（②を経由した⑩)のいずれもが「援助する者 vs. される者」という二者関係を超えて集う対等な場であって、学問が実践者を、ましてや当事者を排することなく、研究者を加えた当事者、実践者、研究者の相互交流のもと、当事者の社会的復権および地域生活支援を目指した進歩がそこで図られるのだ。

　　ただし、自立した当事者による対等性をもってしても、当事者と専門職はなお異なる特性を有するのであって、それがまた重要なのである。村上[20]による以下の言説の通りである。「非専門家の人々が専門家と同じように理論武装したときに何が起きるか…専門家よりちょっと程度の悪い専門家ぐらいのところで専門家と議論をするということになってしまうときに、非専門家であったことのメリットが消えてしまう可能性があります。専門家の議論のなかでは全く考えられていなかったようなミスとか穴、あるいはこういう側面からデータをとってみたらどうなるのだ、というようなことをみつけることの方が非専門家の立場としては大事なわけです」。

　次に後者である、すなわち本節冒頭（☞ p.168）の、当事者から彼（女）ら自身へ、ならびに専門職（実践者、研究者）へ向けて発せられる流れ（前者）と、再び専門職より当事者へ戻っていく流れ（後者）における後者である。
　先に、ボランティアの参入は第三者の評価という視点をもち込むと述べた（☞ p.170,171）。経験や勘に支えられた援助実践は一定の重要な部分を捉えてはいるものの、それ自身が根拠を有するものでない[21]という意味で、第三者の視点は大切である。
　たとえば、児童福祉の分野で北川[22]が指摘するように、ソーシャルワーカーへの信頼や信用を失墜させる不祥事の背景には、関与した個人の問題だけにとどまらない「今までと同じ」、「教えられた通り」という公共的使命と社会的責務を負う専門職から逸脱した、スーパービジョン等では解決が見込めない混乱があるという。
　つまり、専門職としての正しい行為の選択は伝統や権威により形成される

のでなく、まして正しくない行為の排除は自己規制に依拠するのでなく、第三者による科学的根拠に基づいた実践（evidence-based practice：以下、EBP）がソーシャルワーク領域において求められている[21)]のだ。

　対人サービスが根拠に基づいたものであるべきという考え方は、当初、医療分野で強調されて根拠に基づく医療（evidence-based medicine：以下、EBM）として発展した。すなわち、臨床試験により改善をみた治療データを疫学的、生物統計学的な手法で解析し、インフォームド・コンセントのもと安全かつ効率的に患者へ提供する方法論である。

　そうした手法を重んじる姿勢は次第に他の対人サービス領域へ広がり、EBPと総称されるに至った[23)]。このEBPは、EBMがそうであるように、知識や技術を批判的に分析し、有効な行為からランクづけして活用する態度とみなされることが多い。

　しかし、EBPは既存の結果からの選択という側面にとどまらず、実践と研究の相互作用によって根拠（evidence）を新たに生成するという側面を含む。この新たな根拠の生成は、ソーシャルワークにおける調査の蓄積が不十分であるという視点に立てばなおさら重要で、実践者は日々の臨床のなかで調査を行い、自らフィードバックする研究者でなければならない[24)]とされる。

　また、EBPの重視は効率的なサービス供給、とくに費用対効果の観点からも促進されるものの、それゆえ大規模な実証的アウトプット研究だけが専門職の拠りどころになるのではない。「利用者の問題解決・ニーズ充足支援のサービスの質を高めるという点と、利用者との『対等な関係』という点からすれば、体験や事例に基づく知見もまた重要」[8)]なのであって、つまり個々の実践こそが 〜EBPの時代においても〜 研究の基盤なのである。

　加えて、EBPがEBMを意識する以上、費用対効果にとどまらず、当事者をめぐる環境要因を 〜医療のレベルで〜 相対的に軽く扱いかねない懸念が残ることからも、個々の実践に着眼する姿勢は維持されねばならない。

　すなわち「研究者は、理論的知識が実践でいかに活用されるかを現場でよくみて、その生産的な使い方を実践者から学ぶ必要がある…実践者は理論的知識を実践で用いつつ、新たな知識創造ができることを自覚し、知識の創造方法と活用方法を身につける必要がある」[25)]のだ（☞p.34）。

以上より、EBPを不可避とする現代のソーシャルワークにおいて、研究者と実践者の双方を隔てる垣根は 〜個々人が自らをどう捉えているかを横に置けば〜 必ずしも高くないといえよう。

　もちろん歴史的にはソーシャルワーク実践者と、知識創造ソーシャルワークすなわち研究者の違いとして、研究者が学術的文脈で理論的知識を創造あるいは（筆者注：創造そのものが一義的な含意であるが、実態としては）翻訳・輸入し、実践者がその知識を反復利用あるいは応用するという分業が社会福祉学における理論と実践の乖離を存続させてきた[25]（☞p.32）。そこには、国民性の違いに配慮せず「アメリカなりの理論を十分消化しないまま、直輸入的に」、「紹介するにとどまっていた」研究者[26,27]像があった。

　そして今なお、ソーシャルワーク実践の科学化に余地があり、それゆえ現場の指針となる理論が求められ続けており、一方で他職種との連携のもと専門性を明確にして隣接領域の社会的承認を得ねばならないという要請も強まっている[28]。他職種との間柄に限らず、そもそも「ソーシャルワーカーが専門職として社会的に認知されていくため」に、「援助実践の方法は科学的でなければならない」[8]のである。

　こういった理由から、実践理論の確立は急務であって、実践者 vs. 研究者といった相反的な区分そのものが再考を迫られている。つまり、かつて研究がしばしば「研究のための研究」であったという反省のもと、何が本当に当事者や実践者の利益につながるかを検証せねばならないという差し迫った状況のなかで、EBPはその姿をあらわした[29]のだ。

　かような状況を現出させた要因は、研究者の側のなかだけにとどまらない。実践者もまた多くの当事者と出会い、その過程でさまざまな知恵を見聞しているにもかかわらず、それらを十分に言語化せず実践のなかに埋もれさせたまま[30]にした。つまり、経験や葛藤を生かすことなく日常に馴化・埋没してきた[31]との反省がある。「実践者は現場から理論を創造できるし、逆にそのような姿勢を欠けばよい実践を展開できない」[25]とする戒めはもっともなのだ。

　その背景には、わが国において実践と研究を媒介する中範囲の理論形成が弱く、現場へ速やかに浸透できる社会福祉学理論の提示はわずかであったと

いう歴史がある。そして、こうした中範囲の理論形成にこそ、実践者と研究者の相互のフィードバックが不可欠[32]なのだ。

　　であれば、「広範囲」な理論 〜そのような語は流布していないが、たとえば原理論研究をここであててみる〜 は十全な状況なのだろうか。換言すれば、原理論はソーシャルワークの現場を離れることで影響を受けないのだろうか。すなわち、原理論とソーシャルワーク実践とのかかわりは中範囲理論を経由するのか、直接・緊密につながり得るのかは 〜それがソーシャルポリシーとしての立場からか、ソーシャルワークより提起できるのかを含めて〜 興味深い。とくに、ソーシャルワークに重点化した現代の社会福祉学における、新たな原理論の提起は待たれるところである。
　　しかし、すでに社会福祉士の国家資格化を契機として、原理論や歴史研究が量的にも質的にも低迷していった流れ（☞p.146）を振り返った。すなわち現代の社会福祉学において、実態上はここで示す中範囲理論が、多くの研究者にとっての立ち位置にならざるを得ないといえよう。
　　なお、歴史的に類似の語として「中間理論」があり、これはいわゆる政策論と技術論の二項対立的論争のなかで、両者の理論的整合を企図した研究的色彩の強い語であって、実践との結びつきを意図して用いる本書のなかの「中範囲理論」とは性質が異なることをつけ加えておく。

つまり、ソーシャルワークの現況は、当事者と接点の乏しい研究者の存在を規定しにくい状態にある。そのわけを探れば「かつて時代背景である舞台裏を強調するあまり、社会構造を分析しさえすれば個人は『諸関係の構造物』なのであるから特別の意味づけをする必要がないという極端な議論があり、それは社会科学的と称して経済を軸とした社会構造のみを分析する論法として存在した」[10]という、当事者からの遊離に対する批判にさかのぼることができよう。

これは、マルクス経済学による下部構造の分析という歴史的観点の見直しにとどまらず、専門職の視座をはさまない当事者の言説こそ第一義的に捉えられるべきとの現代的主張にもつながる内容である。

すなわち、実践者と研究者はともに当事者とのかかわりを重んじるという

点で共通しているといえよう。実践者と研究者の違いをあげるなら、当事者の「生活」というリアルではあるが掴みどころに乏しい対象を「人間と環境の相互作用」と言い換えた[33]うえで、人間から環境へ向かう一つひとつの事例を丹念に読み解く作業を繰り返し、集積する帰納的アプローチに実践者（図9［☞p.168］における⑪）が、観察される事実を一定の概念に基づいて検証する演繹的アプローチに研究者（図9における⑫）が属すといった、当事者への接近方法の差に収斂すると考えられる。

　その論拠として、わが国のソーシャルワーク領域では個別事例の問題解決に主眼を置く実践的特質から、当初より研究上のアプローチとして質的調査が重視されてきた[34]という史実をあげることができる。質的調査は多くの場合、仮説を立てて検証する方法はとらない。さらに質的調査は、理論的に明らかにされていない現象を探索的に検証する[21]場合に有効なのである。そして、ソーシャルワークにおいては設定された枠組みで捉え切れない、個別の部分に重要な要素がある[21]とされ、あらかじめ一定の概念を準備する演繹的なアプローチの困難性が予測される。

　いわば、もとよりわが国のソーシャルワーク実践における現場の仕組みは、外部よりもち込まれた理論枠をあてはめる形で、研究者の責務が果たされる構造にはなっていなかったのだ。また、研究者もそのような実態を正しく意識したうえで、調査的アプローチの手続きを踏んできたのである。

　すなわち、現代の社会福祉学において実践（臨床）と研究（理論）の乖離は、二分された両者の相克を意味するというより、人材不足のなかで医療・保健・福祉制度のたび重なる改正をわきまえつつ的確・迅速な職責完遂を要求されるソーシャルワークの現場[35]で、業務知識の習得に追われながら、事例の丁寧な分析に限界を感じる実践者の嘆息を意味しているのであろう。

　　　なお、ここで「実践（臨床）」に対峙させて「研究（理論）」と重ねて記すのは、研究を足し算が可能な指標に置き換え、著書やレフリーつき論文の出版、それらの他誌への引用回数、競争的研究資金の導入実績、学会での招待講演や座長経験などで評価せんとする方向性に対し、本書では社会福祉学・「精神保健福祉学」における研究を、当事者や社会が抱える現代

的な問題に対する理論的解決を図る態度として位置づけることを忘れない、とする意趣である。

　同様に他の領域、たとえば教育学においても研究業績を誇る者がよい実践（授業）を生むことはなく、逆もまた然りと指摘される状況がある。これも、研究者の側からみた実践者との乖離というよりは、解説や紹介にとどまる研究者の行為の限界[36]を表現しているのだ。
　そして今や、研究上のソーシャルワーク理論は、実態としての暮らしや人間の存在との関係性を見い出す努力を伴って初めて受け入れられ、しかも、その受け入れを行うのは当事者である[37]との状況に至った。出発点としての知恵と、形成された理論の受け入れの双方に当事者が介在する循環構造のなかでは、他者からの相互作用を受けない一方的な解説・紹介行為が果たす役割は小さいであろう。
　先の専門職 〜実践者ならびに研究者〜 による言説を問い直すナラティブ・モデル（☞p.170）の台頭もまた、専門職の側が主体となって 〜当事者不在のまま〜 実践ならびに研究が進行する流れに対する異議申し立てとして登場した[38]のである。
　言わずもがなであるが、本書で実践と研究を分けて取り上げるのは、専門職の振る舞いの吟味をもっぱらな視点とする「実践者 vs. 研究者」の図式を論じるためではない。焦点は両者の相克にあるのでなく、実践者、研究者が当事者とともに「学」の構築へ向けて等しく役割を果たすことにある。
　つまり、ソーシャルワーク実践の科学化が「援助者の一方的な論理ではなく、クライエントあるいは利用者の参加ないし協力を得て初めて達成可能」[38]であることを確認したうえで、当事者より語られる知恵を理論形成の出発点とするとともに、他方、専門職の介在もまた 〜ソーシャルワーカーの記録を（当事者による）「ヒューマン・ドキュメントより、信憑性や客観性にすぐれている」[39]とみなすように〜 一定の意義をもつとして、当事者と専門職の協働によりつくられる、実践科学の現代的な実像を描出しようとするのだ。

ただし、当事者とソーシャルワーカーを、専門的援助関係における「否定的な極」ないし「肯定的な極」とそれぞれ捉え、パワーをもたない当事者へ正常像を押しつける権力構造を否定し、ソーシャルワーカーの暗黙裡の客観性そのものを脱構築せんとする立場もある[10]。この場合、ソーシャルワーカーは当事者を対象化、客体化することを排し、一般性に解消できない固有のストーリーを生きる当事者の現実と日常生活へ、限りなく接近しようとする。

ソーシャルワーク領域におけるナラティブ・モデルは、このようなラディカルさを包含しつつ、研究と実践における乖離問題をそれゆえ乗り越えるという特性をもつ[40]ため、かかる視点からは、筆者の発想が折衷的に映るかもしれない。ただし、脱構築が喧伝される背景には、当事者が自ら語る機会や場を専門職が十分に保障してこず、逆に常識的な健常観を押しつけて疑わなかったという態度がある。

本書は当事者が体験を通してもつ「知恵」を論考の起点に据えることで、少なくともかかる誤謬を回避しながら、当事者および研究者と実践者それぞれの立場を明らかにしようとする。したがって、双方の関係性そのものへ焦点をあてる行為と、「学」の構築様式へ焦点をあてる行為のそれぞれに、論点の差が収斂するといえよう。

それでも、とどのつまり現代のソーシャルワーク専門職の行為は実践なのか、研究なのかという問いは残ってよい。回答は「両者は連続線上に存在する」である。ただし、なおもこの疑念が浮かぶことへの理由を考えれば、それは本節（☞p.174）で先に「研究者と実践者の双方を隔てる垣根は 〜個々人が自らをどう捉えているかを横に置けば〜 必ずしも高くない」と、〜と〜のあいだにただし書きをしたように、専門職がいわゆる大学などの教育研究機関に在籍しているのか、あるいは実務家として臨床現場で働いているのかへ問いを帰結させてしまうからであろう。

それこそが、社会福祉領域全体における実践者と研究者の職業的交流の乏しさ（☞p.38）を示すのであって、実践者と研究者が分化でなく、当事者とともに統合的な発展を目指すべきだとする理由である。さもなければ、すなわち職業的な位置づけへ問いを突き詰めていけば、実践者と研究者のあい

だの違和感に由来する「いらだち」に至り、そのいらだちは「問題」の所在が明確にされないために心情的な主観へ傾いてしまう[41]という。

かかる「いらだち」とは、「第三者的に対象を外側からながめ、没価値的な態度で中立を装って客観的な判断者や評価者になりたい」という研究者の「不感症の態度」[10]に対して実践者が抱く感情であり、また、「問題」とは、もちろん実践と研究が本来別物ではなく一体的に捉えられるべき[42]ことを意味するのである。

この研究者の「不感症の態度」への批判的な文脈に関し、岩田[43]は以下のように、同義の「冷たい頭」の対となる「熱い思い」へ触れて、「程よい距離を保ちにくい」と注意を喚起している。

「ある目標や『思い』が強烈であればあるほど、それ以外の目標や他の『思い』の存在のなかに自らの価値を相対化させて眺めるということを通過しないと、それを是とするロジックや証拠立てを整えることは難しくなる。しかし、しばしば『熱い思い』のレベルで研究者の評価がなされたり、単に『現場を知っている』ということに意義が見い出されたり、研究者自身もそのレベルで自己満足してしまうという傾向があるのではないか」。

同じ趣旨の論考は他にもある。たとえば1963年にさかのぼって、田村[44]は日本社会福祉学会（当時、発足後10年に満たない）の問題として、「社会福祉の領域といえどもその理論的学問的研究をゆるがせにすべきでないことは言うまでもないであろう。わが『日本社会福祉学会』もかかる意味あいをもってその成立が根拠づけられているわけである。そういう意味において、全く何らの実践的意味をももち得ない、換言すれば社会の実践的要求とは究極的に何の関係ももち得ないような学問は、それこそ単なる思弁の領域に属するものであって、正しい意味での科学ないし学問として成立根拠をもたない。ただしながら、だからと言っておよそ学問たるものすべて、これ直接に実践的なるものの究明や、実際的な問題の討究のみにその研究が限定されるべきものであるかどうか。私はむしろそういう意味ではおよそ学問ないし科学の名に値するものは、いちおうはその実践的なものからの独立ないし遊離がなされなければならぬと考える」と述べている。

以上の指摘を、本節は発展的な側面から「実践と理論が本来別物ではなく

一体」(☞ p.179) と集約したのだが、教訓的な側面から捉えるならば「研究を上位に、実践を下位に位置づける研究と実践の階層化」、「研究者が実践者を無条件で賛美する階層化の裏返しの表現」[45]としての内面的意識構造を顧み、そして、これらに基づく「研究者による現場収奪的調査」[45]、「研究者は、実践者が苦労して作り上げてきたものをすぐにもっていってしまうんだよなぁ」[46]、「実践とかけ離れた調査のための調査」[27]という外面的対処行動を回避する、といった諸点にまとめることができよう。

換言すれば岩間[47]が、個別事例の研究的昇華について述べるに際し「事例研究は帰納法だが、事実の積み重ねから原理原則を導くには研究の素材となる具体的事実の内容が問われる」としたうえで、個に向かうアプローチ（実践のための事例研究）と一般法則を導くアプローチ（研究のための事例研究）の円環状の発展からソーシャルワーク実践が進むと論じるように、やはり実践と研究は連続線上にあるものなのだ。

前述の「不感症の態度」もまた、科学史の立場からみれば研究者のあり方として不問であっても、少なくともソーシャルワークの立場からは 〜感情移入して視野狭窄に陥ったり、内実がみえなくなったりするのは別問題として〜 成果があまり期待できない態度[10]とされている。

さもなければ、実践者の立場より発せられる「実践知の集積と共有化は、いったい誰が必要とするのか」の問いに、「現場で問題と向きあっている実践家こそが切実に必要とするのであり、外部の研究者が必要とするのではない。それゆえ研究者が必要とするような研究であるなら、そのような意味での研究は要らない」[31]とする箴言へ頷くほかないだろう。

とはいえ、上記のような箴言がそのまま現在の姿にあてはまるほど、ソーシャルワーク実践は「実践者 vs. 研究者」の対立図式にとどまってはいないといえよう。少なくとも「近年におけるわが国のソーシャルワーク研究が、アメリカのソーシャルワーク研究の紹介や適応という範囲を超え、わが国に独自の視点、枠組み、言語体系をもちはじめている」[48]との評価は正当である。

まとめると、実践者ならびに研究者の行為の多くは当事者との関係性を前提としているという意味で、質的な共通性を導くことができる。このような両者に通底する行為をたとえば「研究的臨床実践」と命名するのであれば、

実践者ならびに研究者は双方とも「研究的臨床実践家」[31]と称すべき存在に位置づけられる。

実際に、「専門化」の二つの方向（☞p.32）である「理論的専門化」と「実践的専門化」をあげた大塚[49]も、「具体的な実際の問題（傍点大塚）」を究明しようとする「実践的専門化」の場において、「理論的分野の専門家」が協力する傾向は「社会科学の場合…ますます前面に出はじめている」と述べている。

さらに、近年のソーシャルワーク実践において、現場でソーシャルワーカーはケースに対応していく過程で、実践的質的調査者として行動しているとの指摘[50]もある。

もちろん、この「研究的臨床実践家」という呼称の含意は、研究者に対してはEBPにおいて現場からのフィードバックに基づく不断の評価と改善のシステムが重要性をもつため、絶えず実践者から情報を収集し蓄積する必要がある[24]との内容である。

また、実践者に対しては研究的意識と方法論をもった「研究的臨床実践家」であれば、日常そのもののなかに研究の契機が存在するため、濃密なデータを長期にわたって集積できる可能性が開かれている[31]という意味である。

> EBPを考えたとき、そこにさまざまな立場があることへ気づく。実践と研究の側面からみれば、「研究者に望むのは実践に目を向けてほしいという点である。これは必ずしも自身が現場に入ることを意味しない。常に実践に関心を向け、パートナーシップを維持し、実践を言葉にする努力をしてほしい」という久保[51]のコメントが要を得ているであろう。
>
> しかし、資源配分の効率性や医療費の抑制といった観点であれば、それが一義的な目的になるのではなく、あくまで当事者の視点に沿う形でEBPが確立されねばならない[29]。これはEBPに限ったことでない。実践と研究が誰にとって「役に立つ」ものなのかと問われて、機関利害、行政支配や管理、利益勘定から「役に立つ」とされるなら、それはもはや社会的福祉実践・理論ではない[52]のである。

図10 ソーシャルワークをめぐる構造の変化

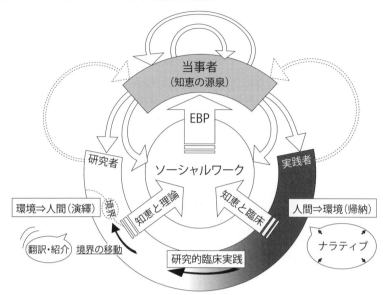

　このように実践者はもちろん、研究者においても両専門職の行為の多くは当事者との関係性を前提とした「研究的臨床実践」であることから、EBPを重視する現代のソーシャルワークにおいては、広く専門職の実践者化と称すべき現象が進んでいるといえよう。
　そこで本節のここまでの論旨に沿い、時代を超えて適応できる一般性を具有した図9（☞p.168）とは別に、現代におけるソーシャルワークを取り巻く、当事者の「知恵」の流れを図10へまとめ、研究的臨床実践の普遍化、ならびに研究者－実践者境界の移動（実践にかかわらない研究者の相対的減少）として表現した。
　かかるソーシャルワークの実況からは、当事者の「知恵」と研究的臨床実践の循環が生み出す、「学問領域としての具体像」が顕現されているとみえる。それらを受けて、ソーシャルワークの立場から社会福祉原論[53]を提起せんとする発想もまた自然であろう。
　他方、以上をソーシャルワークとソーシャルポリシーの関係性から評して「政策論あるいはソーシャルポリシー論の領域において、独自性や固有性を

主張してみても、なかなかアカデミック・コミュニティや関係者の認知を得られない。社会福祉はソーシャルワークの領域において、初めて独自性や固有性についての理解を得ることができるし、それを確立できる」とした問題提起[48]の帰結と解釈することも可能である。政策研究は経済学、法学や社会学を取り入れたスケールの大きい、社会変動そのものを理解する必要に迫られる領域だからである。

加えて、社会福祉士国家資格の創設によって、それまでのソーシャルアクションや社会改革への提言が、養成教育や国家試験制度のなかで軽視[54]されるようになったという流れを鑑みれば、ソーシャルワークとソーシャルポリシーのあいだの揺れ動きである社会福祉学の振り子運動（☞ p.149）が、現代においてはソーシャルワークの方向へ振れているといえよう。

本書でも、このソーシャルワークとソーシャルポリシーにかかわる主題を、医療ソーシャルワークと精神科ソーシャルワークを媒介とし、ソーシャルワークと医療の相互作用に落とし込んで「社会福祉学におけるソーシャルワーク重点化」として考察してきた（☞ p.145）。

同様の論点、すなわちわが国の社会福祉学における、ソーシャルワークとソーシャルポリシーの関係について、古川[48]は「政策や制度を経済学、行政学、社会学などの既成のディシプリンの視点を借用して紹介、解釈し、他方においてアメリカ生まれのソーシャルワーク理論を紹介、解説し、わが国の社会福祉に適用、定着させ、あるいは育成することにエネルギーを費やしてきた」と評する。

そして、彼は（ソーシャルポリシーよりも）ソーシャルワークが、その発展のなかで既述の経過をたどって社会福祉学たるディシプリンを際立たせたのだとしても、「社会福祉の固有性や独自性をもっぱらソーシャルワークの領域において主張しようとする試みは、結果的に後ろ向きの議論」[48]と断ずるのだ。

筆者も同じ立場をとるが、そこに至る理由は必ずしも同一でない。古川は、第Ⅲ章❷（☞ p.54）のように、特定のパラダイムを中心に成り立つ伝統的な科学の枠組みを超えた、俯瞰的な設計科学として社会福祉学を捉えている[48]。古川と筆者の差異を際立たせるため、あえてこれを専門職寄りの視座

と置くならば、筆者の視座は以下のように当事者寄りにある。

すなわち、専門職がソーシャルワークを媒介に実践を展開しても、対する当事者がソーシャルポリシーより受ける有形・無形の影響が直接に減ずるわけではない。これに加えて、実践者と研究者が、研究的臨床実践を媒介に循環しつつソーシャルワーク重点化へ傾いたとき、同時に当事者がソーシャルポリシーと相克的な状況に置かれていたならば、当事者を支える理論や実践はその役割を十分に果たせるか疑問である。

そして、わが国における精神障害者を取り巻く状況こそ、まさにそれを憂うべき歴史のなかにあった。ここに、ソーシャルワークと精神科ソーシャルワークの特質差すなわち両者の"異同"のうち"異"が姿をみせる（次節）。

このソーシャルポリシーをめぐる状況は、近年の社会福祉学における貧困研究や社会的排除へ向けた関心の再興隆からうかがえるように、あるいは、むしろもっと身近に「福祉事務所、児童相談所において遠く離れた世界で策定される政策によって援助業務が左右され、経験から生み出された意見や要望は制度設計や運営に反映されない」[48]という実態だからこそ、精神障害者を対象とする領域はもちろんのこと、社会福祉学がカバーするより広範な当事者へも関係してくるのだ。

③ ソーシャルワークと精神科ソーシャルワーク各々の特異性

ソーシャルワークは研究的臨床実践の普遍化によって、人間から環境へ向けられた帰納的視座の優位を導いた。換言すれば、ソーシャルワークにおける演繹的アプローチと帰納的アプローチは、それぞれ実践者と研究者における当事者への接近方法の差に焦点づけられた（☞p.176）ため、双方が比率の濃淡こそあれ、研究的臨床実践を媒介に一群の専門職とみなすことが可能となったのである。

以上の結果、現代のソーシャルワークは当事者のナラティブより発する知恵の流れを実践と理論の循環構造で一体的に形式知へ昇華させ、再び当事者に戻すことで地域生活の支援へ向かうシステムを構築できた（図10［☞p.182］、および図11の上面）。これが前節（②）で述べた、当事者の「知恵」

図11 ソーシャルワークから照応した精神科ソーシャルワークの形 (1)

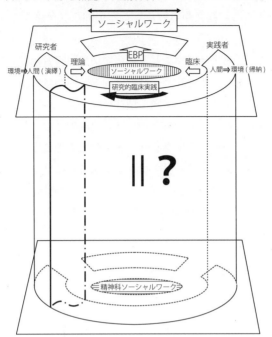

と研究的臨床実践の循環が生み出す「学問領域としての具体像」（☞ p.182）である。このことは、精神科ソーシャルワークにも共通している（図11における下面への投影）。

なぜなら、ソーシャルワークとソーシャルポリシーからなる社会福祉学を基盤とする以上、その一面であるソーシャルワークの立場からは、精神科ソーシャルワーク実践と社会福祉学とのあいだに共通の認識が成り立つはずだからである。

したがって、ソーシャルワーク重点化と脱医療化へ結果的に与せず学際領域を周囲に展開させた、精神科ソーシャルワーク実践の体系化に発する「精神保健福祉学」が社会福祉学と一定の差異を有するならば、それはまさにソーシャルポリシーの視点からに他ならない。

精神障害者は「障害と疾病をあわせもって」と往々に言われる。しかし語義にそのまましたがえば、生活習慣病に基づく障害者の多くも「障害と疾病

をあわせもって」いる。多くの場合、精神障害者に限って疾病と障害の併存が語られるところに、社会から波及した歴史的なスティグマが影響している[55]のだ。

　言葉を重ねれば、スティグマにとどまらず精神障害者福祉の著しい遅れと長期にわたる入院中心の処遇など、精神保健福祉の領域は歴史的に環境から大きな影響を受けてきた。そこで働く精神科ソーシャルワーカーは同時にそれらへ抗い、当事者の尊厳を守りながら社会資源の乏しいなかでその開発や地域啓発を担い、ソーシャルアクションを余儀なくされてきたのである。

　したがって、ソーシャルワーク（水平面：図11）にソーシャルポリシーを交差させる（垂直面：図12）と、ソーシャルワークで築かれた人間から環境に向かう帰納的アプローチの優位が、精神科ソーシャルワークで同等に認められるとは考えにくい。

図12　ソーシャルワークから照応した精神科ソーシャルワークの形 (2)

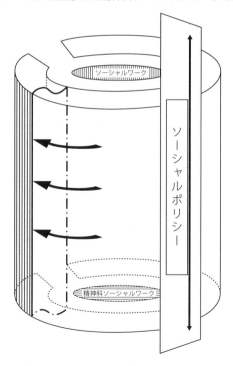

第Ⅷ章　社会福祉学の現在と照応した「精神保健福祉学」

　むしろ、ソーシャルワークに対して相対的に非・重点化されたソーシャルポリシーだが、これは精神科ソーシャルワークにおいて長期・社会的入院、地域福祉の相対的軽視、社会防衛に基づいた隔離収容、そしてそれらを維持せしめる法・制度という形で常に当事者の傍らに存在し続けてきた。つまり、環境から人間に向かう演繹的アプローチは、研究者からの接近法にとどまらないのである。

　すなわち、環境から人間へ向けられた演繹的視座がソーシャルワークに比べて強く、これに抗うため、研究的臨床実践に対する巻き戻しの要素 〜法的パターナリズムの語で本節において後述（☞ p.190）する〜 が加わる（図13）のであって、ここに精神科ソーシャルワーカーが、かつて「医療の傘」（☞ p.20）として精神障害者の生活を丸抱えしてきた精神科医療の場にとどまらざるを得なかった理由があるのだ。

図13　ソーシャルワークから照応した精神科ソーシャルワークの形 (3)

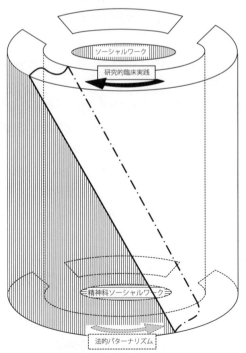

もとより、精神科ソーシャルワーカーを国家資格化し、精神保健福祉士を輩出するに至った背景には、わが国の精神科医療における長期・社会的入院という問題[56]があり、精神障害者の地域移行を促進する役割が精神保健福祉士の中核業務[57]として期待されたことは論を待たない。

　そこには「精神保健福祉法は幾多の改正を経てきたにもかかわらず、その前身である精神病者監護法および精神病院法より一貫して、社会防衛と本人の保護という相反する命題を内包している」、あるいは「精神科医療機関に身を置く精神保健福祉士は、本人の回復への支援と社会防衛の要請とのせめぎあいのなかで、絶えず緊張を強いられている。気を抜くと、社会防衛へ流される危険性を常にはらむ」[58]といった、隔離収容につながりかねない非自発的入院やその背後の法・制度、つまり環境から人間への明確な演繹的視座が横たわっている。

　むろん、(精神科ソーシャルワーカーにとどまらず)ソーシャルワーカーの立場からも、たとえば大橋[26]による「従来ソーシャルワーク研究者と標榜される方々が、地方自治体の社会福祉行政の計画化に関し、ソーシャルワーク研究の視点からどれだけ発言し、どれだけ関与してきたのであろうか」のように、法の改正にかかわる制度上の動きに対し、ソーシャルワーカーの関心を促す建言はみられる。

　なぜなら、「制度改革は利用者や家族、福祉サービスを提供する施設や事業所に財政面など多大な負担を要求しており、理念として掲げてあることを実践できる土壌とはほど遠い」[42]状況だからである。

　それでも、やはり精神科医療に関しては、国内外での批判、当事者や関係機関の声によって改善されてきたものの、事実上精神障害者の権利を制限することができる法・制度が　～ソーシャルワークによりカバーされる広範な当事者と比べても～　精神障害者へ圧倒的な力をもっている。歴史的にみて、精神科医療や精神保健にかかわる行政は、精神病者に対する医療と保護を基調として病院に収容することを目的としてきた[9]からである。

　したがって、環境より人間へ向けられた演繹的視座、具体的には長期・社会的入院やスティグマ、精神障害者に対する福祉制度の遅れはもちろん、社会防衛の観点や精神科特例(☞p.69)として構造的にそれらを支えてきた法・

制度への関心は、精神科ソーシャルワーカーにこそ求められるのだ。

ただ、それを容易になさしめない構造も、精神科医療の内部にある。つまり、単純な法・制度に対する批判だけでは当事者への実効的な支援にならないため、その詳細へかかわって修正を図る必要のなかで、法・制度と当事者のあいだの「不整合」に直面するのである。

この「不整合」とは、法・制度を行政が定めるのは現状を法的枠組みのうえに位置づけ、秩序化することで問題への対応を図る目的をもつのに対し、実際の当事者の抱える問題は「多様」であって、その改善を図る実践の蓄積が逆に制度化を促す引き金には必ずしもならない[59]という意味である。法・制度は実践に客観的な基準を与えるが、政策上想定した範囲を超える実践を保証はしないのである。

「不整合」の理由には「多様」さ以外にも、総じて法・制度が当事者の状況というよりは社会福祉政策を遂行する側の判断によって定められ、運用されているという実情がある[59]。

たとえば、よく知られたパターナリズムという言葉は、もともと国家による個人の行動への干渉を批判する文脈で用いられてきた。法・制度へのかかわりはその名のもとの支配構造、すなわち法的パターナリズムへ結びつきやすく、結果的に精神科医療を含む、医療における法的パターナリズムにおいて、援助者は多様なニーズを有する当事者と、画一的な医療を強いる法・制度との板ばさみになりやすい[60]のだ。

加えて、そのような「強制と擁護の双方を担う」、「法律自体に問題がある」、「運用に明確さが欠けている」[61]と評される法・制度であっても、それは一面で精神障害者に対する社会的サポートの体系であって、なおかつそのような「法的サポートは不十分」[62]なのである。

具体的に、精神科病院への非自発的入院の最多形態である医療保護入院(そのための移送を含む)に即して考えてみると、これが「医療および保護のため」という要件で発動されるにもかかわらず具体的な施行基準はなく、また医学界、法学界、所管行政庁いずれにおいてもこの要件の内容を定式化するには至っていない[63]という実態なのだ。

図14 精神科ソーシャルワークをめぐる構造の変化

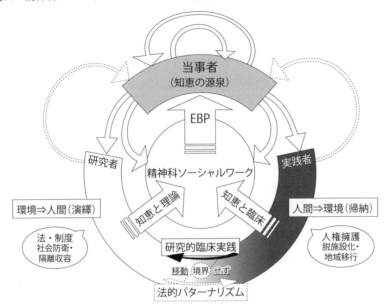

　つまり、ソーシャルワークにおける研究的臨床実践の深化を、必ずしも精神科ソーシャルワークへ同等に照応できないのは、わが国の精神障害者が置かれてきた（医療利用者のなかでも）歴史的に特有な立場について勘案する必要があるからであり、加えて、現在もなお社会の側から精神障害者やその家族を取り巻く演繹的視座の巻き戻しが続いているからである。そして、それらを端的に表現する語が法的パターナリズムなのである。

　以上の経緯をまとめて、ソーシャルワークにおける構造の変化（図10☞p.182）に対応する、精神科ソーシャルワーク側の様相を提示する（図14）。すなわち、図13（☞p.187）の下面を起こした状態である。

　精神科ソーシャルワークにおいては研究的臨床実践と法的パターナリズムが拮抗し、環境から人間に向かう演繹的アプローチと人間から環境に向かう帰納的アプローチの境界が（図10とは対照的に）、図9（☞p.168）のレベルより移動していない。

　そこには、精神障害者を長期・社会的入院にとどめる地域福祉の相対的軽

図15 社会福祉学の現在

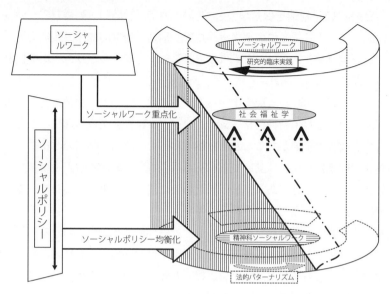

視、あるいはスティグマや社会防衛に基づいた隔離収容でそれらを維持せしめる法・制度といった強い演繹的特質が反映しており、帰納的特質もまた、それらに均衡する形で人権擁護を原則に、脱施設化や地域移行として存在しているのである。

4 社会福祉学の現在と「精神保健福祉学」における演繹的視座

　図11から図13における上面（図10）と下面（図14）からなる、（現代における）ソーシャルワークならびに精神科ソーシャルワークの構造を整理できたため、これと直交するソーシャルポリシーを参照することで、社会福祉学を図のなかに定位することができる（図15）。

　社会福祉学は、当事者のナラティブを注視する研究的臨床実践に優位なソーシャルワークを、現代においてソーシャルポリシーに比べ重点化した。すなわち、左上から右下へ斜めに走るソーシャルポリシーの要素の割合を示す斜線のうち、中央より上面近くへ位置することになる。

対して精神科ソーシャルワークは、研究的臨床実践というソーシャルワーク全体との「共通」構造を保ちつつも、その一方で社会防衛・隔離収容といった、法的パターナリズムに由来する「特異」構造を研究的臨床実践に均衡させた。これはソーシャルワーク重点化に対し、ソーシャルポリシー均衡化と呼ぶことができよう。

　このソーシャルポリシー均衡化から導けるのは、わが国の精神障害者の劣悪な処遇には、近年の精神科ソーシャルワークや精神科医療の進歩をもってしてもなお改善の余地があること、具体的に言えば、法・制度の改正にまつわる情報の収集に気持ちは動いても、その成立過程における参画や事後の検証は結果として不十分であり、法・制度の手に当事者を事実上委ねている実態への振り返りが必要だということである。

　言葉を重ねれば、精神科ソーシャルワーカーが精神科医療における精神障害者特有の困難性をわきまえたうえで、個別事例から発する精神障害者へのスティグマや、これを「保護」と言い換えた差別に抗って当事者の地域生活を支援する帰納的な視点をもつことが確からしいのであれば、歩みを進めて、それらを法・制度のレベルへ還元する演繹的な努力へ結びつけていくことによってさらに支援の実があがるということである。この「双方の間隙を埋める作業」が、「精神保健福祉学」の構築に不可欠なのだ。

　ただし、この「双方の間隙を埋める作業」をより得心できる形で提起するためには、法的パターナリズム（☞ p.190）という構造的な問題とともに、精神科ソーシャルワーカーと医療者のあいだに堆積してきた摩擦にも触れておかねばならない。

　すなわち、精神科ソーシャルワーカーの立場からは歴史的に「医師、看護師が多数を占める病院精神科医療の現場でパターナルなケアが実践されてきた」ことから、「当事者の自立や権利擁護に敏感なソーシャルワーカーが圧倒的に苦戦」し、志ある幾多の精神科ソーシャルワーカーは病院を離れ、地域で活動をはじめたという「いわば『医療』からの離反が日本の精神保健福祉の原型を形づくってきた」史実があること、そして「医療は『病院』で実践し、福祉は『地域』で実践するという暗々裏の『構図』ができあがった」[64)]ことを看過できないのは自然である。

第Ⅷ章　社会福祉学の現在と照応した「精神保健福祉学」

　その要因として、過去の不祥事にみる精神科病院での人権の軽視と、自浄作用を失った医療者の怠慢から、福祉サービス関係者が精神科医療に対して根深い不信感を抱いている[65]ことは想像に難くない。また、地域生活の支援という目標に対し、医療モデルは病状の改善や障害の克服、加えて治療や訓練を手段とするのに比べ、社会モデルは人が生活できる環境の整備を手段とする[66]というアプローチの相違も、両者の間柄を疎遠にしただろう。

　しかし、たとえ実践の場を地域に移しても、精神保健福祉相談員である塙[61]が精神障害者の権利擁護について述懐するように、「行政機関とは…権力的な事務を担っているため、人の能力・自由に対し制限を加える、ないし強制するという立場がある…（筆者注：当事者主体の福祉実践が）自分自身の業務あるいは行政の批判になってしまい矛盾が含まれる」のであって、相克的な立場は残されている。

　精神科医からも同様に岩尾[65]が「（筆者注：当事者、福祉サービス関係者からの）厳しい批判にさらされながらも、われわれ精神科医は臨床的に明らかに緊急に本人の同意が得られないまま強制入院、強制治療を行わなければならないときがあることを知っており、現実に強制医療によって精神障害者の利益を守ってきている。われわれ精神科医は、今、精神科医療に投げかけられているこうした不信に真摯に向きあい、それに答える精神科医療の改革を実現し、市民社会に対して非自発的医療の是認を求めていくべきではないか」と苦悩を吐露している。

　つまり、法・制度の不十分さやパターナリズムを指摘するだけでなく、それらの効力を引き出し、活用して当事者の利益を鑑みつつ、必要な部分は残して生かし、また必要でない、不十分な部分はあらためていかねばならない。かかる使命は疾病と障害をあわせもつ精神障害者にかかわるものの責務であり、精神科ソーシャルワーカーもまた、これを免れない。

　すなわち、太田[67]の言葉にならえば「社会福祉援助技術などに支えられた活動であって、他でもないソーシャルワーク実践そのものである『ソフト福祉』」と、「社会福祉の概念を制度として構造化することによって、その特性を象徴的に理解する」、「各種の社会福祉制度を整備する」、「社会的施策の総称が意味する実体」である「ハード福祉」の双方が、「不可分のシステム

193

的な構成関係をもつもので、主従関係で理解されるものではない」、「専門的な実践活動」なのである。精神科ソーシャルワーカーは当事者が置かれてきた歴史的な経緯を踏まえて、ソフト福祉はもちろん、ハード福祉の視点を常に意識せねばならないのだ。

　元来、「制度を具体化する専門的な実践活動」であるソフト福祉は、ハード福祉に対して付随的・派生的な側面と考えられてきた[67]。これが、現代の社会福祉学においては、太田[67]がいみじくも「近年、社会福祉士及び介護福祉士法の制定とともに再認識されるようになってきた」と評するように、バランスを変えて、ソフト福祉が 〜ソーシャルワーク重点化の流れのなかで〜 社会福祉学の専門性の前景に立っているのである。

　ここに精神科ソーシャルワークが社会福祉学を基盤としつつも、ハード福祉と結びつく実践行為の理論化を「精神保健福祉学」として、比肩し得るに至った要因があるのだ。

　かかる太田の言説は1992年のものだが、その意趣を現代の精神科ソーシャルワーカーへ向けて、2013年に青木[68]は「(筆者注：精神科ソーシャルワーカーは) まず目の前の精神障害者に対して、今できることをソフト福祉として精一杯実践する。そして、それらの実践を続けながらも不具合を感じれば、そのことを改善すべく、今度はハード福祉として社会に働きかけていく」と再提起している。至言であろう。

　それでもソーシャルワークがそうであったように、脱医療化として医療に対し、そして帰納的視座の重視によりソーシャルポリシーに対し、それぞれ距離を置くことで 〜ここでは精神科医療に対し、そして精神科医療における法・制度という演繹的視座に対し距離を置くことで〜 精神科ソーシャルワークが自らの固有性を担保するという発想もなお否定できない。

　つまり、精神科ソーシャルワーカーとして専門性をいかに構想するかという視座においては、学問的基盤が社会福祉学である以上、社会福祉学の一実践領域として存続する形は残り得る。したがって、法・制度につながる演繹的視座への接近と、逆にこれに対し距離を置こうとする（☞ p.196）双方の観点は、「精神科ソーシャルワーカーの専門性」を検討する限りにおいてどちらも存在し得るということだ。

もちろん、かかる状況を指摘したことで、直ちに「精神保健福祉学」の存立に疑義を呈しようとは（本書は）しない。なぜなら本書は、「精神保健福祉学」が完全な形で現出して初めてその存在を認めるという立場でなく、当事者へ向けた実学あるいは設計科学として満たすべき要件を明らかにし、もって、精神科ソーシャルワーク実践の指針に発する「精神保健福祉学」の構築へ結びつく道筋を示そうとする立場をとるからだ。

　これに対し、「精神保健福祉学」のディシプリンを原則的に認めないとする立場は、たとえ精神保健福祉士の国家資格化時に生まれた軋轢を割り引いても、おそらく社会福祉学研究者ないしソーシャルワーク実践家に一定程度潜在するのではないか。
　その理由は大きく二つあると筆者は考える。一つ目は、精神科ソーシャルワーカーが精神障害者の社会的復権や地域生活支援に資する役割を確かに果たしてきたのか、という疑念である。これはまだその道程の途中であることから、役割が実態として不完全である以上、「精神保健福祉学」の成立をどの程度の時間幅で捉えるかという論点に収斂する。
　もちろん、どのような実践科学であれ、試行錯誤のなかで主たる問題を見い出し解決してきたのだろうから、これは一定の時間線を引くことが難しい。よって意識にのぼった時点での評価へしばしば無意識的にせよ（意識的にせよ）落ち着いてしまうが、そのままであればより歴史的に振り返る立場ほど有利であり、現代に近い時間軸に立つほど不利だろう。
　そのため本書では、当事者の社会的復権や地域生活支援に資するという目的を鑑み、実学あるいは設計科学として満たすべき要件を明らかにするという立場をとるのだ。
　二つ目は、わが国の精神障害者を取り巻いてきた特有の環境と処遇が（結果的に）あらためられたらどうなるか、という疑念である。換言すれば、長期・社会的入院患者がその寿命を終えること、統合失調症の軽症化や治療法の進歩により新規発病者の処遇が改善されていくこと、メンタルヘルスの不調が社会に蔓延し、消極的な意味でスティグマが陳腐化することなどにより、「精神保健福祉学」の存否を問うことなく精神科ソーシャルワーク実践は再びソーシャルワーク（ないし医療ソーシャルワーク）へ、学問的基盤は社会福祉学へ回帰していく、という発想である。

この背景には、おそらく精神障害者の社会的復権や地域生活支援へ、精神科ソーシャルワーカーが機能している実感が、現代においては社会の変化や問題の複雑化にまぎれて相対的に目立たなくなっている 〜なくなったわけではない〜 という印象があるのだろう。
　精神保健福祉士の職域の拡大とともに求められる支援も多岐にわたり、従来からの統合失調症者への対応のみならず、さまざまな疾患・障害および生活上の課題に向けて、個々の特性を踏まえた適切な取り組みが求められている[69]のだ。この多様化は精神科ソーシャルワークだけでなく、ソーシャルワーク全体にも照応される流れなのだが、問題が共有されることはすなわち「精神保健福祉学」の独自性があいまいとなることに他ならない。
　もちろん、当事者に資する「精神保健福祉学」であって、専門職の立場を担保するものではない以上、ソーシャルポリシーへの注視を（だからこそ）本書は説くのだ。
　ただし、将来 〜たとえば法・制度上の課題を具体的にあげると〜 「精神保健福祉法を非自発的入院法へと改訂し、医療法での非自発的医療の規定、手続きが成熟した段階で医療法内の規定として吸収する」[65]ことに精神科ソーシャルワーカーが与するなら、「精神保健福祉学」は発展的に解消することがあってよいし、逆にその過程において「精神保健福祉学」の存在は当事者にはもちろん、社会福祉学研究者や他領域のソーシャルワーク実践者へ大いに確からしいだろう。

　さて、ここから先へ話を進めるためには、論点を専門職の立場から当事者の立場へあらためて移さねばならない。なぜなら、当事者を取り巻く歴史を振り返って吟味すると、精神科ソーシャルワーカーは、演繹的視座に対して距離を置こうとしてきた可能性が浮かび上がるからである（最終的に、これは否定される☞ p.200,201）。
　精神障害者の側からは、自らを当事者として規定しようとするとき、しばしば当事者は政治的闘争をいどむ人とされ、当事者主体が危険用語として現場の専門職へアレルギー反応をもたらしてきた[4]という見方がある。つまり、政治的な言動は援助者側から否定的なニュアンスをもって捉えられるのである。

あるいは、精神疾患の破局的な影響から人生を回復していく、内面的な成熟を示す 〜疾患の完治を目指す、あるいは発症前と同様の状況に戻ろうとする過程ではない〜 リカバリーという概念がある。これもまた、旧来の専門職が抱く（援助する者 vs. 援助される者という）障害・疾患像に対峙する[70]性質をもつ。

そのような、いわばラディカルさを包含するがゆえに力関係の均衡化（☞p.170）に影響力を発揮するのだが、精神障害領域ではどう受けとられるか。たとえば、べてるの家の実践が精神障害領域において日本的なリカバリーの象徴であることは、べてるの家以外の人々によって多々語られる。

しかし、べてるの家の人々は積極的にリカバリーを喧伝しない[71]。それは、より個人的でオリジナルに表現される「自分の言葉」の大切さをあらわす[71]とはいえ、かたや常用語に付随しかねない社会的変革という含意から距離をとる意味もあっただろう。

加えて、わが国で当事者が発信源になる活動はインフォーマルなものとみなされることが多く、精神保健福祉に不可欠な仕事と位置づける政策的理念や財源は脆弱である[72]。かように不十分な法的サポートの枠組みでありながら、それらを維持せしめる社会体制に対峙することで、さらなる不利益を招きたくない含意もあるのではないか。

つまり、現代の精神科ソーシャルワーカーが、精神障害者を取り巻く演繹的特質の防波堤とはなり得ていない可能性を、べてるの家のエピソードは示すと解釈することもできる。「『べてるの家』が売れたのは、『政治』から外れたところで活動を展開してきたその安心感から」と指摘する立岩[73]の言葉は本質を突いている。

これらの、社会体制に対する消極的な立ち位置を示す記述から導けるのは、精神障害者が法・制度へ一定の距離感をもち、精神科ソーシャルワーカーもその距離感を共有しながら歩みを重ねてきた可能性である。

もちろん、それは演繹的（ソーシャルポリシー）側面に限ったことでなく、帰納的（ソーシャルワーク）側面でも然りだろう。ここで述べたいのは、当事者の生活を改善させる立場から法・制度を利用する帰納的視座が優先され、当事者の社会的な状況の改革を法・制度に還元する演繹的視座は次善に

置かれた、という見方である。

　具体的には、こと後者の帰納的（ソーシャルワーク）側面において、個別の事例に対する法・制度、ないし法・制度の範疇から脱した援助概念の適応、あるいは精神障害者本人と家族の相互作用といった、トレードオフの立場を吟味した堅実な論考が積み重ねられている。3例あげる。

「専門家や家族などが本人に代わって見立て、選択し、記号化してきたニーズはときとして仮象である…定量可能で自明なニーズがあって、そこにジャストフィットするようなケアやサービスを供すればよいという考えでは行き詰まる」[74]、「リカバリー概念を援助論として発展させていく課題と、根源的な他者を保持していくことの課題は相反している。つまり、リカバリー概念を援助論として発展させようとすれば、他者の他性を引き剥がし、他者の生をないがしろにしてしまう。あるいは根源的な他者を保持しようとすれば援助方法を洗練させていくことが困難になる」[75]、「自分の力でよくなったと思えることがその人自身の自信につながり、エンパワメントすることでもある。そうした意味において家族もどこかで患者との距離を置かなければならないが、どの段階で離れるのかという問題は家族会などでもまだまだ意識されていない」[76]。

　これらに対し、前者の演繹的（ソーシャルポリシー）側面においては、閉塞状況を告白する言説が認められるならまだしも、そのような言説とて少数かつ必ずしも大きな声にはなっていないと思われる。2例あげる。

「種々の制度改革が進行するなか、それに追従せざるを得ない実状も垣間みえ、精神科医療と地域生活支援とのあいだで、精神保健福祉士の業務が分断化されてきているようにもみえる。それは利用者をめぐって、トータルなソーシャルワーク支援を描きづらい状況でもある」[77]、「医療者が国策に奉仕させられているという、明治以来の法則は現在でも維持され、むしろ強化されようとさえしている…国民に奉仕する医療従事者に変えていかねばならない…とりわけ精神科ユーザーにおよぼしていかねばならない」[78]。

　ただし、以上より精神科ソーシャルワーカーは法・制度へつながる演繹的視座に対して確かに距離を置いている、と結論づけるのはまだ早計である。精神科医療に直接携わる医療者の立場を、再吟味しなければならない。ここ

に、現代の精神科ソーシャルワーカーが距離を置いているようにうかがえる遠因があるからだ。

もとより、精神科医療に限らず医療全般に法・制度は存在したものの、その内容はもっぱら資格や業務（医師法）、人員や施設の基準（医療法）にとどまっていた。しかし、1999年に介護保険施設における身体拘束が原則として禁止されたり、2002年にインフォームド・コンセントが診療契約上の義務として、最高裁判所の判決により確定したりするなど、医療者の行動を規定する法・制度が次々と登場した[79]。

精神科においても現場で自律的に発生する秩序に医療を任せず、行政指導を介した法・制度によって規制を行う方向が、たとえば書類や診療録への記載義務項目の増大としてあらわれている[60]。

法・制度による介入は粗雑にすぎ、医療者の倫理に導かれた良心に基づいて問題は解決されるべきとする立場と、個人が常に倫理的に動くとは限らず法・制度を重視する立場[80]とのあいだの溝は深く、中庸の道を選ぶほかない[79]、中途半端に耐える[81]、判断にかかわる人の有徳さが必要[80]等の指摘がみられるにとどまっている。

すなわち、一般診療科に比べて精神科においては、法・制度に拮抗し得る医療者の行動規範が、必ずしも十分に機能していないことが法的パターナリズムの蔓延を招く一因なのである[82]。したがって、この法的パターナリズムの課題を、医師や看護師といった狭義の医療専門職に絞ったテーマと捉えることは可能である。だからこそ、精神科ソーシャルワーカーが演繹的視座から距離を置くことが、ある意味自然なのだ。

他方、医療者の責務はもちろんとして、より切実な、法・制度に抗い得ない精神障害者のニーズとのすれ違いによって、精神科ソーシャルワークが第Ⅴ章⑤で示すような社会の動向からの遊離（☞p.106）に落ち込んでいくこととなっては本末転倒であろう。

では、ふたたび精神科ソーシャルワーカーへ視座を戻そう。確かに、精神科ソーシャルワーカーが1970年代にかけて、社会医学の枠組み内における役割喪失を補うべく精神分析に基づく病理・治療理論に接近する[83]といった、心理力動論への傾倒をみせた（☞p.86）ことは史実である。

力動精神医学や心理学の力を借りることで、より高い次元の専門性を志したわけだが、それによって人の内面に傾くあまり社会的状況（環境）と当事者へのかかわりの認識を欠いた[84]という反省があった。
　そのようななかでも、同じ1970年代から共同住居や作業所の設立が本格化し、これらが補助金の対象でなかった時代に運営を担った家族会から、徐々に精神科ソーシャルワーカーが積極的に活動を支えるという地域活動（☞p.92）が生まれ、精神衛生法の改正（精神保健法）によって社会復帰施設としての法定化へ結びついていった。
　そこには当時、「社会福祉実践全体からみるとごく一部にすぎなかった、利用者の生活全体についての専門的相談」[32]が、精神科領域では地域において取り組まれてきた証左がある。やはり歴史的に精神科ソーシャルワーカーは、その実践から法・制度をあらためていく確かな演繹的視座を有していた。
　つまり、精神科における医療者の過去の怠慢や、往時の医療機関における精神科ソーシャルワーク実践の困難さ、そしてミニ精神科医と称され当事者への演繹的視座を二の次にしかけた（同時期にはY問題も重なる）ことへの苦衷と、ほぼ並行して展開された地域での共同住居や作業所における生活支援の息吹きが複合して、精神科医療とそれにかかわる法・制度にまつわる課題に対する、精神科ソーシャルワーカーの距離感へ結びついたといえよう。
　ただ、上記は歴史的な背景を重ねあわせた論考であり、近年においては意図的に取られ続ける批判的な態度というより、むしろ精神科ソーシャルワーカーが日々の業務に追われて法の改正に意見したり、新たな制度やシステムを創り出したりしていくところに自身の実践を結びつけにくい[9]、あるいは法・制度に振り回され状況を掌握できておらず、利用者支援のための提言や行政を動かす原動力になり得ていない[42]というのが実感に近いであろう。
　場合によっては、法・制度を当事者のためというより、病院組織の維持と利益のため[85]に解釈、使用することへ意識が向いている可能性さえ考慮されねばならない。
　まとめると、現代において精神科ソーシャルワーカーは、先行した社会福祉学におけるソーシャルワーク重点化に加えて精神保健福祉士という国家資格を得て、これに医療者側の非が手伝い、ソーシャルワーカーとしての独自

性を社会福祉学側から保障されつつ資格面で社会福祉士とは別個の基盤をもつとともに、かたや医療者が率先して取り組むべき課題としてソーシャルポリシーへのかかわりも一定の猶予を担保されたのである。

このような、精神科ソーシャルワーカーの歩みのなかでも専門職として相対的に恵まれた状況のもとで、当事者や社会へ向けて果たす責務という形で自らの独自性をますます明確にしていくはずが、精神保健福祉士養成カリキュラムや精神障害者にかかわる法・制度の相次ぐ制定・改正という時代のうねりに翻弄されてしまった、というのが実態であろう。

いわば、歴史的に法・制度と能動的にかかわってきた精神科ソーシャルワーカーであったものの、現代において精神科ソーシャルワーカーは、あらためて法・制度との距離の取り方を問い直すというよりは、社会福祉学におけるソーシャルワーク重点化に自らの学問領域としての固有性を依拠し、また精神保健福祉士という資格制度上の目標の達成によって法・制度とのあいだに ～職種としての確立・普及という観点から～ 一定の妥協点を見い出してしまったのかもしれない。

そうであっても、専門職の立場とは別に当事者の立場から政策への検証を加え続けるはずが、歴史的な不祥事による医療者の責務の重さゆえ、自らの対峙すべき課題としては個別事例の範疇に活動をとどめるうち、精神科ソーシャルワーク領域の先達が成し遂げてきた法・制度へのステークホルダーとしての地位から遠ざかっていったのである。

つまり、歴史的に精神科ソーシャルワーカーは、法・制度や社会防衛・隔離収容といった当事者への演繹的視座を退けていないし、現代においてもそうだと明確に意識しているわけでない。他方、精神障害者や家族を取り巻く現状が、昔も今も変わらずソーシャルポリシーへの目配りを要請し続けている、ということなのだ。

しかし、それらの懸念をすくいとる固有の学問的基盤の確立が不十分であったため、学際をディシプリンの拠りどころとしたとき、分野横断的な領域において精神科ソーシャルワーカーとしての独自色を打ち出す難しさに直面したのである。

だから、あらためて精神科ソーシャルワーカーが専門職としての確立・普

及とともに、当事者の演繹的視座を勘案し、その欲するところを鑑みれば、社会福祉学内の一領域として ～「精神保健福祉学」を否定しつつ～ 存続する形は棄却されると導かれるだろう。

　もちろん非自発的入院や、それにかかわる保護者制度をはじめとした精神障害者にまつわる法・制度は、政治家や法律家を巻き込んで枯れることのない関心を集め、議論が重ねられている。たとえば弁護士である池原[86]は、精神障害が単に個人の内面だけに生じている事態でなく、社会環境との相互作用にも由来するという観点から、社会環境側の問題点を吟味することが現在の精神障害者にまつわる法律の課題と考え、「精神障害『者』法」ならぬ「精神障害法」という言葉を提起している。

　そのような場に一人でも多くの精神科ソーシャルワーカーが参画し、また現場において、精神科ソーシャルワーカー自身が発する以下のような意識をもつことが、「精神保健福祉学」の存立を促していくと考える。3例あげる。

　「任意入院の患者から奇数年ごとに同意書をとることが制度化されたことを、どのくらいの精神保健福祉士が、退院への動機づけや入院後の思いを確認する契機として使う意識をもてているか」、「市長同意等の医療保護入院者の保護者印を、当事者を知らない者が押印することの怖さや長期化を招く必然性への疑問を理解し、悩む支援者はどのくらいいるか」[56]、「なぜいまだに日本では何十年もの入院が必要な状況があるのか。そのような状況からは精神科医療への偏見はなくならない。精神科医療の改革の前に、われわれの意識改革や力量の再点検も必要である」[87]。

　言葉を重ねれば、「精神保健福祉学」の存在は、法・制度に関心を払い、既存のシステムとして活用するにとどまらず、他職種との協働のもと精神障害者へ今まで以上に資する体系へあらためていく努力により築かれる。

　換言するなら、長く法・制度から広がるスティグマ、主要診療科を有する100床超の病院と大学附属病院以外でなお残る精神科特例、あるいは隔離収容、社会的入院などといった、いわゆるソーシャルポリシーにより規制されてきた精神障害者・家族へ、逆に利便性やパワーを付与し、そこから社会的復権や地域移行（から地域定着）が導かれるよう法・制度に対して積極的にかかわっていくという努力である。

このことは、たとえば既述の「やどかりの里」、「べてるの家」あるいは海外ならトリエステ（イタリア）といった歴史的実践を俯瞰し、手本や訓戒とすることとはニュアンスを違える。
　なぜなら、そこから先駆的な個人の才覚や熱意、あるいは地理的・経済的な条件のマッチといった特殊性を導くことで、自らの実践の貧困に対する免罪符[85]としかねないからである。
　もちろん、必ずなかに含まれるだろう実直・普遍な努力の蓄積を読みとる姿勢があれば問題はない。たとえばトリエステでは、病院の内部からの開放にはじまって外部社会への開放化、市民としての身分の回復、精神保健センターの充実、退院患者の社会組織への再編入といった段階的な実践により脱施設・制度化が果たされていることを岡村[88]は指摘している。
　そこでは、脱施設化を施設外への移行だけにとどまらず、そのもとでの生活の質を確保する制度の変更も含めて捉えているのだ。つまり、尊敬すべき達人たちや指導的な地域に学びつつも、同時に見定めるべき対象は現代の、当事者の身辺にあるソーシャルポリシーであり、また、それを左右する法・制度なのである。
　以上、本節において「精神保健福祉学」の構築は、法・制度を活用する帰納的な視座の保持とともに、それらを新たな体系へあらためていく演繹的な努力によって現実化すると述べてきた。その延長線上にある「精神保健福祉学」の学際の形を、具体的な課題を通して次節（5）で示す。

5　具体課題からみた「精神保健福祉学」の学際性

　2013年4月19日、精神保健福祉法の一部改正案を、政府は法案として閣議決定した。その後、参議院先議で第183回通常国会において5月28日から厚生労働委員会内の審議がはじまり、一部修正のうえ6月5日に参議院本会議で可決、6月13日には衆議院本会議で採決され同案が法として成立した。施行期日は2014年4月1日が基本である。また、法案に盛り込めなかった課題が検討規定として示された。
　この改正においては、懸案事項となっていた保護者制度の廃止が定められたものの、医療保護入院の要件に「家族等」の同意が設けられた[89]という

見逃せない特徴が含まれている。

　従来、医療保護入院は精神保健指定医による診断と保護者の同意を入院時の要件としてきたが、保護者でなく「家族等」の同意が要件として残ることになったのである。「家族等」の同意は、配偶者、親権者、扶養義務者、後見人または保佐人であれば誰でもよく、順位も定められていない。また、「家族等」がいない場合等の市町村長同意の規定も残されている。

　この「家族等」と命名された「本人に代わり同意する者」を俎上にあげ、精神科ソーシャルワーカーが論じるべき今日的テーマを読み解くことで、「精神保健福祉学」の学際の形を描出する。そのために、まず「精神保健福祉学」が領域横断的な特質を有する以上、「精神科ソーシャルワーカー（を含む多職種）の実践は、当事者の利益を目標として、職種間相互で検討された統一的な営みでなくてはならない」という立場を確認する。

　つまり前節（）で示した、精神科ソーシャルワークの現代における構造（☞p.190,191）が、そのまま「精神保健福祉学」なのか、という問い立てである（図16）。換言すれば、精神科ソーシャルワーク実践の理論化をもって歩みを進めてきた「精神保健福祉学」が、あくまで当事者中心に展開される多職種協働の場で、いかなる姿をとるかということである。

　当然ながら、精神科ソーシャルワーカーの内部のみで議論は完結しないだろうし、もとより現場はそのように運営されてきた。ここで、もし実践と研究の乖離を再度もち出すのであれば、そのような実践の複雑さを十分に分かちあおうとしないとき、研究者は実践者と肩をならべることができなくなる

図16　「精神保健福祉学」の定位（1）

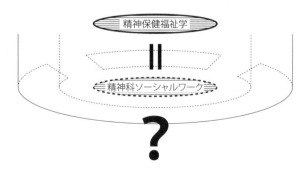

ということだ。ソーシャルポリシーを注視しつつ、ともにソーシャルワークにおける「研究的臨床実践家」であろうとするならば、なおさらである。

さて、もともと保護者制度の廃止については、これに代わる制度として、たとえば精神科医の立場[65]から出された「入院の判断は医療者（精神保健指定医）1名が行い、72時間以内に入院医療機関以外の精神保健指定医が事後的に入院判断の検証を追加する」といった試案、あるいは弁護士の立場[90]からの、「精神保健指定医2名による判断」が当初より必要だとする提案などがあり、双方に通底するのは「現在行われている（筆者注：2013年改正前の規定による）医療保護入院の手続きは、精神保健指定医1名、しかも当該入院医療機関に所属する医師の判断のみによって行われている」という実情に対する修正である。

なぜなら、このような精神保健指定医は「病院管理者と同一人であるか、その指揮監督を受ける立場にあって、事実上管理者の裁量によって入院と退院が判断され、中立な立場にある第三者が入院の必要性を判断できる状況になっていない」[90]からである。

他方、厚生労働省内に設置された作業チームで「保護者制度・入院制度の検討」が行われ、保護者制度の廃止と、その際の強制入院のあり方について基本的な考えが厚生労働省より示された（2012年5月8日）[91]。そこでは、保護者の責務を改正法のなかで「原則として存置しない」とまとめたうえ、精神保健指定医2名の診察は「望ましいとしても実効性に課題がある」として、「精神保健指定医1名による判断」と「精神保健指定医以外の誰かの『同意』または『関与』」のひな形を示し、その「誰か」の例として「地域支援関係者」の文言を付した。

これへ、日本精神保健福祉士協会[92]は、「医療保護入院に代わる非自発的入院制度および退院支援への『関与』の責務を果たします」、「精神科ソーシャルワーカーは医学的判断に同意できるのか、『NO（ノー）』、疾患や症状を診断する専門性をもつ職種ではない」とし、「入院時の手続きについて 〜誰が『同意』または『関与』をするか〜」と題して、「1. 入院の要否は現行制度同様に精神保健指定医の診察による判断に基づくものとし、精神保健指定医は、入院の要否判断をする際に、医療機関の精神保健福祉士によるソーシャル

ワークの観点に基づく意見を必ず聴くものとする、2. 医療機関の精神保健福祉士は本人および家族等と面接し、ソーシャルワークの観点から、地域生活の維持について必要な情報提供や心理社会的アセスメントを行い、精神保健指定医に意見を述べるとともに、その内容を入院届けに記載する」との声明を発した。

加えて2012年10月29日には、あらためて協会長名で「新たな入院制度に関する本協会の見解」を発布し、「保護者に代わる同意者の機能を精神保健福祉士は担ってはならない」[85]と重ねて表明した。その背景には、「『クライエントのために』との思いでとった行動が、結果的にクライエントの人権侵害をもたらした」、「パターナリズムのなかにある加害者性」、「精一杯に実践を行っていた精神科ソーシャルワーカーに青天のへきれき」[93]というY問題（☞p.88）のかつての経緯があるといえよう。すなわち、精神科ソーシャルワーカーの職能団体（☞p.226）である日本精神保健福祉士協会として、上記の意思表示は歴史的な一貫性を保った態度である。

もとより精神科ソーシャルワーク実践の特徴の一つとして、いわゆる法・制度に根拠をもつ「制度的福祉」に対し、民間の自発的な活動により提供される社会資源としての「自発的福祉」の創出があった。問題の発生に対して制度的な対応が遅れるなか、当事者を取り巻くグループやボランティア団体などが自発的な運動や活動から福祉資源をつくり出す[94]ことで、生活問題の解決が導かれてきたのである。

つまり、現代の精神科ソーシャルワーカーは精神保健福祉士という資格者として「制度的福祉」の一端を担うものの、実際に支援を行うときには「自発的福祉」をも育んでおり、これが歴史的には地域の当事者のニーズへ沿った利便性を備えて彼（女）らの生活を支え、「制度的福祉」がその後を追随していくという流れがあったのだ。

ここに精神科ソーシャルワーカーは診断的な医療職ではないことを考えあわせれば、精神科ソーシャルワーカーが既存の法・制度内の役割へ積極的に参画するというよりは、むしろかかる高い実践創造力に信を置き、ソーシャルポリシーに対する当事者の人権擁護の立場を貫くことで、精神障害分野における法・制度へのかかわりに一線を画する態度をとることも自然なのだ。

第Ⅷ章　社会福祉学の現在と照応した「精神保健福祉学」

　では、これを「精神保健福祉学」の観点から捉えてみる。「精神保健福祉学」はもとより領域横断的な学である。また、精神障害者を取り巻く実践の現場は多職種が集う学際の場であり、そのなかには当事者の姿がある。つまり、現場における一人ひとりの専門職の働きは、すべからく他職種との相互作用によって規定されるのだ。

　精神科ソーシャルワーカーに加え医師、看護師、心理職、作業療法士など、精神科病院への非自発的入院医療は多くのマンパワーのもとに成り立っている。どの専門職についてもこの規定のあり方は共通する。

　したがって、「精神保健福祉学」は精神科ソーシャルワーク実践を核としつつ、さらにより広い領域をカバーする学問体系であるはずだ（図17）。

　多職種が協働する現場において、すべての職種のアイデンティティを満たす支援方法には限りがある。そこに「精神保健福祉学」の立場から、法・制度を論じるべき「課題」が姿をみせるのである。

　すでに表面化した精神保健福祉法における具体的な論点、ここでは移送制度を通して上記の「課題」を吟味する。さて、精神保健福祉法（第34条）による医療保護入院等のための移送は、1999年の同法改正時に創設された。

　これは、かつて「精神科病院では入院のための往診が日常的に行われていたが、患者の人権を侵害する行為として『患者狩り』と揶揄されるようになって途絶えていき、病識のない精神障害者を抱えた家族が精神科病院に相談に行くと、本人が来院すれば診察するといった言葉を聞くことが多くなった。家族に本人を受診させる力があればよいが、高齢化・孤立化した家族には受診させることが難しく、そのため警備会社や民間の患者搬送業者に入院援助

図17　「精神保健福祉学」の定位（2）

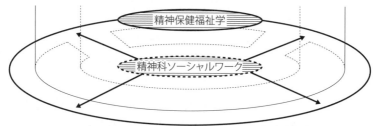

を依頼する事例が出てきた」[95]というなかで設けられた制度である。

　移送は、その存在ゆえにすぐ利用を図る性質のサービスでなく、「相談過程において本人が納得して受診できる可能性を根気強く探る」、「家族の悩む過程に寄り添う」[96]姿勢が問われる、精神障害者や家族にとっても、精神科ソーシャルワーカーにとっても微妙かつ重要なテーマである。

　加えて、現実面においては精神保健にかかわる行政職員、精神保健福祉士、一般の事務職員などが体を張って搬送している場合が多い。とくに危険性が高いと予想される場合は警察の協力を依頼することになるが、それに関する取り決めがないため苦慮する場合もある[97]という容赦のなさである。

　移送の現場に臨む精神科ソーシャルワーカーの長谷川[98]は、自らの苦悩を以下のように記している。「入院を想定した受診の可否をめぐっては…対応した精神保健福祉士としての判断も問われる。相談された精神科医も…病状を推測して入院の適否の可能性を判断することになる。精神保健福祉士は、生活への影響からの判断が求められる。このままいくとどのような生活になるか、治療へ踏み込む必要があるのではないかといった点から、生活を支援する専門職としての精神保健福祉士の判断は避けられない」、「本人にとっての『最善の利益』が、家族や精神保健福祉士の自己決定を担保しようとする姿勢で、置き去りにされることはないのだろうかと危惧する」。

　このような立場から導かれる、「どこまでいっても、精神保健福祉士の懸念は、『Y問題』になっていないのだろうか？」[98]とする臨床的な問い立てこそが、「精神保健福祉学」において重視されるべきなのだ。

　つまり、同意であるか、関与であるかは法的に検討されることだが、それがいずれであっても、精神科ソーシャルワーカーの見立てにより精神保健指定医の医療保護入院にかかわる判断が影響を受ける　～そうでなくては、精神保健福祉士としてそこに在る意味に乏しい～　のである。つまり、同意でなく関与であることが、精神科ソーシャルワーカーの「Y問題ではないのか」の疑念を晴らす鍵にはならないのだ。

　そして、この臨床的な問い立てに対する答えは、あくまで精神科ソーシャルワーカーとしての歴史を踏まえつつ、当事者の利益のため非自発的入院の判断に対する実質的なかかわりを直視するなら、精神科入院医療へともに携

第Ⅷ章　社会福祉学の現在と照応した「精神保健福祉学」

わる他職種との関係のなかで模索されねばならない。なぜなら、精神保健指定医は精神科ソーシャルワーカーの他にも看護師をはじめ、複数の職種から情報を得て非自発的入院に関する判断を行っているからである。

したがって、職種横断的な検討によって初めて、精神科ソーシャルワーカーの実践が、精神保健指定医を通して当事者へ与えた影響を明らかにできるのだ。そして、職種横断的に語られるテーマは「精神科ソーシャルワーカー（を含む各職種それぞれ）の当事者へのかかわりは、彼（女）らの人権を侵害していないか」である。

これは、先の職種内での共通基盤で語られる「かかわりが『同意』か『関与』か」とは、語りあう対象（精神科ソーシャルワーカー、あるいは精神保健福祉士のあいだ vs. 精神科入院医療へともに携わる他職種との関係性）と、主題の重点（法内における規定 vs. 当事者の人権）が異なっている。

もちろん、どちらが正しいとか、あるべき姿かといった話ではない。精神科ソーシャルワークの実践者と、「精神保健福祉学」の研究者が、ともに「研究的臨床実践家」であるならば、多職種協働の臨床現場における問い立てが論考の起点になるということだ。

かように移送という問題は、2013年の精神保健福祉法改正での医療保護入院における「同意と関与」に類似した図式で捉えることが可能であり、なおかつこの移送こそ、（本節頭書の）施行後3年をめどに改正法の施行の状況を踏まえて見直しを図らねばならないとする検討規定（☞ p.203）に、「医療保護入院における移送及び入院の手続の在り方」として盛り込まれているのである。

職種の壁を越えた議論を通して（図18）、精神科ソーシャルワーカーや関連職種の葛藤が軽減し、改正法のなかで医療保護入院となった精神障害者の尊厳を守りつつ彼（女）らとかかわっていけるようになるなら、また、移送場面でのスムーズな協働が実現するなら、そして、法・制度を当事者へさらに資する形へあらためていけるなら、「精神保健福祉学」は当事者、実践者、研究者に共通した「知恵」の発信源として、確固たる存在となるだろう。

他にも、単身でアウトリーチ支援に携わる職員の不安[99]、お年寄りへの対応が主体であったケアワーカーとの地域生活支援における協働[100]、家族で

はない第三者（弁護士、司法書士等）による成年後見の拡大[101]、高齢の要保護入院患者に対する今後の対応[102]など、領域横断的に評すべきテーマは少なくない。

とくに病院内の課題は、チームアプローチを論じて野中[103]が「わが国のソーシャルワーク領域では医療チームについてほとんど検討せずに、支援のネットワーキングとして論じている。この現象は、わが国で強すぎる医師とのヒエラルキー葛藤を避けているのかもしれない」と述べるように、医師の積極的な姿勢が求められることをつけ加えておきたい。

医師とのコンフリクトが多職種連携の壁として報告されることは多い[104]一方、そのコンフリクトに対して上手にマネジメント（対処行動）を起こすことで、チームの成長[105]にもつながるのだ。多職種チームは、多職種が集まりさえすれば自ずと機能を完遂するとは誰も思っているまい。

このように、「精神保健福祉学」が扱うテーマは当事者に属する内容のみならず、効果的な協働実現のための人材育成やプロセス研究といった内容も含まれる。

まとめると、法・制度で特有に枠づけられた、精神障害者に対峙する精神科ソーシャルワーク実践者としての職種固有の立場と、当事者のため他職種

図18 「精神保健福祉学」の定位（3）

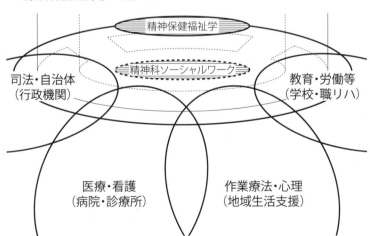

との協働のあいだで生じる葛藤こそ、「精神保健福祉学」の場で論じられる主題にふさわしい。なぜなら「精神保健福祉学」における精神保健福祉は、一職種の国家資格名称というよりは、学際領域における当事者の問題解決へ向けた展開を示す語だからである。

6 教育学と社会福祉学・「精神保健福祉学」の類似

　社会福祉学の研究や実践の戦後の蓄積を振り返って、山縣[54]は「社会福祉という一般の社会制度が、すなわち医療制度や教育制度などにならぶ社会福祉制度（傍点筆者）ができてしまっているのではないか…生活と社会福祉制度のあいだに入る仕事が求められている」と述べている。本書では制度面に注視しながら、医療と社会福祉について相応の紙面を割き論じてきたのだが、さらに教育における同種の検討から、「精神保健福祉学」へ寄与する論点を導いていく。

　つまり、この第Ⅷ章で触れた法的パターナリズム（☞ p.189）などの制度を下敷きにすると、社会福祉学・「精神保健福祉学」の実況と教育学とのあいだに類似性が少なからず認められるのである。それゆえ、教育学領域における実践ならびに研究動向への注視が社会福祉学・「精神保健福祉学」へもたらす示唆について指摘しておきたいのだ。

　教育学の立場からも、「今の日本の社会には、生存・成長の過程で問題や困難に直面している子どもやおとなを支えて働いている専門家たちが、福祉・医療・心理臨床・司法・文化・社会教育などの世界に存在する。私は、こうした人々を『人間発達援助専門職』と呼ぶようになり…これらの諸領域の『人間発達援助専門職』を含んだ共同関係を創り出す必要がある」[106]との、援助職全体を包括的に捉える提言がある。

　援助するという行為自体の科学性についても、以下の言説[107]は、精神障害者とともに歩む者にとって納得のいく言葉であろう。「『対人援助＝ヒューマンサービス』は…『認識の科学』の単なる応用、あるいは極端な場合には科学の対象とはならないものと考えられる傾向もありました。しかし、医学や工学の基礎となるような『知る』『計る』といった『認識の科学』と、『たすける』という『実践の科学』とでは、実は距離のあるものであることが次

第に明確になってきたといえるでしょう」、「この『たすける』という行為にかかわるさまざまな学範（ディシプリン）が勃興し今日に至っている」。

ただし、もとより教育学における実践ならびに研究の観点が、同じ対人援助の場にあるからといって、当事者の個別性（ないし逸脱）に基づく生活問題にかかわるソーシャルワークと、年次ごとの集団の力動をマネジメントする必要がある教育とを同じに扱ってよいかは、個々に判断が必要である。

そこで、本節では少数事例を取り扱って比較対照研究を行う際の手続きである一致法と差異法[108]に注目してみる。一致法は複数の事例に共通して生じた状態の原因として、事例にやはり共通して存在する要因を探す手法であり、差異法は複数の事例において特定の要因以外が同じ状態であるとき、原因となる特定の要因により結果が左右されることを検証する手法である。

一致法による事例研究は教育学でしばしば試みられるが、比べる事例の従属変数が同じであるなら変化を観察し得ず、因果関係における仮説を検証するのに不適当とされる[108]。かたや差異法は従属変数が異なるため、「なぜAとBは異なるのか」という明示的な問いが立てやすいようにみえる。

もとより当事者だけが経験し、語るナラティブや知恵に立脚する発想からは、事例に共通点を求める一致法の容易でないことが理解できる。しかし差異法においては、独立変数と従属変数以外はすべて等しいという前提が欠かせず、実際にそのような事例を複数観察できることは少ない。このため、ソーシャルワークの観点からも、どちらかが難しい／易しいのではなく、双方とも比較対照研究の手法として成り立つものである。

ただ、生活問題となっている訴え以外の要因を網羅的に俯瞰することは、たとえば義務教育のカリキュラムや学年での区分けによって相応に区分された対象と向きあう教育学の立場よりは困難だろうし、直感的に不可能である場合はもとより意識にさえのぼりにくく、結果として差異法へ"準じた"、個別性に依拠する観点へ自然に導かれているのが実態だろう。

さらに教育学の立場からも、実践のなかで「一致」ないし「差異」に基づく比較を徹底させていく、自然科学モデルを援用することの難しさ[109]が指摘され、社会科学としての教育学研究は概して一般化を目指すより、個性的な記述に基づき差異を積み重ねる方向へ進んでいる[108]。

その結果、近年は教育学的な方法論としてナラティブの探究が注目される[110]状況にある。すなわち、少なくとも研究的臨床実践を意識した個別事例へのかかわり方において、教育学と社会福祉学・「精神保健福祉学」との相違が少なくなってきているのである。
　このような、かつて対人援助の学のなかでも相対的にやや遠かったであろう（しかし徐々に近づきつつある）教育学と社会福祉学・「精神保健福祉学」の関係を、「直接ひとにかかわる」という意趣で、他の隣接諸科学を纏めて図19に示す。
　主な対象把握（ひと：個人 vs. ひとびと：集団）、問題把握の態度（理論：なぜそうなるか vs. 臨床：それをどうするか）、時間軸（過去 vs. 未来）およびそれに対する構え（縦断 vs. 横断）による、相対的な配置を試みた。もちろん本書は学際を論じるゆえ、領域をまたぐ姿勢こそ肝要とつけ加えておく。
　広義にはあらゆる学問は人間にかかわっていようが、ほぼ本書における論考の範囲の諸科学に限っている。ともあれ、過去も考古学・史学、病跡学と

図19　人にかかわる諸科学の相対

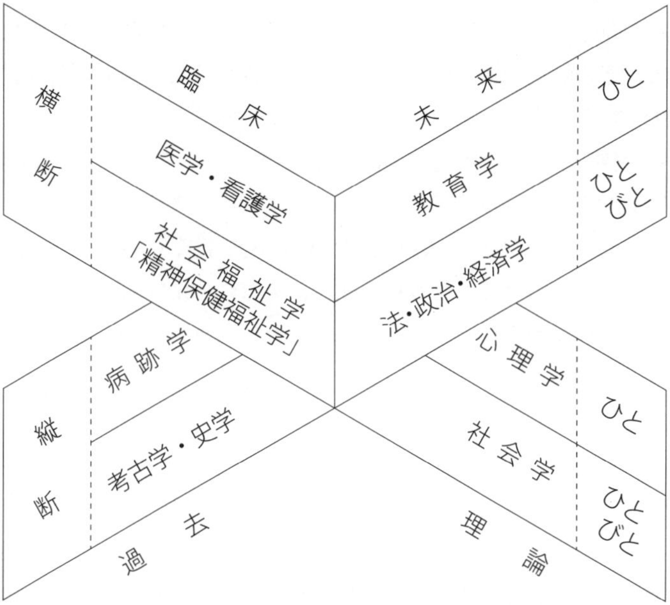

して図中に取り入れたが、対人援助の発想においては変わり得るものに対し、変わり得ないものがもたらす足跡としての歴史、発達と置き換えてもよい。

では、教育学と社会福祉学・「精神保健福祉学」との類似はどうか。6例続けて引用する。「教育学という学問が現実の教育に対して力をもたない、抽象的・理念的・観念的思考しかしていないという批判はかなり古くから存在していた」[111]、「教育学で臨床ということがしきりに提唱されるのも、現場に根ざしてこなかったこれまでの教育学のあり方が批判されている…教育学は現実の教育事象が置かれた状況と正面から向きあいつつ、理論的な前進を目指さない限り学問としての進歩は望めない」[112]、「研究者は研究の焦点となる社会的な相互行為・コミュニケーションをめぐって単に『観察者』にとどまることはできず、そのプロセスへの『参加者』とならざるを得ない」[109]、「理論の適用対象としての実践という捉え方でなく、実践事例そのものからの省察を通した理論の再構築（再構成）という営みこそが、教育学を新たに再構築できる道である」[111]、「研究者が変わるとは研究者が実践から学び、省察し、再構成することであり、同時に実践者も協働研究のなかで自らの実践を再構成し、理論化することで変わるのである。両者は対等な関係で実践を創り出し理論化の営みを行う」[111]、「実践と研究はそこから研究が生まれ、その帰結が新しい実践を促し、その実践を通して研究が検証・再構築され、さらにまた…という循環のなかにある」[109]。

これらの教育学における言説の内容は、本書で述べてきた社会福祉学・「精神保健福祉学」における論考と変わらないように思える。

このようななか、柳沢[109]が実践研究の継続を説く立場から「実践の場で長期にわたって培われてきた実践の知が、それに相応する長期的な学習プロセスなしに、短期的に伝達・共有されることはあり得ない」と述べていることは注目に値する。

一つにこれは、教育学において「何のための教育方法かという価値的な足場の問題…効率やスピード、決められた枠に授業をおさめる要領のよさなど、ビジネスモデルから導入された基準を教育技術の熟達と考えて追求するのでは、子どもの現実から遊離する」[110]といった、効率優先を戒める指摘に相応するのであって、社会福祉学・「精神保健福祉学」に対応させたときは、資

第Ⅷ章　社会福祉学の現在と照応した「精神保健福祉学」

源配分の効率性や医療費の抑制でなく当事者のための EBP でなければならない（☞ p.181）とする言説にしっくりくる。

　他方、当事者の知恵の伝達がそれ自身不可侵なるものとして、あるいはナラティブ・アプローチの表面的な形を模倣する形で広がるのであれば、当事者の地域生活の支援や社会的状況の変革への有効性に乏しい、との指摘に受け取ることもできる。

　当事者との対等の関係を形成せんとする歩みが、目指すべき方向にあるのか、あるいはクライエントのニーズに際限なく応えようとする「無秩序・非効率」あるいはこれを避け、所属する組織原理にしたがう硬直した「ことなかれ主義」といったジレンマ[113]、すなわち専門職の業務と呼ぶにはふさわしくない方向にあるのかは、専門職自身の態度に左右されるのだ。

　換言すれば、そこに領域を超えた「学」の存在意義がある。なぜなら、「社会科学としての教育学を目指すのであれば、抽象（理論）と具体（経験）の循環という実証的研究の基本的スタイルをより強く意識するべきである…しかし、大半の事例研究は経験的事実の把握と記述に多くの労力を費やしており、その事実を明らかにすることが教育学上のどのような理論的貢献につながるのかが明確でないことが多い」[108] からである。

　もちろん「学」を形成する基盤である、暗黙知や経験知を重視することは自然な態度に違いない。しかし、それらは「明示知化、あるいは分析知との関係づけがなされなければ、反省や意識的な更新につながり難い性質をもつ」[110] のである。すなわち、当事者の尊重や主体性の重視を打ち出すことが、もし短期的・表面的な知恵の収集に帰結すれば、かえって理論構築の側面を弱めることで当事者の利益に反するという可能性を、社会福祉学・「精神保健福祉学」に提起しているのだ。

　また、師井[114] は教育と法規主義に関する論考のなかで「法を守るたてまえは怠惰な教師活動をつくっていく…教育実践を具体的に行う実践的な教師たちが次第に無口になり、それとは逆に法に少し詳しかったり、あるいは指示通達を忠実に行わなければならないと唱える人たちが非常に雄弁になる…ふしぎな現象」を指摘する。

　これは、精神科医療における法的パターナリズムに照応できる現象とみら

れようが、かかる教育のいわゆる「政治化」を、小川[115]は一定の容認のもとで「地域の教育政策への関心を喚起し、支持を広げていく新しい環境の創出として肯定的に受けとめ、教育委員会や学校の関係者はその政策論議の過程で首長、議会等と連携しつつ専門的指導性を発揮していくことが強く期待される」、「『政治化』という現実は、必然的に、関係者に公正で民主的な透明性の高い政策決定の手続きと過程を要請してくるはずである」と提言している。これは、法・制度へ距離を置く態度というより、逆に新たな体系へあらためていく演繹的な努力が求められる「精神保健福祉学」へ、とくに示唆的である。

　教育学とのあいだの積極的な交流は、今まで社会福祉学・「精神保健福祉学」のいずれにおいても果たされてきたとは言い難いであろう。しかし、社会福祉学・「精神保健福祉学」双方がともに領域横断的なディシプリンを自認する立場をとるなら、推進を試みる余地が十分にある。

引用文献
1) 藤井達也：精神障害者と保健医療福祉．保健医療福祉の社会学，星野貞一郎・編，中央法規出版，東京，pp.259-277，1998
2) 野中猛：リカバリー概念の意義．精神医学，47(9)；952-961，2005
3) 糸賀一雄：福祉思想の基本．福祉の思想，NHKブックス，東京，pp.61-63，1968
4) 向谷地生良：仲間の力―浦河における精神科リハビリテーションプログラムへの当事者参加の現状と意義―．精神療法，28(6)；698-704，2002
5) Anthony, W. A., 濱田龍之介：精神疾患からの回復―1990年代の精神保健サービスシステムを導く視点―．精神障害とリハビリテーション，2(2)；145-154，1998
6) 田中英樹：地域精神保健福祉領域におけるエンパワーメント・アプローチ―コミュニティ・ソーシャルワーカーの立場から―．精神障害とリハビリテーション，1(2)；135-146，1997
7) 下地明友：精神医療における「リカバリー」を再考する．精神科看護，39(10)；10-19，2012
8) 副田あけみ：協働―対人間・職種間・組織間―．現代社会福祉の争点（下）―社会福祉の利用と権利―，古川孝順，副田あけみ，秋元美世・編，中央法規出版，東京，pp.89-123，2003
9) 岩崎香：精神保健福祉士の養成と研修における課題と展望―権利擁護をどう伝えるか―．社会福祉研究，109；47-55，2010
10) 木原活信：ソーシャルワーク実践への歴史研究の一視角―「自分のなかに歴史をよむ」こととナラティブ的可能性をめぐって―．ソーシャルワーク研究，29(4)；262-269，2004
11) 高畑隆：ピアサポート―体験者でないと分からない―．埼玉県立大学紀要，11；79-84，2009

12) 岩間文雄：セルフヘルプ・グループと専門職の協働のために．関西福祉大学研究紀要，2；141-154, 2000
13) 登喜和江, 前川泰子, 和田恵美子, 山居輝美, 蓬莱節子, 山下裕紀, 高田早苗：脳卒中後遺症としての痛みやしびれ―自由記述にみる当事者の工夫―．ブレインナーシング, 21(3)；318-324, 2005
14) 石川到覚：ソーシャルワーカーの歩みから．精神科臨床サービス, 9(1)；14-19, 2009
15) 久保紘章：いわゆる「対象者」とその家族による大学での講義の試み．ソーシャルワーク研究, 9(3)；62-67, 1983
16) 久保紘章：「対象者」と家族による大学での講義―「社会福祉学特講E」の授業について―．四国学院大学論集, 65；64-80, 1987
17) 高畑隆：患者と作る医学の教科書．埼玉県立大学紀要, 12；143-148, 2010
18) 松本すみ子：地域住民とつむぐ精神保健福祉―精神保健福祉士の視点と方法論―．精神保健福祉, 36(1)；9-13, 2005
19) 西原雄次郎：大学における社会福祉教育と当事者問題の教授法．ソーシャルワーク研究, 25(4)；347-353, 2000
20) 村上陽一郎, 平川秀幸：＜科学の現在＞を捉える．現代思想, 29(10)；34-45, 2001
21) 藤井美和：ヒューマンサービス領域におけるソーシャルワーク研究法．ソーシャルワーク研究, 29(4)；278-285, 2004
22) 北川清一：エビデンス・ベースト・プラクティスと児童養護施設における利用者支援―クリティカル・ソーシャルワークの立場からの覚書―．ソーシャルワーク研究, 34(1)；63-70, 2008
23) 三野善央：精神障害者リハビリテーションと根拠に基づく実践．精神障害とリハビリテーション, 10(1)；47-52, 2006
24) 芝野松次郎：ソーシャルワーク研究における評価研究法―マイクロレベル実践における評価調査を中心として―．ソーシャルワーク研究, 29(4)；292-301, 2004
25) 藤井達也：ソーシャルワーク実践と知識創造．社会問題研究, 52(2)；101-122, 2003
26) 大橋謙策：わが国におけるソーシャルワークの理論化を求めて．ソーシャルワーク研究, 31(1)；4-19, 2005
27) 大谷昭：保健医療領域におけるソーシャルワークの現状と課題―変動する医療・福祉状況のなかで―．ソーシャルワーク研究, 23(3)；196-201, 1997
28) 岩田泰夫：ソーシャルワーク実践論―精神障害者の生活の障害の検討を中心として―．ソーシャルワーク研究, 17(4)；251-258, 1992
29) 三野善央：精神保健福祉サービスにおける根拠に基づく実践（evidence-based practice）と疫学的方法論．精神神経学雑誌, 109(10)；981-987, 2007
30) 日和恭世：ソーシャルワーカーの思考に焦点を当てる意味―反省的実践家の視点から―．別府大学紀要, 54；105-114, 2013
31) 松澤和正：「研究的臨床実践」の実現に向けて．医療社会福祉研究, 20；23-25, 2012
32) 白澤政和：日本における社会福祉専門職の実践力―評価と戦略―．社会福祉研究, 90；13-20, 2004
33) 大瀧敦子：ソーシャルワーク研究における帰納的研究方法の意義と課題―「当事者研究」を通しての考察―．ソーシャルワーク研究, 35(2)；114-121, 2009
34) 佐藤豊道：口述の生活史研究法．ソーシャルワーク研究, 27(4)；293-298, 2002
35) 藏野ともみ, 佐々木宰, 佐藤富士子：ソーシャルワーク実践の理論化技法の開発に関する研究．

人間関係学研究 社会学・社会心理学・人間福祉学, 大妻女子大学人間関係学部紀要, 14; 153-161, 2012
36) 安岡高志:教育と研究を考える―授業と研究業績の関係―. 大学教育学会誌, 29(2); 42-45, 2007
37) 北川清一:日本におけるソーシャルワーク研究の動向と課題―理論と実践をつなぐ手がかりは得られたか―. 社会福祉研究, 90; 28-36, 2004
38) 岡本民夫:ソーシャルワークにおける研究方法の課題. ソーシャルワーク研究, 25(4); 249-254, 2000
39) 高橋信行:量的研究法と質的研究法の対立と和解. ソーシャルワーク研究, 27(4); 262-270, 2002
40) 木原活信:社会構成主義によるソーシャルワークの研究方法―ナラティブ・モデルによるクライアントの現実の解釈―. ソーシャルワーク研究, 27(4); 286-292, 2002
41) 後藤平吉:70年代における社会福祉のための理論と実践. 社会福祉学, 11; 35-50, 1971
42) 津田耕一:実践と研究との架け橋―実践と理論との融合を目指して―. 社会福祉学, 49(1); 127-130, 2008
43) 岩田正美:日本の社会福祉の研究力. 社会福祉研究, 90; 6-12, 2004
44) 田村米三郎:社会福祉の理論と実践―社会福祉学の成立に関する一考察―. 社会福祉評論, 23; 1-23, 1963
45) 岡田朋子:ソーシャルワーク実践と研究の結合. ソーシャルワーク学会誌, 23; 33-43, 2011
46) 久保紘章:実践と理論をつなぐもの. 社会福祉研究, 84; 78-83, 2002
47) 岩間伸之:ソーシャルワーク研究における事例研究法―「価値」と「実践」を結ぶ方法―. ソーシャルワーク研究, 29(4); 286-291, 2004
48) 古川孝順:社会福祉学研究法とソーシャルワーク研究法. ソーシャルワーク研究, 29(4); 254-261, 2004
49) 大塚久雄:現代における社会科学の展望―とくに「専門化」の問題について―. 大塚久雄著作集 第9巻 社会科学の方法, 岩波書店, 東京, pp.175-198, 1969
50) Sheppard, M., Newstead, S., DiCaccavo, A., Ryan, K.: Comparative hypothesis assessment and quasi triangulation as process knowledge assessment strategies in social work practice. British journal of social work, 31(6); 863-885, 2001
51) 久保紘章:若手研究者・実践者に期待する. ソーシャルワーク研究, 22(4); 265, 1997
52) 田代国次郎:社会福祉"専門性"への素朴な提言. 社会福祉学, 12; 79-84, 1972
53) 岩崎晋也:序論. リーディングス日本の社会福祉1, 社会福祉とはなにか―理論と展開―, 岩田正美・監, 岩崎晋也・編著, 日本図書センター, 東京, pp.3-40, 2011
54) 黒木保博, 永岡正己, 山縣文治, 牧里毎治:日本の社会福祉―研究力と実践力を問う―. 社会福祉研究, 90; 180-194, 2004
55) 小柴順子:精神保健福祉士に期待するもの. 川崎医療福祉学会誌, 10(1); 9-15, 2000
56) 大塚淳子:地域生活への移行支援を権利保障としてとらえる. 精神保健福祉, 40(2); 93-96, 2009
57) 吉川隆博:精神保健福祉施策の現状と課題―精神保健福祉士に期待すること―. 精神保健福祉, 40(3); 197-204, 2009
58) 佐藤三四郎:社会防衛としての精神医療―精神保健福祉法制の変遷を中心に―. 精神保健福祉, 33(1); 5-10, 2002

59) 西澤利朗：制度と実践の関係—精神保健福祉士の実践—．精神保健福祉，44(2)；86-89, 2013
60) 井原裕：精神科臨床における法と倫理の峻別．精神科治療学，19(4)；489-497, 2004
61) 塙和徳：行政機関の取組みにおける権利の視点．精神保健福祉，35(4)；330-332, 2004
62) 佐藤浩司：「精神保健福祉法」を読み解く—「措置入院制度」を窓口に—．こころの科学，132；72-76, 2007
63) 田中伸至：心神喪失者等医療観察法による医療の実施状況と一般の精神医療における非自発的入院制度の課題．法政理論，39(2)；114-167, 2007
64) 野田文隆：医療の見方，福祉の見方．精神神経学雑誌，108(8)；828-831, 2006
65) 岩尾俊一郎：保護者制度廃止までに考えておくべきこと．精神神経学雑誌，114(4)；415-420, 2012
66) 白石弘巳，小川憲司：退院促進事業の実施状況からみた地域生活支援と医療・福祉連携．精神医学，54(2)；169-177, 2012
67) 太田義弘：ハード福祉とソフト福祉．ソーシャル・ワーク実践とエコシステム，誠信書房，東京，pp.44-47, 1992
68) 青木聖久：精神障害者の生活支援—障害年金に着眼した協働的支援—．法律文化社，224-225, 2013
69) 厚生労働省社会・援護局障害保健福祉部精神・障害保健課：今後の精神保健福祉士に求められる役割．精神保健福祉士の養成の在り方等に関する検討会中間報告書，pp.2-4, URL：http://www.mhlw.go.jp/shingi/2008/10/dl/s1021-4a.pdf, 2008年10月21日
70) 島田千穂，木村真理子，野中猛：ワークショップ参加後の変化の認識からみたリカヴァリのプロセス—自己概念・社会的関わりに焦点を当てて—．精神障害とリハビリテーション，10(1)；60-66, 2006
71) 後藤雅博：「リカバリー」と「リカバリー概念」．精神科臨床サービス，10(4)；440-445, 2010
72) 木村真理子：リカヴァリを促進する精神保健システム．病院・地域精神医学，47(3)；267-271, 2004
73) 立岩真也：これからのためにも，あまり立派でなくても，過去を知る．精神医療 第4次，67；68-78, 2012
74) 向谷地宣明：当事者研究—自分自身で，ともに—．精神科臨床サービス，10(4)；531-535, 2010
75) 田中淳子：精神保健福祉領域においてリカバリー概念を用いることの意義と課題．社会問題研究，58 (137)；171-184, 2009
76) 白石弘巳：当事者・家族にとっての「回復」とその支援をめぐって．精神科看護，39(10)；20-29, 2012
77) 中村和彦：精神保健福祉士法の改正動向と精神保健ソーシャルワーク実践の今後．北星社会福祉研究，24；35-42, 2009
78) 内田博文：精神保健福祉法・強制医療の批判的考察．情況 第3期，11(6)；125-135, 2010
79) 横藤田誠：医療における法規制と倫理．日本放射線技術学会誌，60；1045-1049, 2004
80) 浅井篤，大西基喜：医療における倫理的診断と徳性．生命倫理，13；81-87, 2003
81) 小俣和一郎：精神医学の倫理とは．精神神経学雑誌，107(9)；997-1003, 2005
82) 大西次郎：精神医療における倫理の，法に対する脆弱さを懸念する．精神医学，49(8)；870-872, 2007
83) 大瀧敦子：医療ソーシャルワークが支援対象とするもの—半世紀の事例集から考察する医療福

祉の対象論―. 社会福祉研究, 100；120-128, 2007
84) 谷中輝雄：精神障害者福祉とソーシャルワーク―精神医学ソーシャルワーカーの活動の軌跡―. ソーシャルワーク研究, 25(4)；301-307, 2000
85) 高木俊介：精神保健システムの改革はなぜ進まないのか？―〈思想の不在〉と〈実践の貧困〉について―. 臨床精神医学, 40(1)；27-32, 2011
86) 池原毅和：はしがき. 精神障害法, 三省堂, 東京, pp.ⅰ-ⅱ, 2011
87) 大塚淳子：精神科医療の動向と改革の方向性―生活の支援としての精神科医療となり得ているのか―. 精神保健福祉, 41(2)；80-83, 2010
88) 岡村正幸：ポスト脱施設・制度化社会の行方―システムの「人間化」をめぐって―. 佛教大学社会福祉学部論集, 9；65-84, 2013
89) 木太直人：精神保健及び精神障害者福祉に関する法律の一部改正. 精神保健福祉, 44(2)；117-119, 2013
90) 日本弁護士連合会：精神保健福祉法の抜本的改正に向けた意見書. URL：http://www.nichibenren.or.jp/library/ja/opinion/report/data/2012/opinion_121220_2.pdf, 2012年12月20日
91) 厚生労働省社会・援護局障害保健福祉部：第27回新たな地域精神保健医療体制の構築に向けた検討チーム及び新たな地域精神保健医療体制の構築に向けた検討チーム（第3R）「保護者制度・入院制度の検討」に係る第14回作業チーム資料. URL：http://www.mhlw.go.jp/stf/shingi/2r98520000029sqt-att/2r98520000029suq.pdf, 2012年5月8日
92) 日本精神保健福祉士協会：新たな地域精神保健医療体制の構築に向けた検討チームにおける「保護者制度・入院制度」に関するヒアリング資料. URL：http://www.mhlw.go.jp/stf/shingi/2r98520000029sqt-att/2r98520000029syb.pdf, 2012年4月27日
93) 大野和男：精神保健福祉士が果たしてきたこれまでの役割と今後の期待. 臨床精神医学, 36(2)；139-148, 2007
94) 平野隆之：コミュニティと福祉資源. コミュニティとソーシャルワーク―地域福祉論―（新版）, 平野隆之, 宮城孝, 山口稔・編, 有斐閣, 東京, pp.10-16, 2001
95) 伊東秀幸：精神保健福祉法第34条による移送制度の現状と課題. 田園調布学園大学紀要, 5；41-56, 2010
96) 大塚直人, 川口真知子, 菊池健, 岩崎香：民間移送会社による「移送サービス」を利用した受診導入に関する実態把握―患者と家族からの聞き取り調査をもとに受診援助を考察する―. 精神保健福祉, 40(4)；353-357, 2009
97) 赤田卓志朗：精神科救急と精神障害者措置移送制度. こころの科学, 132；53-57, 2007
98) 長谷川千種：精神科病院への「移送問題」にかかわる精神保健福祉士の葛藤. 精神保健福祉, 44(2)；98-100, 2013
99) 辻本直子：子育て中で精神障害のある人への支援を行なって―親役割モデルの希薄さと訪問看護のかかわり―. 訪問看護と介護, 14(4)；304-309, 2009
100) 大西次郎：介護職として自信をもって精神障害者にかかわる. おはよう21, 25(11)；44-45, 2014
101) 松木崇：精神保健福祉法改正と成年後見実務. 司法精神医学, 9(1)；67-72, 2014
102) 田辺等：精神保健福祉法改正と今後の課題. 日本精神科病院協会雑誌, 32(12)；1225-1230, 2013
103) 野中猛：チームアプローチの理論―精神障害リハビリテーションにおけるチームアプローチ概論―. 精神障害とリハビリテーション, 3(2)；88-97, 1999

第Ⅷ章　社会福祉学の現在と照応した「精神保健福祉学」

104) 佐野樹：チーム医療推進を目的とした研修の受講者へのフォーカス・グループ―チーム医療推進のための調査―．精神神経学雑誌，116(4)；269-288，2014
105) 篠田道子：チームの危機を乗り切るコンフリクト・マネジメント．チームマネジメントの知識とスキル―多職種連携を高める―，医学書院，東京，pp.59-62，2011
106) 田中孝彦：臨床教育学の構想―創造の現場から―．創造現場の臨床教育学―教師像の問い直しと教師教育の改革のために―，田中孝彦，森博俊，庄井良信・編著，明石書店，東京，pp.13-55，2008
107) 望月昭：はじめに―臨床人間科学の構築 対人援助のための人間環境研究―．立命館人間科学研究，14；1-2，2007
108) 村上祐介：教育学における事例研究の方法論再考―定性的研究における比較の方法―．教育学研究，78(4)；398-410，2011
109) 柳沢昌一：実践と省察の組織化としての教育実践研究．教育学研究，78(4)；423-438，2011
110) 田中昌弥：教育学研究の方法論としてのナラティブ的探究の可能性．教育学研究，78(4)；411-422，2011
111) 森透：教育実践の事例研究を通した教育学の再構築―＜実践―省察―再構成＞の学びのサイクルの提案―．教育学研究，74(2)；140-151，2007
112) 酒井朗：臨床教育学構想の批判的検討とエスノグラフィーの可能性―「新しい教育学の創造」と「問題への対処」をいかにして同時達成するか―．教育学研究，69(3)；322-332，2002
113) 遠藤興一：社会福祉援助活動を支える価値と文化．社会福祉援助活動―転換期における専門職のあり方を問う―，山崎美貴子，北川清一・編著，岩崎学術出版，東京，pp.21-43，1998
114) 師井恒男：教育現場から見た教育法．日本教育法学会年報，1；2-15，1972
115) 小川正人：地方分権と自治体教育行政改革の課題―教育委員会制度改廃論議から考える―．日本教育法学会年報，35；76-86，2006

第IX章　さらなる論点とこれからの社会福祉学・「精神保健福祉学」

おわりに　第IX章では、さらなる論点を補筆のうえ社会福祉学・「精神保健福祉学」の今後につき展望する。課題として高齢者の介護福祉領域における専門性、自立した障害者像に傾倒する当事者主権、ソーシャルワーカーの役割葛藤、障害年金受給にみられるスティグマ等をあげる。

また、学際の形態として老年学を参照し、社会福祉学ならびに「精神保健福祉学」がソーシャルポリシーとの現代的な邂逅を果たすことでさらなる発展をとげるとし、稿を終える。

介護福祉領域における自己決定・当事者主権と、ケア専門職のあり方への関心がソーシャルワーカーに求められる。実践者が当事者の側に立とうとすればするほど、組織と板ばさみになる葛藤を研究者は銘記せねばならない。精神障害者が、自ら生活困難へ向かう道を選択してしまう可能性に留意すべきである。❶

当事者を中心に現実問題を媒介とし、多職種の協働のもと実践者と研究者の垣根を越えて構築される「学」の形態こそ、社会福祉学・「精神保健福祉学」が当事者のニーズならびに社会の動向へ沿った学際科学（ないし実学）として存在し続ける鍵である。❷

 ## さらなる論点

本書の最後に、残された課題についていくつか触れておきたい。当事者の「専門家に操作されたくないと思っている…生活の隅々まで目が届いていないかもしれない。それは余計なお世話である。病院で管理され、地域でも管理されるのか」という声が聞かれる[1]。福祉職を採用する施設管理者からも「採用の際に問題にするのは資格の有無より人間性」との意見がある[2]。

これらの意趣は、資格が「支援の質の最低基準の保障と支援者の社会的評

価、モチベーション維持等のためのものである」とし、むしろ重視するのは人間関係を築けること[3]であり、その核心はコミュニケーション能力であって、これが当事者主権の時代にふさわしい専門性[4]だとする考えである。

　上記を得心したとしても、他方、援助者が被援助者から「人柄がよければ資格は不要」、「学歴も国家資格も期待していない」、「資格と能力に相関がない」と断じられ、「ケア労働の国際移転」[5]をもたらす代替可能な人材と位置づけられればどうだろうか。これらの議論が交錯している場、すなわち「介護福祉領域の臨床経験への対象化、客観化、集積」[6]に、今後いっそうの注意が払われねばならない。

　否定的な主張となる場合も含め、固有性の論証はソーシャルワークに立脚しつつも、学際的になされるべきだからである。とくに、高齢者の介護福祉領域における当事者主権とケア専門職のあり方への関心がソーシャルワーク側に必ずしも十分でなく、社会学者とのあいだにすれ違いを生んでいると筆者[7]は懸念する。

　加えて、被援助者の自己決定・当事者主権が、ややもすると健常者の価値観に依拠した「自立した障害者」像へ傾倒し、重度の障害者や虚弱な高齢者をまなざしの外へ追いやってしまうという懸念はないだろうか。こちらは、アメリカ的な自立生活運動と北欧的なノーマライゼーション概念との異同[8]を念頭に置く必要がある。

　また当事者問題は、研究者とりわけ大学人がそれを語るとき、自分が正義の味方になったような錯覚に陥りがちである。教員は比較的自由な立場であり、対して組織に所属し働く実践者は、当事者の側に立とうとすればするほどその組織との板ばさみになりかねない。

　つまり、ソーシャルワーカーは専門職としての倫理と、組織の一員としての役割とのあいだで葛藤に陥る場合が少なくないことを、教育的立場にある者は常に留意せねばならない。これは実践者と研究者の関係性として補っておきたい[9]。

　さらに本書で論じた法・制度は、非自発的入院医療をはじめとして、精神障害者の直接身体処遇にかかわる問題を中心に据えた。しかし、法・制度のすそ野はさらに広い。たとえば、精神障害者の暮らしにおいて所得保障とり

わけ障害年金は重要な社会資源だが、差別と偏見が根強いわが国において、スティグマへの葛藤から障害年金受給に躊躇する当事者は少なくない。

具体的には、障害年金を受給する権利を有しているにもかかわらず、受給に至らない例が存在する。つまり非自発的な処遇とは別に、社会から受ける演繹的な影響によって、精神障害者は「自発的に」生活困難へ向かう道を選択してしまいかねないのだ。したがって、「障害年金を受給しやすい社会のあり方を明らかにする」[10]といった形で、法・制度に対するアプローチを意図することも重要な姿勢である。

2 これからの社会福祉学・「精神保健福祉学」

最後に、フィールドとディシプリンを「精神保健福祉学」に引きつけ、詰めておきたい。保健医療と社会福祉をつなぐ場は、繰り返すまでもなく学際領域である。だからこそ、「精神保健福祉学」の構築にあたっては多職種の参画が欠かせない。

たとえば老年学という、社会福祉学よりさらに新しく、アメリカでは多くの学部や大学院が存在する学問分野がある。そこでは、老年学の固有性を論じることなく、自然科学から社会科学まで、高齢者や高齢社会をテーマにした研究が組織化されている[11]という。

かたや、社会福祉学の研究のベクトルはディシプリンを求める志向性が比較的強いとし、「社会福祉は社会政策の体系のなかに位置づけるべきである」との立場をとる所[12]はソーシャルポリシーの観点から、「独自性と固有性をたいへん心配するというところが日本社会福祉学会」と述べている。

さらに木原[13]は、社会福祉原論が社会福祉の枠組みや固有性にエネルギーを注入しすぎたとして、これを「ガラパゴス化」したわが国の体系と評している。こういった論点が、社会福祉学のなかに継続して存在する一方、老年学は関連する学問が協働するベクトルが強いのだ[注1]。

注1) ただし、「専門分化した多数の学問領域の壁を越えて協力し、研究を進める」という趣旨の「学際」に対し、「社会福祉学の場合、近代的な研究における専門分化の弊害をみる前に『学際』の形式をとりはじめ、それが専門職化の手段とされたという点で特異であった」という三島[14]の言説によれば、老年学の領域横断性を直接社会福祉学に重ねることには慎重であるべきだろう。

白澤[11]は「個々の学問はそれぞれ二つのベクトルを有し、強さはどちらに傾くにしても両方を強化していくことが大切」と述べている。フィールドとディシプリンの差異が「突き詰めていくと難しい。最終的には一緒なのでは」[6]とする発想は、思考の停止を意味するのではなく、老年学に類した学の態様を企図してのものといえよう。

　であれば、第Ⅰ章②でその設立に触れた（☞p.6）日本精神保健福祉学会には、会名それゆえ、学際を確認するメッセージが求められよう。「精神保健福祉学」も同じ立場なのである。つまり、「官僚による国家統制や規格化のような現象は、専門職活動と両立し得ない」[15]との発想を是とするなら、「精神保健福祉学」を精神保健福祉「士」学という含意にしてはならない。社会福祉学を社会福祉「士」学とは誰も思っていないだろう。
　同時に、精神科ソーシャルワーカー"だけ"「の」（あるいは「による」、「ための」…）学と心得ると、発展に枠がはまりそうだということである[注2]。
　それにより、「精神保健福祉学」を構成する人々が一つの専門職集団をなすという形質は減じるかもしれないが、これは職能団体たる日本精神保健福祉士協会とのさらなる疎通性の向上と、役割分担の推進により対応できるに違いない。
　なぜなら、日本精神保健福祉士協会の前身である日本精神医学ソーシャ

注2） 実際に、「精神保健福祉学」なる言葉を冠した書籍は本書が初めてでない。たとえば、10名の執筆者からなる「精神保健福祉学序説―生活の主体者から学ぶということ―」(2003年)は、「執筆者が、医療、精神医療、社会福祉の現場にそれぞれ…身をおいた」とされ学際が目されるが、編者により以下のように精神保健福祉「士」学たる枠組みが提起されている。
　「本書執筆者の共通のスタンス…をここに整理しておこう。第一に、精神保健福祉士の援助の対象者は、主にそして暗に、統合失調症患者を前提にしていることがあげられる…第二に、精神保健福祉士の主要な業務・援助活動が精神障害者の社会復帰にある…第三に、精神保健福祉士の援助活動の対象が、事実上および法律上、精神障害者に限定されている…精神保健（メンタルヘルス）の問題に予防的に取り組み、その啓蒙的運動にも積極的にかかわっていく必要があるものと思われる。ここに、"精神保健"福祉士としての視点がある…本書執筆者共通のスタンスとして、以上三つの問題…があげられる」[16]。
　なお、『「心の病」発病メカニズムと治療法の研究―精神保健福祉学序説―』(2003年)は、「残虐きわまりない犯罪事件は新聞の社会面報道をよくにぎわし、まさに社会の安全にとっても精神障害者をどのように理解しサポートするか、現代社会の重要課題となっている」と冒頭に記す書物である[17]。

第IX章　さらなる論点とこれからの社会福祉学・「精神保健福祉学」

ル・ワーカー協会が 〜当時の日本医療社会事業協会との対比において〜「ワーカー協会を名乗ったのは、専門職集団であることを明確な姿勢としようという意気込みから」という経緯があるからだ。日本医療社会事業協会が「事業の普及、一般への理解を重視し、医師や関連職種、官庁関係者も広く会員としたのに対し、その利点よりも自らの専門性を明らかにし、専門職としての資格の認知を求めることに重点を置いたのである」[18]。

学際に対しては、「基礎と専門性が不十分なまま…学際的研究の一角に参加することになると、将来における研究者としての素養が身につかないまま、あえて言えば曖昧な知識と仕事のやり方で自己満足してしまう研究スタイルが身についてしまうのではないか」[19]との指摘がある。そのような観点からも、職能団体との緊密な関係は大きな意味をもつだろう。

加えて、学際の場で得られた成果を、各人が自らの職種内だけで開陳・共有しようとするなら、やはり「学」の構築はおぼつかない。学際化された領域における研究実績をあらためて集約していくという、相反する因子の統合が「精神保健福祉学」の構築に向けて今後の課題になると考える。

少なからぬ社会福祉学の実践者ならびに研究者は、ソーシャルワークとソーシャルポリシーの振り子運動（☞ p.149）と、現代におけるそのソーシャルワーク方向への振れ（☞ p.183）を認識されていよう。ソーシャルワーク重点化が社会福祉学のディシプリンたる地足を固めたことと、当事者の生活を社会構造からの派生的な側面へ限定的に捉えた歴史的経緯への再考（☞ p.175）が、その傾向を強めたことも同様であろう。

かような現代の社会福祉学における、（社会福祉士及び介護福祉士法以降の）資格者養成を注視した教育体系につき田中[20]は、「社会福祉専門教育は資格制度の改正によって、実は、学び、知の創造の教育から実務の教育、職業教育にすでに転換しています。たとえば、創造する知は歴史や価値を重視しますが、実務では既存の知や技術・技能を重視するという立場にあります。学は、現状認識を乖離的ないし批判的に捉えますが、実務では肯定的、建設的に捉えます。つまり、学と実務というのはかなり理想が異なるということを理解しなければなりません」と鋭く評している。

では、社会福祉学ならびに「精神保健福祉学」は今後、実践者と研究者の

乖離を避けつつ、どのような発展を目指すことが望ましいだろうか。もちろん、今までそうであったように、ソーシャルポリシーとのバランスのうえで「学」を捉え直すことが肝要だろう。
　そこで「精神保健福祉学」においてみられた、当事者を中心に現実問題を媒介とし、多職種の協働のもと実践者と研究者の垣根を越えて構築される「学」の形態こそ、社会福祉学・「精神保健福祉学」がともに当事者のニーズならびに社会の動向（☞p.106）へ沿った学際科学（ないし実学）として存在し続ける鍵と筆者は考えるのだ。
　真田[21]は、社会福祉の技術論と政策論を対比する論旨のなかで、学問の固有性について以下のように述べている。つまり、「『技術論』の手法の特徴は、社会政策などにないものを社会福祉にさぐりあてるものだ…この手法は、形式論理学的には最も徹底した固有性の探索ということになる」としつつも、「『技術論』が排除した、社会政策と次元・土俵を同じくし…ながら、社会政策と違う固有性の探索という手法もある」と指摘する。
　すなわち、他にないものをもつ（政策に対する技術）という徹底した固有性（筆者注：真田による「次元・土俵を異にする固有性」）ゆえの学問の本質と、同じものを違う次元でみる（技術を通じた政策）という非・徹底的な固有性（筆者注：真田による「次元・土俵を同じくする固有性」：真田は"徹底的"に対応する語を示していないため、ここでは便宜的に"非・徹底的"とした）ゆえの学問の本質があり、どちらをとるかは（徹底的な固有性に依拠するよりは）、まさに「本質を何と捉えるかによって決まる」というのだ。
　それにならえば、「精神保健福祉学」において徹底的な固有性は乏しい。しかし、「本質を何と捉えるか」という面であれば、ここまで述べてきた学際の形で精神障害者の社会的復権と地域生活支援による固有性は提起できるし、ソーシャルポリシーとの現代的な邂逅を果たすことで、長期的な実践領域ならびに学問分野としての存在意義や魅力がさらに現出するだろう。
　筆者の論考が、社会福祉学および「精神保健福祉学」にもし益するならば、このような当事者を中心にした学際とソーシャルポリシーへのかかわりを捉える視点からだろうし、それらの要素により社会福祉学および「精神保健福祉学」は拡散することなく、着実に発展していくと思量する。

第Ⅸ章　さらなる論点とこれからの社会福祉学・「精神保健福祉学」

　大橋[22]は、後進への激励の意を込めて「医療、看護から攻め込まれている…チームアプローチをやらざるを得ない。そのなかで社会福祉は埋没していく…このままいけば社会福祉学はなくなるであろう」と鋭く表現している。

　もちろん、医療との相互作用はソーシャルワークの側からもアプローチできるし、すべきことを述べた（☞ p.106,137,138）。ここでは最後に、精神科ソーシャルワーカーは医療と重なる場で実践を積むことでその歩みをはじめ、チームアプローチを具現し、そして今なお「なくなっていない」ことを確認したい。さすれば「精神保健福祉学」の構築は、隣接領域からの固有性を探求する社会福祉学に貢献をなすであろうし、筆者もそれに対し微力ながら尽くしていきたい。

引用文献
1) 宮岸真澄：すみれ会の助け合い．精神保健福祉，44(1)；21-24，2013
2) 横山豊治：社会福祉士資格がソーシャルワークにもたらしたもの―社会福祉士の実践領域を概観して―．ソーシャルワーク研究，37(2)；19-26，2011
3) 山下幸子：資格は何を担保するのか―障害当事者運動から介護資格を考える―．社会問題研究，61(140)；79-90，2012
4) 中西正司，上野千鶴子：当事者の専門性と資格．当事者主権，岩波新書，岩波書店，東京，pp.161-183，2003
5) 上野千鶴子：ケアの社会学―当事者主権の福祉社会へ―．太田出版，東京，pp.173-176, 448-450，2011
6) 岩田正美，松井二郎，山崎美貴子，栃本一三郎：社会福祉学・社会福祉教育を今見直す．社会福祉研究，86；54-69，2003
7) 大西次郎：高齢者福祉における社会学とソーシャルワークのすれ違い．保健医療科学，61(4)；374-375，2012
8) ヤン・テッセブロー，アンデシュ・グスタフソン，ギューリ・デューレンダール：北欧型福祉国家における障害者政策．北欧の知的障害者―思想・政策と日常生活―，二文字理明・監訳，青木書店，東京，pp.3-12，1999
9) 西原雄次郎：大学における社会福祉教育と当事者問題の教授法．ソーシャルワーク研究，25(4)；347-353，2000
10) 青木聖久：精神障害者の暮らしと障害年金を受給しやすい社会のあり方―障害年金受給者の語りと英国におけるスティグマの解消に向けた取り組みを通して―．日本福祉大学社会福祉論集，125；21-39，2011
11) 白澤政和：日本精神保健福祉学会に期待すること．日本精神保健福祉学会第1回学術研究集会シンポジウム資料集，5-6，2012

12) 所道彦：指定発言．社会福祉学，52(4)；96-98，2012
13) 木原活信：指定発言．社会福祉学，52(4)；111-114，2012
14) 三島亜紀子：社会福祉の「科学」を求めて．社会福祉学の〈科学〉性―ソーシャルワーカーは専門職か？―．勁草書房，東京，pp.27-72，2007
15) チャールズ E. マクレランド：ドイツにおける専門職問題．近代ドイツの専門職―官吏・弁護士・医師・聖職者・教師・技術者―，望田幸男・監訳，晃洋書房，京都，pp.1-36，1993
16) 柳澤孝主：むすび．精神保健福祉学序説―生活の主体者から学ぶということ―，柳澤孝主・編著，中央法規出版，東京，pp.197-200，2003
17) 宇野弘之：序章．「心の病」発病メカニズムと治療法の研究―精神保健福祉学序説―，国書刊行会，東京，pp.5-13，2003
18) 森井利夫：40年前の追想―日本精神医学ソーシャル・ワーカー協会設立のころ―．精神保健福祉，35(2)；115-118，2004
19) 松田隆夫：対人援助学の教育研究における心理学の基礎．立命館人間科学研究，15；157-168，2007
20) 石川到覚，田中英樹，大西次郎，近澤範子，竹中秀彦：精神保健福祉学の構築に向けて―日本精神保健福祉学会設立総会報告学会設立記念シンポジウム―．精神保健福祉学，1；65-79，2013
21) 真田是：社会福祉における「政策論」．真田是著作集 第3巻 社会福祉論，総合社会福祉研究所・編，福祉のひろば，大阪，pp.227-258，2012
22) 大橋謙策：大学院の社会福祉学教育とグローバル・スタンダード．同志社大学社会福祉教育・研究支援センターニュースレター，11；2-7，2010

あとがき

　本書は「精神保健福祉学」を、1）保健医療と社会福祉をつなぐ援助者の立場に基づく「社会福祉学に軸足を置いた、精神科ソーシャルワークの固有学問としての歴史的理論化」と、2）領域横断的な諸サービスを統合させ活用する当事者の立場に基づく「学際の場に軸足を置いた、多職種協働の実践行為の前方視的理論化」からまとめて論じた。時系列として前者から後者への流れを意識したが、双方のバランスに配慮した。

　そもそも精神保健福祉は、1990年代前半までほとんど用いられなかった語である。現在の日本精神保健福祉士協会は、日本精神医学ソーシャル・ワーカー協会として1964年に発足した。それ以来、組織としての一定の実践史を有しており、専門職の名称はやはり精神科ソーシャルワーカーである。

　もし精神科ソーシャルワーカーにとって、社会福祉と保健医療の橋渡しを指す中立表現であったという点で、また精神科ソーシャルワーカーでない者にとって、国家資格化以降は一職種の独占呼称になったという点で、どちらからも学際の場で認めた知見を、精神保健福祉の名のもと集約するに躊躇を覚えさせる特質が潜在するなら、できれば解消しておきたい。本書はそのような意図で執筆された。

　相談援助技術に依拠したソーシャルワーク実践そのものというよりは、学としての固有の内部構造や、隣接領域との相互作用を、史実や資格制度などを踏まえて明らかにすることに本書の主眼がある。精神科ソーシャルワーカーや医療ソーシャルワーカーが学問的基盤とする社会福祉学との異同を論じるため、精神科入院医療のなかではじめに展開され、徐々に地域へ向けて活動の幅を広げてきた精神科ソーシャルワーク実践と、ソーシャルポリシーとの深いかかわりへ着目した。

　現代の社会福祉学はソーシャルワーク重点化により、ディシプリンとしての基盤を築くことへ成功したようにみえる。ただし、個人に根ざした支援は医療・心理職との協働に好都合な一方、社会福祉の概念を制度として構造化し、理解するソーシャルポリシーの観念を淡くした。そこで本書では精神科ソーシャルワークを縦糸にしつつも、高齢者施設やホームヘルプでのケア

ワーカー連携、国家資格制度がもたらした養成教育の影響、医療化論よりみたソーシャルワーカーの挙動といった、対人援助から社会システムに至る段階的な横糸を折り込みながら論を進めた。

もとより、社会福祉 〜筆者はもっぱら精神障害者福祉だが〜 は実践者、研究者の数だけ多様な姿があるようで、それはそれでよいのだけれど、当事者に示せる統一的な理解の手がかりが何かないかと考えていた。また、筆者も齢を重ねると、若手の人たちとのあいだで、お互い相手が知っているだろうと思うことがずれてきた。よって、縦糸のなかで図表をつくり、横糸のなかで昔話を整理した、ともいえる。ときに縦横が入り混じるのはご愛嬌である。

本書を直接担当していただいた第1編集部の柳川正賢氏をはじめ、中央法規出版の方々にはたいへんお世話になった。あまり類書がない領域の、類書にない構成ゆえご配慮が身にしみた。同社の『おはよう21』というケアワーク誌への連載もちょうど終わり、これまた独特といわれている。分かっているけれど文字化しにくい、諸々を書き出したのかもしれない。であれば、日々の実践と研究のなかに再びかすんでいくのも心地よい。本書が無害であり、もしくは少しでも有用なら、筆者の大きな喜びである。

2015年 元旦　　大西　次郎

索引

あ行

アイデンティティ ………… **39**, **104**, 124, 153, 207
青い芝の会 ………………………………… 23
あかね荘 ……………………………………… 96
あけぼの会作業所 ………………………… 94
あさかの里 ………………………………… 94
暗黙知 ………………………… **7**, 34, 55, 215
医行為 ………………………………… 39, 85
移送 ……………………… 189, **207**, 209
一致法 ……………………………………… 212
医療化 …………… 85, 100, **102**, 137, **156**
医療観察法 …………………… **4**, 144, 166
医療計画 …………………………………… 4, 5
医療社会学 ………………………… 100, 102
医療社会事業従事者講習会 …………… 68
医療社会事業論争 ………………… 64, 74
医療ソーシャルワーカー業務指針 …… 84
医療ソーシャルワークのさらなるソーシャル
　ワーク化 ……………… 141, **144**, 147
医療チーム ………………… **38**, 76, 83, 210
（医療による）医療化 …… 85, **105**, 137
医療の傘 …………………… **20**, 22, 166, 187
医療福祉学 …………………………… 147, 156
医療福祉士 ………………………… 59, **116**, 143
医療保護入院 …… 4, **189**, 202, 205, 208
医療モデル ……………………………… 104, 193
院外作業 …………………………………… 71, 92
内なる偏見 ………………………………… 15
宇都宮病院事件 ………………………… 107
演繹的アプローチ ……… 176, **184**, 187, 190
エンパワメント …………………… 169, 198
欧州連合 …………………………………… 129
大阪社会事業学校 ……………………… 67

か行

介護支援専門員 ………………………… 124
介護保険法 ………………………… 121, 166
過干渉 ……………………………… 169, 170
学際科学 ……………………………… **57**, 228
家政婦 ……………………………… 117, 118
家族会 ………………… 19, **71**, 87, **92**, 95, 198
家族等 ……………………………… 203, 206
ガラパゴス化 …………………………… 225
規格化 ………………………………… 47, 49
技術論 ………………… 139, 149, 175, **228**
技能検定 …………………………………… 118
帰納的アプローチ ……… 176, **184**, 186, 190
逆機能 ……………………………………… 49
教育団体 ……………………………… 126, 127
共同作業所 ………………………………… 72
共同住居 …………………… 72, **92**, 98, 200
距離感 ………………………… 25, **86**, 100, 148
規律権力 …………………………………… 48
クライエント ……………… 11, **13**, 33, 88, 136,
　　171, 177, 215
グループホーム ……………………… 72, 139
クレーム申し立て ……………………… 102
ケアワーカー ……………… 8, **120**, 125, 209
経験知 …………………………… 55, **168**, 215
形式知 ……………………………… **7**, 34, 184
結核 …………………………… 69, 76, **86**, 89
結節点 ………………………………… 23, 26
研究的臨床実践 ………………… **180**, 187
原理論 ……………………… 65, 101, **146**, 175
厚生省社会局 ………………………… 117, 119
国際社会福祉協議会 …………………… 130
国際ソーシャルワーカー ……………… 130
5疾病 ………………………………………… 4
国家試験 ……………… 46, 145, 153, **183**

233

コンシューマー……………………………… 13, 15

さ行

差異法 ……………………………………… 212
作業所 …………………… 19, **72**, **92**, 97, 200
作業所の長期利用 ………………………… 99
三元構造 …………………………………… 23
実践知 ……………………… **34**, 168, 180
質的調査 …………………………… 176, 181
資本主義 ……………………… 49, **75**, 77
社会運動 …………………… 23, 64, **166**
社会科学的福祉論 ………………… 65, 75
社会構築主義 ……………………………… 102
社会主義 ……………………………… 64, 148
社会福祉士及び介護福祉士法 …… 25, **39**, 58, **124**, 142, 145, 194
社会福祉主事 …………………………… 116, 123
社会福祉本質論争 ……………… **66**, 74, 83
社会保障 ………………………………… 146, 158
社会保障審議会 …………………………… 4, 118
社会問題 …………… 23, 49, 64, 74, **145**, **166**
社会連帯的社会事業理論 ……………………… 65
障害者基本法 ……………………………… 99, 139
障害者自立支援法 ………………………… 4, 99
障害者総合支援法 ………………………… 4
障害者プラン ……………………………… 139
小規模作業所 ……………………………… 72
職能団体 ……………… 38, 68, 82, **154**, 206, **226**
身体障害 ……………………… **9**, 26, 92, 125
生活相談員 ………………………… 123, 124
生活モデル ………………………………… 83
正機能 ……………………………………… 49
政策主体 ……………… 23, 26, 49, **64**, 166
政策論 ………………………… 175, 182, **228**
精神医療審査会 …………………………… 4
精神衛生相談員 …………………………… 72, 87
精神衛生法 ……………… 71, **74**, 87, 107, 166, 200
精神科特例 ……………… **69**, 141, 166, 202
精神障害者福祉論 ………………………… 141

精神障害者保健福祉手帳 ……………… 139, 140
精神保健福祉士業務指針及び業務分類 … 83, 158
精神保健福祉士法 …………… 3, 6, 39, **46**, 126, **136**
精神保健福祉相談員 ……………………… 72
精神保健福祉法 …… 4, 22, 99, **140**, 166, 188, **203**
精神保健福祉論 ………………………… 142, 152
精神保健法 ……………… **24**, 99, **107**, **138**, 166, 200
設計科学 …………………………… **54**, 183, 195
設立趣意書 ………………… **38**, 57, 83, 141
設立総会 …………………………………… 6, 38
全家連 ……………………… **24**, 73, 74, 95
全国「精神病」者集団 …………………… 25
全精連 ……………………………………… 24
全米ソーシャルワーカー協会 …………… 128
ソーシャルアクション ……… 24, **90**, 145, 183
ソーシャルケア総合協議会 ……………… 129
ソーシャルポリシー均衡化 ……………… 192
ソーシャルワーク教育協議会 …………… 128
ソーシャルワーク重点化 …… 66, **145**, 153, 175, 192, 200, 227
措置入院 ……………………………………… 69, 71
ソフト福祉 ………………………… 193, 194

た行

対象化 ……………………………… 169, 178
第二種社会福祉事業 ……………………… 139
立ち位置 ……………… **86**, 100, 104, 148
脱医療化 ……………… **103**, 141, 157, 185, 194
単独立法 ……………………… **39**, 140, 143
地域活動支援センター …………………… 99
地域作業所 ………………………………… 72
地域生活支援センター …………………… 139
チームアプローチ ……………… **83**, 210, 229
地球環境 ……………………………… 55, 106
知的障害 ……………………… 9, 93, **169**
中間宿舎 ……………………………… 72, 94
中間理論 ………………………………… 175
中範囲理論 ……………………………… 175
通常科学 ………………………………… 51

ディシプリン … **47**, 106, 146, 157, **167**, 195, 225
特別養護老人ホーム … 121
トリエステ … 203

な行

内閣法制局 … 67, 126
ナイトホスピタル … 71, 92
ナラティブ … **170**, 177, 184, 191, 212
日本医療社会事業協会 … 39, **68**, 74, **116**, 142, 227
日本学術会議 … 54, 123, **154**
日本学術振興会 … 56
日本教育法学会 … 53
日本公共政策学会 … 53
日本社会事業大学 … 66, 117
日本社会福祉学会 … 39, **51**, 179, 225
日本社会福祉教育学校連盟 … 116, 145
日本精神障害者リハビリテーション学会 … 53, 150
日本精神神経学会 … 35, 37
日本精神保健福祉学会 … 6, **35**, 39, 226
日本精神保健福祉士学会 … 35, 37
日本精神保健福祉士協会 … 4, 7, **35**, 82, 131, 205, 226
日本精神保健福祉士養成校協会 … 36, 39
日本ソーシャルワーカー協会 … 117, 126
認定資格 … 155

は行

ハード福祉 … 193, 194
ハンセン病 … 69, 86
反専門職主義 … 26
病人役割 … 100
福祉による脱医療化 … 105, 137
振り子運動 … **149**, 183, 227
べてるの家 … 197, 203
保安処分 … 72
保育士 … 121
保育所 … 121

法的パターナリズム … 187, **190**, 199, 211, 215
ホームヘルパー … 8, 125
保健師助産師看護師法 … 39
保健所デイケア … 97
ポストモダニズム … 48
保母 … 116
ボランティア … **34**, 95, 167, 206

ま行

マルクス経済学 … 175
マルクス主義 … 48, **65**, 148
身分法 … **5**, 39, 67, 88, 116
民主主義 … 64, 149
目的概念的福祉論 … 65, 75

や行

やどかりの里 … 34, **94**, 203
唯物弁証法的社会事業理論 … 65
養成教育 … 5, **36**, 143, 151, **152**, 183

ら行

ライシャワー事件 … 71, 74
リカバリー … 197, 198
寮母 … 118, 125
ルポ精神病棟 … 19
歴史研究 … 146, 175
労働省 … 117
老年学 … 225, 226

わ行

Y問題 … 73, **88**, 139, 166, 206

C
CSWE ································ 128

E
EBM ································· 173
EBP ························· **173**, 174, 181

G
GHQ ······························ 66, 67
GSCC ······························ 129

I
ICSW ······························ 130
IFSW ······························ 130
IP ································· 15

N
NASW ······························ 128

【著者紹介】

大西　次郎（おおにし　じろう）

武庫川女子大学文学部　心理・社会福祉学科　教授
神戸大学大学院　医学研究科　博士課程修了
佛教大学大学院　社会福祉学研究科　博士課程修了
社会福祉士、精神保健指定医

精神保健福祉学の構築
―精神科ソーシャルワークに立脚する学際科学として―

2015年3月20日　発行

著　者―――大西　次郎

発行者―――荘村　明彦

発行所―――中央法規出版株式会社
　　　　　〒110-0016　東京都台東区台東3-29-1　中央法規ビル
　　　　　営　　業　TEL 03-3834-5817　FAX 03-3837-8037
　　　　　書店窓口　TEL 03-3834-5815　FAX 03-3837-8035
　　　　　編　　集　TEL 03-3834-5812　FAX 03-3837-8032
　　　　　http://www.chuohoki.co.jp/

装　幀―――木内　美野里

印刷・製本―――株式会社ヤザワ

本書のコピー、スキャン、デジタル化等の無断複製は、著作権法上での例外を除き禁じられています。また、本書を代行業者等の第三者に依頼してコピー、スキャン、デジタル化することは、たとえ個人や家庭内での利用であっても著作権法違反です。

定価はカバーに表示してあります。落丁本・乱丁本はお取り替えいたします。
ISBN978-4-8058-5137-1